学思砺新 明德润越

课程思政教学优秀案例

何作井　潘海涵◎主编

宋国琴　唐　瑜　沈建丹　丁　鼎◎编委

XUESI LIXIN MINGDE RUNYUE: KECHENG SIZHENG JIAOXUE YOUXIU ANLI

ZHEJIANG UNIVERSITY PRESS
浙江大学出版社
·杭州·

图书在版编目（CIP）数据

学思砺新 明德润越：课程思政教学优秀案例 / 何
作井，潘海涵主编. -- 杭州：浙江大学出版社，2024.
11. -- ISBN 978-7-308-25583-7

Ⅰ. G641

中国国家版本馆CIP数据核字第 2024RF8710 号

学思砺新 明德润越——课程思政教学优秀案例

何作井 潘海涵 主编

策划编辑	吴伟伟	
责任编辑	陈 翩	
文字编辑	刘婧雯	
责任校对	丁沛岚	
封面设计	雷建军	
出版发行	浙江大学出版社	

（杭州市天目山路148号 邮政编码310007）

（网址：http://www.zjupress.com）

排　版	杭州林智广告有限公司	
印　刷	杭州宏雅印刷有限公司	
开　本	710mm×1000mm 1/16	
印　张	18.25	
字　数	308千	
版 印 次	2024年11月第1版 2024年11月第1次印刷	
书　号	ISBN 978-7-308-25583-7	
定　价	98.00元	

浙江大学出版社市场运营中心联系方式：0571-88925591；http://zjdxcbs.tmall.com

FOREWORD 前言

　　课程思政是落实习近平总书记关于"其他各门课都要守好一段渠、种好责任田，使各类课程与思想政治理论课同向同行、形成协同效应"[1]重要论述的关键抓手，是全面落实立德树人根本任务的战略举措，也是全面提高人才培养质量的重要任务。推进课程思政建设，要充分发挥教师队伍"主力军"、课程建设"主战场"、课堂教学"主渠道"的作用，使思想政治教育贯穿人才培养全过程，实现德育与智育相统一，真正构建全员全过程全方位育人大格局。

　　绍兴是一座拥有2500多年建城史的文化名城、名士之乡、文学之都，作为辛亥革命的重要基地和"枫桥经验"的发源地，它的红色遗存尤为丰富。以上旺精神（越城区）、"四千"精神（柯桥区）、围涂精神（上虞区）、"红色庄余霞"精神（诸暨市）等为重要载体的绍兴红色精神谱系，以卧薪尝胆、奋发图强、敢作敢为、创新创业等为基本内涵的绍兴"胆剑"精神，为课程思政建设提供了丰富的素材。近年来，在绍兴市委宣传部、绍兴市教育局的指导下，在绍各高校以习近平新时代中国特色社会主义思想为指导，深入贯彻全国高校思想政治工作会议精神，全面落实《高等学校课程思政建设指导纲要》《浙江省高校课程思政建设实施方案》《绍兴市全面推进高校课程思政工作方案》，进一步强化课程育人导向，加快推进课程思政教学改革与创新，着力推动思想政治工作贯通高水平人才培养体系。

1　习近平.习近平谈治国理政（第二卷）[M]. 北京:外文出版社, 2017:378.

　　为进一步发挥典型效应、强化示范引领，本书汇编了第一届、第二届"绍兴市高校课程思政教学优秀案例评选"的一、二等奖获奖作品，内容涵盖文学、理学、工学、经济学、管理学、医学等多个学科门类。全书分为本科组和高职组，其中本科组收集了 20 个案例，高职组收集了 16 个案例。每个教学案例从案例主题、结合章节、教学目标、案例实施、案例意义、考核评价及案例反思七大方面展现了教师在课程思政教育教学改革前沿的积极探索与生动实践。在"四新"建设背景下，这些案例结合学科专业特点与越地特色，深入挖掘课程思政元素，有效融入课堂教学，做到春风化雨、润物无声，切实提高课程育人的能力，进而推动新工科、新医科、新农科、新文科建设，全面提升人才培养质量。

　　在本书付梓之际，特别感谢本书编委会成员、两届绍兴市高校课程思政教学优秀案例评选承办单位——浙江工业大学之江学院。感谢所有提供教学案例的老师，感谢给予有益指导和专业意见的评审专家，感谢大力支持课程思政建设工作的在绍 12 所高校的教务处，感谢参与案例集编写的浙江工业大学之江学院教务部全体工作人员。本书的成功出版离不开大家的通力合作。

　　深化课程思政建设、构建大思政课格局，意义深远、使命光荣、责任重大。面对新形势、新任务、新要求，在绍高校仍需加强各方协同，抓好教师这个主讲人，用好课堂这个主渠道，探索多样化的教学方法，创新教学载体，切实提升课程育人能力，打造育人成效显著、思政功能鲜明的金课。希望本书所反映的教育思想、理念与方法，能为高校教师开展课程思政教学提供启示与借鉴，为各院校推进课程思政高质量发展提供参考。

C O N T E N T S 目录

本科组

高职组

课程思政教学优秀案例

一等奖

本科组

学 思 砺 新 明 德 润 越

课程思政教学优秀案例

大学英语 I

朱雪
浙江工业大学之江学院

课程学时	64	课程学分	4
适用专业	非英语专业 大学一年级	案例获奖	一等奖

一 案例主题

生命之源的守护——思政元素在文本"The Water Problem"（水资源问题）中的有机融入

二 结合章节

《全新版大学进阶英语综合教程 1》Unit 5（第五单元）"The Water Problem"

三 教学目标

（一）知识目标

（1）掌握与节能环保相关的词汇短语，如 conserve（节约）、reserve（储备）、preserve（保存），resource（资源）、source（来源）等；拓展 2019 年政府工作报告中水问题相关表达法，达成思政语境下的语言教学目标。

（2）了解说明文的语言特色和框架结构。

（二）能力目标

（1）围绕"水"的主题，进行听说练习，培养学生的英语语言能力。

（2）就水资源问题这一主题，对学生进行批判性思维训练，让学生思考如何理解"绿水青山就是金山银山"包含的环保发展理念，培养学生的思辨能力。

（三）素质目标

（1）了解中西方关于"水"的神话传说，通过对比，树立文化自信。

（2）收集大禹治水、南水北调等素材，通过分析、对比、讨论，结合绍兴治水文化，激发家国情怀。

（四）价值引领目标

（1）树立坚定的环保理念，提倡珍惜水资源和可持续发展。

（2）引导学生关注中国在此方面做出的努力，树立民族自豪感。

（3）引导学生放眼世界，意识到水资源问题是全球问题，要把个人、国家、人类的价值要求融为一体，以全人类的福祉为追求，构建人类命运共同体。

四 案例实施

教学实施的基本过程为：深耕课文主题，围绕"水资源问题"，拔高教学内容，挖掘该课文的中国元素；结合绍兴人文历史，切入课程思政元素；利用文本、视频等思政资源，采用启发式、探究式等教学方法，有效采用数字化、网络化等新媒体教学手段，通过合理的课堂活动把思政元素融入教学设计；整合线上线下资源，复习巩固；撰写教学反思。整个教学设计包含"课前＋课中＋课后"三部分，并以"线上＋线下"融合互补为特征。

（一）课前预习

采取翻转课堂教学法，将学生能够自主学习的内容，以作业形式发布。

第一，预先发放词汇预习单，让学生通过自主学习，掌握核心词汇及包含思政元素的词汇conserve（节约）、contentious resource（有争议的资源）、strategic resource（战略资源）、source（来源）、reliable（可靠的）、innovation（创新）、humanity's top 10 problems（人类面临的十大问题）等（思政元素1）。除掌握以上词汇的含义、用法外，关注其形近词、近义词的使用差异，如source与resource及conserve与preserve与reserve。

第二，引导学生收集身边与水相关的图片、短视频等，调动视觉、听觉感官，用英语描述"水"的特质（见图1）。

图 1　翻转课堂：学生自主学习内容

根据教师发放的词汇预习单，学生可以通过查字典、查网页等方式，掌握相关词汇。通过课前的自主学习，学生初步接触将要学习的主题，对学习内容做一个预设。通过用英语描述与"水"相关的内容，进一步扩大词汇量。

通过学生课前自主学习词汇，课上教师针对其难点、易错点做解释，以翻转课堂的形式，弱化老师的"教"，强化教师的"导"。

（二）课中提升

1. 课前预习反馈

教师在超星平台发布选择题形式的词汇小测，考核学生课前预习单的自学情况，时间大约控制在 5 分钟。教师可即时获得学生成绩，针对学生的实际掌握情况，教师选择学生普遍未掌握或者掌握不够到位的知识点，做进一步的分析、讲解。

学生分享课前收集的与"水"相关的图片或短视频，用英语简单表述，并在小组内部交流，教师深入每个小组，聆听学生的作业汇报，并做适当的补充和简要点评。

2. 相关知识延伸

教师通过头脑风暴与思维导图的形式，进一步导入"水"的话题，提出以下问题：

What is water?（水是什么？见图 2）

图 2　头脑风暴

What is water used for?（水被用于哪些地方？见图 3）

教师通过第一问，以头脑风暴的形式，让学生更深刻地意识到"水"无处不在，是人类不可或缺的要素，是生命之源，城市之命脉。教师通过第二问，让学生在脑海中进行地毯式搜索，进一步回顾"水"的功能与作用，并以思维导图的形式呈现。学生以熟悉并喜爱的游戏形式投入课程学习，在相互竞争中扩大词汇量，锻炼逻辑思维能力。同时，以潜移默化的形式，增强珍惜水资源的环保意识（思政元素2）。

3. 文化素养提升

从古至今，中国语言文字中也有不少与"水"相关的描述，比如："水至清则无鱼""防民之口，甚于防川""上善若水""饮水思源"……

water for 水被用于
- irrigation 灌溉
- production 生产
- transportation 运输
- cleaning 清洁
- energy generation 能源生产
- ……

图3 水的用途

学生自愿分组，组成对抗小队，尽可能多地说出与"水"相关的成语、谚语、诗句等，尝试将其翻译成英文，并阐述其含义。通过小组间的互动交流，根据答出词句的数量、翻译与释义的正确率及用时长短，评出最佳小组，获得学习积分。学生在无形中了解了与"水"相关的中国文化、哲学智慧，以及中国人的温良品性（思政元素3）。

4. 文本结构分析

通过词汇知识、文化背景等多角度、多层次的导入，以教师为主导进行文本结构分析，掌握整篇文章的框架结构及各部分的主要内容。以表1为总体框架，对整个文本进行梳理。

表1 文本结构分析

第1—2段	第3—7段	第8—9段	第10段
We need to conserve water aggressively so that scientists can have time to find solutions. 我们需要积极地保护水资源，以使科学家赢得时间找到解决方法。	Water is going to be the most important and most contentious resource of the 21st century. 水将成为21世纪最重要，也是最有争议的资源。	There are solutions, but they take time. 我们面临的水资源问题有解决方法，但需要时间。	Aggressive conservation is needed to buy us time before scientists find solutions. 在科学家找到解决方法前，为了赢得时间，我们需要积极节水。

5. 写作手法评析

本案例选用的章节文本为说明文，说明文有以下特征。

（1）时态相对统一，多用现在时态。由于说明文往往是对客观事物或事理的一种介绍与解释，而这种客观的介绍与解释一般是不随时间和空间的变化而变化的。尽管有时为了特殊表达的需要，会在个别地方采用其他时态，但是英语说明文的基本时态还是一般现在时。

（2）采用客观表述，避免主观色彩。在很多情况下，说明文是对客观存在的说明与介绍，因此语言的表述也应该尽可能地给人以客观可信的感觉。

在英语中采用被动语态，引用权威的信息来源以及选用委婉的词语是说明文避免主观色彩、增加客观性、使想要说明的内容更具有说服力，从而为读者接受的重要语言手段。

结合以上英语说明文的语言特征，以小组讨论的形式，对文本逐一进行评析，掌握说明文的写作手法。在共同研学的过程中，同伴间相互学习，提出自己的观点，形成互评互助的良好学习氛围。

6. 重点语法锤炼

从个人层面、社会层面以及全球层面思考：如果没有水，我们的生活将会发生什么？以此为句型模板，对重点语法"虚拟语气"进行操练。

If there were no water in our body, we would ＿＿＿＿＿＿＿＿＿＿＿＿＿．
（如果我们身体内没有水，我们将＿＿＿＿＿＿。）

If there were no water in our community, our community would ＿＿＿＿＿＿＿＿．（如果我们所处的社区没有水，我们的社区将会＿＿＿＿＿＿。）

If there were no water on the earth, our earth would ＿＿＿＿＿＿＿＿＿＿＿．
（如果地球上没有水，我们的地球将会＿＿＿＿＿＿。）

以上句型操练，在复习"虚拟语气"这一重点语法的同时，既是对语言内容的创造，也是对"节能环保"意识的一种提倡或宣传（思政元素4）。

（三）课后巩固

教师提供相关主题阅读材料、节能环保视频等素材，让学生获得更多的课外资源。在此基础上，教师从听、说、读、写、译多维度出发，布置适合不同英语水平、形式多样的"作业套餐"，学生根据自身兴趣和能力进行"1＋X"选择，即从教师布置的多个作业任务中选择一项为必做项，其余为选做项，多少不论。

以下为"1＋X"作业任务。

1. 任务一

了解2019年政府工作报告中"水资源"的相关描述，翻译以下句子。

（1）因地制宜开展农村人居环境整治，推进"厕所革命"、垃圾污水治理，建设美丽乡村。

（2）加强生态系统保护修复，推进山水林田湖草生态保护修复工程试点，持续抓好国土绿化，加强荒漠化、石漠化、水土流失治理。

（3）积极推广合同能源管理、合同节水管理、环境污染第三方治理模式，加快实施绿色制造工程，促进节能环保等绿色产业发展。

（4）实施国家节水行动，提高水资源管理水平和利用效率。

2. 任务二

以小组为单位，收集与大禹治水相关的传说故事，参观绍兴大禹陵，深入实地了解绍兴治水文化，记录与之相关的中英文介绍，并对大禹治水中所反映出的艰苦奋斗、公而忘私、民族至上、科学创新的中华优秀传统文化精神用英文进行提炼（思政元素 5）。

3. 任务三

自行查阅资料，对中西方关于"水文化"的神话故事进行对比，增强文化自信（思政元素 6）。

4. 任务四

古有大禹治水，今有南水北调工程、中国人民解放军抗洪救灾的英雄故事，习近平总书记也提出了"绿水青山就是金山银山"理念。中国人民在整治管理水资源方面为世界做出了不朽的贡献。你还知道哪些？结合新闻报道中的暴雨灾害，作为青年一代，在构建人类命运共同体的过程中，你能做些什么？请小组成员每人提出一到两条建议，用英文表述，以小组为单位上交（思政元素 7）。

5. 任务五

发挥你的想象力与创造力，请用英文编写一条"节水节能"的宣传语。

五 案例意义

本案例从相关词汇、语法、主题等多方位出发，找准切入点，融入思政元素。文本涉及conserve、contentious resource、strategic resource、source、reliable、innovation、humanity's top 10 problems等与"节能环保"相关的思政词汇；在语法操练时，从内容上体现了"节约水资源"的必要性，提升了构建命运共同体的意识；围绕"水"的话题，谈古论今，在中西文化对比中，增强民族自信和自豪感；通过讲好大禹治水的传说故事、实地考察绍兴治水文化，增强学生对地域文化的了解及热爱，树立家国情怀。

在教学实施过程中，育人元素的导入贯穿课前、课中与课后，形成一个完整的体系。学生能够自主完成的任务，放在课前；课中教师对学生的预习情况进行一定的检测，对疑点做出解析。文本重点、难点放在课中，在教师的引导下，逐块剖析攻克。课后通过布置不同形式的任务，将知识内化，并有一定产出，不仅提升了学生的英语语言能力，也提高了学生的中西方文化素养。关于中华民族的优良品质、乡土文化，也通过各类任务的实施，润物细无声地渗入其中。

此外，在教学内容安排上有一定创新，在作业布置上有一定特色。在教学内容上做了重新整合，改变原有的"逐字逐句讲解词汇及句子含义"的做法，以"水"为核心，利用图片、音频、视频等各种媒体，调动多种感官，通过小组讨论的形式，在发散思维中，拓展知识面，恰到好处地加入词汇、语法、写作手法等方面的技能训练。作业布置中"1＋X"多任务的选择模式，在形式上对学生有一定的新鲜感和吸引力；在考核能力上兼顾各种英语技能的培养，也注重学生思辨能力和创造能力的培养；在任务设计上考虑到了育人元素的融入。

六 考核评价

遵循多元、科学、可测量、有标准、有记录的原则，促进学生自主性学习、过程性学习和体验式学习。课程总评成绩构成：形成性评价50%＋终结性评价50%。形成性评价分为：课堂表现参与度（参与讨论、回答问题、当堂作业、测试等）20%＋课后作业任务完成情况（线上线下各类书面及口头作业，包括批改网写作及FIF口语平台等作业）20%＋小组作业（形式可以是小组合作的短视频、小论文、英文海报、调研报告等）10%。终结性评价主要为期末的笔试和口语考试。

多元化评价包括教师评价、学生自评、生生互评、小组自评、小组互评等，将打分、等级制等传统量化评价和评语等质性评价相结合。丰富的评价形式，灵活的机制，更注重过程性成效和教学目标的达成情况，不仅提高了学生在教学中的主体地位和参与度，还加强了学生之间的互动学习交流。

七 案例反思

本案例谈论的主题——水资源是当前全世界关注的话题，也是每个人日常生活中离不开的一部分，对学生而言，有直观的感触和体会。通过本案例的学习，学生可以在学科知识、应用能力、思想层面和情感态度上有一定程度的提升。

课前布置词汇自学任务，培养学生的自主学习能力；课中结合教材内容、结构和语言知识点，采用演说、提问、讨论等互动形式，让学生在一定的任务压力下，你追我赶，获得提升；课后通过收集传说故事，实地考察当地历史文化遗迹，寻找佐证，增强学生的实践能力，宣传语的编写充分发挥了学生的创造力；知识面的拓展，相关话题的延展性探讨，培养了学生的思辨能力，立德树人根本任务得以实现。

在线作业采取音频、视频、PPT、思维导图、讨论、互评等多种形式，学生的学习积极性也充分被激发，在线平台作业完成率逐年提升。从学生在讨论区对上传作业的回复评价来看，他们从只关注自我走向了关注身边同学，从被动学习转向主动出击，逐渐形成良性竞争的学习氛围。本案例授课教师为学院课程思政团队成员，并主持大学英语省级一流课程及学院课程思政示范课程（A类）；本案例课程学评教排名明显提升，连续多年获得优课优酬等教学成果。

教学融合了思政元素、专业知识，通过知识深挖、技能拓展等，师生双方课前准备任务量明显加大，课后的互评工作也增加了难度。这就需要教师投入更多的时间、精力，具有奉献精神，也需要学生的理解、配合、热情和付出。

本案例课程授课对象为大学一年级非英语专业学生，受益面广；课程安排在高中和大学学习的衔接阶段，其重要性显而易见；授课时间长达一年，进行思政融入的时间比其他学科更久，总结教学过程中的实际经验和不足，对于同类院校具有一定的借鉴作用。

材料力学

楼旦丰
浙江树人学院

课程学时	80	课程学分	4.5
适用专业	土木工程	案例获奖	一等奖

一 案例主题

千里之行 始于"拉压"——从南方澳跨港大桥垮塌事故谈轴向拉压杆件的内力计算

二 结合章节

《材料力学》第二章第一节"轴向拉压内力计算"

三 教学目标

根据浙江树人学院教学服务型大学的办学定位和高级应用型人才的培养定位，结合教学大纲中的课程总体目标，制定本课时教学目标。

(一) 知识目标

能够阐述内力的概念；掌握截面法求解内力的步骤，并能利用截面法求解内力；掌握轴力图的画法，并能正确地绘制轴力图。

(二) 能力目标

能够灵活运用截面法求解后续三种基本变形的内力，厘清材料力学的求解逻辑，养成规范、严谨的科学研究思维，具备将工程实际问题抽象为力学模型的能力。

(三) 素质目标

价值引领：厚植爱国主义情怀，树立"以技术报国、以专业强国"的远大理想。

工程伦理：形成严谨认真、实事求是的科学精神，形成追求卓越、精益求精的工匠精神，形成爱岗敬业、不怕艰苦、甘于奉献的职业操守，树立工程师的职业责任感和使命感。

四 案例实施

（一）教学重难点

本案例教学内容是学生第一次接触内力的计算，如何帮助学生构建起内力的概念、掌握内力求解的方法并准确地绘制出杆件的轴力图是这一节的教学重难点。

（二）思政元素

结合本案例教学内容，选择厚植家国情怀、树立工程师的责任和担当、追求精益求精的工匠精神作为课程思政元素。

（三）课程思政实施整体教学设计

遵循"以学生为中心，构建师生共同体"的教学理念，聚焦高级应用型人才知识、能力和素养三位一体的综合培养，基于OBE（outcome-based education，成果导向教育）理念，利用BOPPPS教学设计模型，进行课程思政教学设计（见图1）。

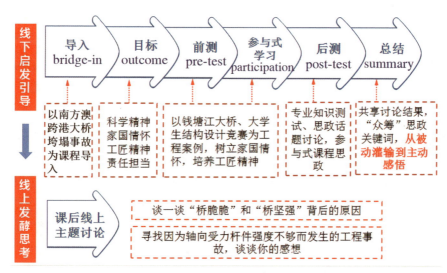

图 1　课程思政整体教学设计

根据本案例的教学目标，在课程导入部分利用南方澳跨港大桥垮塌事故，引出本案例的研究内容——轴向拉压杆件的内力，在惨痛的事故面前激发学生的职业责任感和使命感。以钱塘江大桥为工程应用案例，引导学生学以致用，同时，讲述茅以升先生为了阻止日军进攻，亲自炸桥的壮烈故事，激发学生的爱国情怀。引入2018年浙江省大学生结构设计竞赛题目作为工程案例，培养学生精益求精的工匠精神。

通过案例教学、项目式教学、演示游戏等多样化教学方法，利用"雨课堂"、超星平台开展线上线下混合式课程思政，线下课堂利用案例启发引导，线上利用话题讨论、关键词众筹等教学活动持续发酵思考，实现从被动灌输到主动感悟的升华。

（四）课堂教学主要流程

以知识点为课堂教学的基本单元，针对每一个知识点的特点设置相应的教学情境和环节，利用"雨课堂"辅助教学，实时反馈教学效果，做到以学生为中心的精准教学。

课堂准备：学生扫码进入"雨课堂"。

课程导入：通过南方澳跨港大桥垮塌事故，引导学生思考事故发生的原因，引导学生思考工程师的责任感和使命感，同时引出本案例的研究对象——轴向受力构件。（思政元素1）

知识回顾：通过"雨课堂"在线测试、问答活动，检测学生对上节课"构件强度、刚度、稳定性概念"及"杆件基本变形"知识点的掌握情况，讲述本案例知识点在课程体系中的地位及其和后续知识点的关系。

课堂教学：介绍本案例的新内容，以钱塘江大桥为工程实例，同时融入茅以升炸桥护国的故事，厚植家国情怀。讲解构件受力特点、内力的概念、内力的计算方法、轴力图的绘制等内容。结合大学生结构设计竞赛题目，利用模型展示、现场加载等环节，引导学生利用材料力学知识解决工程实际问题，同时培养学生精益求精的工匠精神。（思政元素2和3）

课堂练习：用"雨课堂"推送相关练习题，对知识点进行实时应用，根据学生反馈，调整教学节奏。

课堂小结：对本案例进行回顾总结，同时引出下一节课的授课内容。

深度思考：引导学生对比本案例展示的南方澳跨港大桥（"桥脆脆"）和钱塘江大桥（"桥坚强"），并对所学内容进行总结。利用"雨课堂"弹幕功能，发起课程思政关键词众筹，以学生自己的感受作为本案例的结束。（思政元素4）

囧 案例意义

围绕教学目标，主要选取了南方澳跨港大桥、钱塘江大桥和大学生结构设计竞赛题目作为课程思政案例。这三个思政案例都和专业知识紧密联系，同时又兼具育人功能，起到融盐入水、润物无声的思政育人效果。

南方澳跨港大桥因一根受拉的吊杆断裂而导致结构整体垮塌，造成 4 人死亡、12 人受伤。事故发生的原因和课程要研究的轴向拉压杆件有关。以真实的工程事故为课程导入，可以快速将学生带入教师设定的工程场景中，吸引学生的注意力，同时培养学生工程师的责任感和使命感。

钱塘江大桥是一座典型的钢桁梁桥，是课程理论知识很好的一个工程应用。同时，它是我国自主设计并建造的第一座公铁两用大桥，诞生在全面抗战初期，在大桥建成仅 89 天的时候，大桥的总设计师茅以升先生为了阻止日军的进攻亲自将大桥炸毁，并留下了"抗战必胜、此桥必复"的誓言。以这个案例激发学生的爱国情怀，增强学生的民族自豪感和专业自信。

2018 年大学生结构设计竞赛题目是制作一个轴向受压的施工平台。在这项比赛中，参赛选手经过反复试验、制作，在无数次的失败后，以 79 克的结构自重承受住了 170 千克的外荷载。以这个案例引导学生养成精益求精的工匠精神。

囧 考核评价

根据课程目标，遵循课程目标和考核评价一致性的原则，突出过程性考核及能力、素质的考核。过程性考核和终结性考核并重，各占 50%。

总评成绩＝平时成绩（30%）＋期中考试成绩（10%）＋实验成绩（10%）＋期末考试成绩（50%）。

平时成绩包括："雨课堂"在线成绩（20%）、组合变形大作业成绩（40%）、压杆稳定创新实验成绩（30%）、传统手写作业成绩（10%）。

其中"雨课堂"在线成绩由学生在线测试、讨论、投稿、弹幕发送等方面的表现确定，以软件数据为准；组合变形大作业综合体现了学生的团队合作意识、创新精神和综合运用知识的能力，成绩由学生互评和老师评分综合确定，所占比例最高；手写作业共 12 次，考虑学生实际情况，灵活、人性化地选取成绩最高的 10 次计入总分。

期中考试和期末考试为传统线下考试形式，设置和大学生结构设计竞赛相关的试题，考查学生对知识点的运用，突出能力考查。

七 案例反思

自 2018 年开始实施课程思政改革以来，本案例课程每年直接受益学生 200 余人，累计受益学生 800 余人。学生和督导对本课程评价度高。本案例课程被认定为首批国家级一流本科课程、浙江省首批课程思政示范课程。授课老师连续四年获评课堂教学质量优秀奖，连续四年教学业绩考核为 A，荣获浙江树人学院"我心目中的好老师""教坛新秀"称号，多次在校内外教学沙龙上做经验介绍。

本案例进行的"赛教结合"的课程改革，以大学生结构设计竞赛为重要思政元素，引导学生学以致用，切实提升了学生分析问题、解决问题的能力，对学科竞赛在选拔选手、提升选手成绩等方面也起到了积极作用。浙江树人学院累计获得全国大学生结构设计竞赛一等奖 2 项，二等奖 2 项；连续五年获得浙江省结构设计竞赛一等奖（含特等奖 1 项），成绩居同类院校前列。

虽然本案例在课程建设、课程思政改革等方面取得了一定成绩，但是如何有效建立课程思政评价体系，如何证明课程的思政内涵切实有效地被学生接受，如何保证课程所传达的价值观念真正对学生起到了引领作用，是课程教学团队成员一直在思考的问题。知识目标的达成情况可以通过简单的考试、测验进行评价，而课程思政评价体系的建设难度更大。价值塑造、人格养成是一个长期积累发展的过程，无法在短暂的一门课程中检验。因此，有必要建立课程思政评价追踪体系，从短期、中期、长期三个时间维度跟踪学生的成长轨迹，以此为依据评价课程思政建设的成效。短期维度是指课程维度，可以通过课程思政"关键词众筹"（见图 2）等活动，实时收集学生的反馈；中期维度指大学毕业的时候，考查学生是否能够高质量就业；长期维度则关注学生的终身学习和职业发展，可以通过校友会等多种渠道建立长期的毕业生回访机制，绘制学生的职业画像，以此来全面评价课程思政改革效果。

图 2　课程思政关键词众筹词云

授人以鱼，不如授人以渔；授人以渔，不如引人以欲。希望通过专业课的课程思政改革，将知识传授、能力培养和价值观塑造结合起来，培养社会主义建设需要的，有专业知识、专业技能的应用型人才。

跨文化交际

曹环、曹宇晖、谌莉、楼凌玲
浙江越秀外国语学院

课程学时	64	课程学分	4
适用专业	非英语专业 大学一年级	案例获奖	一等奖

一 案例主题

识解偏见、探究歧视——夯实"四个自信",做好新时代接班人

二 结合章节

《跨文化交际》第六章"刻板印象与偏见"第二部分,涉及主要教学内容:偏见和种族歧视的定义;偏见和种族歧视的表现形式、类别和影响;偏见和种族歧视的内在逻辑关系。

三 教学目标

(一)知识目标

(1)能够复述偏见和种族歧视的定义。

(2)能够说明偏见和种族歧视的表现形式、分类和影响。

(3)能够理解偏见和种族歧视的内在逻辑关系。

(二)能力目标

(1)能批判性地运用理论知识分析亚裔在跨文化交际中遇到的偏见和歧视。

(2)能够正确认识他者视角下对某一群体系统性污名化的惯用途径。

(3)能够正确应对偏见和歧视并给出解决方案。

(三)素质价值目标

(1)扩展全球化视野。

(2)激发爱国主义精神。

（3）加深对未来职业定位的理解和认知。

（4）增强对中国国家形象和文化自信建设的认同感和使命感。

四 案例实施

（一）混合式教学整体设计思路和框架

整体教学模式：线上线下混合式教学。

1. 课前：线上学习

（1）要求学生在智慧树平台上观看微课视频并完成预习任务（完成思维导图、回答微课主要知识点的相关理解性问题）。

（2）学生预习中的问题可以在论坛上发帖提问和讨论。老师可以先解决一些简单的问题，难的留到课堂上解决。

2. 课中：融合OBE理念、任务型教学法、案例教学法等

（1）案例分析和讨论。首先，呈现搜集到的2019—2021年媒体报道的对亚裔的偏见及歧视的相关案例，组织学生进行梳理并进行评述。其次，补充学术期刊文本，呈现亚裔群体遭受偏见与歧视的言论文本资料，教师介绍这类偏见和歧视的历史缘由和发展。最后，结合2021年3月19日进行的中美高层战略对话的时政案例，组织小组讨论应该如何面对西方话语体系，如何做好国家形象建设，增强文化自信。

（2）任务型教学。通过课堂上的拓展阅读和讨论，学生完成系列口头和笔头输出任务：梳理外国人对亚裔的偏见和歧视的具体表现形式；分析偏见和歧视的分类、影响及内在关系；分析西方对亚裔的偏见和歧视的历史缘由；提出自己的应对建议。引导学生进一步思考如何从自身做起，服务于中国国家形象和文化自信提升建设。

3. 课后：新3P输出模型

新3P输出模型包括口头陈述（presentation）、学习档案（portfolio）及学期论文（paper）。具体而言，课后结合中国国家形象建设和中国文化"走出去"战略（2020年9月发布的《中国国家形象全球调查报告》），让学生用跨文化交际理论分析某个感兴趣的国内外时事热点，思考在全球化的世界中，我们作为一名外语人才为发出中国声音、讲述中国故事、树立国人正确的文化身份认同可以做哪些方面的努力，并以此为主题，完成一篇主旨为"中国走出去，我如何迈步"的小组论文。

（二）具体教学过程（含课前、课中、课后三个模块，共十个步骤）

1. 模块一：课前线上学习

本案例课程已经建成国家级一流本科精品在线课 "东方遇见西方——跨文化交际之旅"（https://coursehome.zhihuishu.com/courseHome/1000007095#teachTeam），并在智慧树慕课（MOOC）平台运行。课前要求学生观看第六章微课视频进行预习。课前在线学习内容涉及 6.1 至 6.8 共 8 个在线微课，包括刻板印象、偏见、歧视及其相互关系等主题。

预习之后，学生需要完成教师发布的云班课任务 1：第六章知识图谱（mindmap）的信息完形。其中，本案例覆盖 6.2 至 6.4 内容，如下所示。

6.2 mindmap 内容示例

6.2 Prejudice（偏见）

6.2.1 Definition of Prejudice（偏见的定义）

- Prejudice is a ___ and usually ___ attitude toward members of a group.（偏见是对某一群体成员的一种__或__样的态度。）

  Common features: negative feelings, ___beliefs, a tendency to discriminate against members of the group.（共同特征：负面情绪、__信仰、歧视群体成员的倾向。）

  Involves **prejudgments** that are usually negative about members of a group.（涉及通常对群体成员持负面看法的预先判断。）

  Prejudices form the breeding ground for all kinds of **discrimination**.（偏见是各种歧视的滋生地。）

  Example: *Schindler's List*.（例如：《辛德勒的名单》。）

6.2.2 Seven Types of Prejudice（七种偏见）

- Gender Prejudice or ___.（性别偏见或__。）

  The belief that members of one gender are ___to another.（认为一种性别的成员__于另一种性别。）

  Example: girls don't understand math and science as well as boys do.（例如：女孩对数学和科学的理解不如男孩。）

- Ethnic Prejudice（种族偏见）

  Example: a large company chooses not to employ those of a certain race or ethnicity.（例如：一家大公司选择不雇佣某个种族或民族的员工。）

  Includes ___, happens when a person of color is pulled over based on their skin color.（包括__，发生于有色人种因为肤色被拒绝。）

  People "pre-judge" a minority as inferior based on ___ and stereotypes.（人们基于__与刻板印象将少数人"预先判断"为低等。）

- Prejudice on **Immigrants**（对移民的偏见）

  Linked with racial prejudice, attitudes toward immigrants, refugees and nomadic populations.（与种族偏见对移民、难民和游牧人口的态度有关。）

  Form the basis of legislation that discriminates against these groups.（构成歧视这些群体的立法基础。）

  The fear of foreigners, called ___.（对外国人的恐惧，称为__。）

- Age Prejudice or ___.（年龄偏见或__。）

续表

●	Sexual Orientation Prejudice: or ___.（性取向偏见：或__。） 　　Based on the stereotype that all ___ people are a certain way and thus inferior.（认为 ___ 人群处于劣势的刻板印象。）
●	Class Prejudice: or ___.（阶级偏见：或__。） 　　Those of a certain economic class are inferior to another class.（某个经济阶层的人低于另一个阶层的人。）
●	Disability Prejudice: or ___.（残疾偏见：或__。） 　　Those with physical or mental disabilities or handicaps are inferior to able-bodied people.（___ 那些有身体或精神残疾或残障的人不如健全人。）

6.3 mindmap 内容示例

6.3 Racism（种族主义）

6.3.1 Definition of Racism（种族主义的定义）

　　Race scholars :__ and ___ .（著名学者：__ 和__。）

　　Racism results in an ___ distribution of power on the basis of ___.（基于 ___ 导致了__。）

　　Racism in the form of ___ still persists in society now.（___ 形式的种族主义现在仍然存在于社会中。）

6.3.2 Four Main Types of Racism（种族主义的四种主要类型）

● ___ or Microaggressions（___ 或微歧视）

　　Racism doesn't just concern a ___ racial group overtly oppressing minorities.（种族主义不仅仅涉及压迫少数族裔群体的__ 种族群体。）

　　The form of discrimination that ___ most often experience.（__ 最常经历的歧视形式。）

　　Racial prejudice is the ___ behind subtle racism.（种族偏见是微妙的种族主义背后的__。）

● **Colorism** Within Minority Groups（少数民族内部的颜色主义）

　　___ people discriminate against their darker-skinned counterparts.（___ 人会歧视肤色较深的同龄人。）

　　A problem that's **unique** to communities of color.（有色人种群体特有的问题。）

● **Internalized** Racism（内化的种族主义）

　　Minorities experience self-hatred.（少数民族经历自我__。）

　　They've taken to heart the **ideology** that dubs them as inferior.（他们已经把 ___ 的意识形态内化于心。）

● Reverse Racism（逆向种族主义）

　　Refers to ___ discrimination.（指对__ 的歧视。）

6.3.3 Ways to Cope with Racism（应对种族主义的方法）

　　Combat it everywhere it ___ .（在__ 的地方与它战斗。）

　　Confront it in ourselves, in our communities, and in our nation.（小到个人、大到社群，都要直面它，国家亦如此。）

　　Learn about the ___.（了解__。）

　　Practice ___ .（强调__。）

　　Listen to and trust those who report racism, step in and disrupt it in a safe way.（倾听并信任那些报告种族主义的人，以安全的方式介入。）

6.4 mindmap 内容示例

6.4 Cultural Biases and Intercultural Communication（文化偏见与跨文化交际）

6.4.1 The Interrelationship Among Stereotype, Prejudice and Racism（刻板印象、偏见和种族主义之间的相互关系）

● Stereotype（刻板印象）

____ first introduced the word in 1922.（1922 年__学者首次引入该词。）

Describe judgement made about others on the basis of their ethnic group membership.（根据其种族群体成员身份对他人做出的判断。）

Stereotypes: ___or **positive** judgments.（刻板印象：__或积极的判断。）

● Prejudice（偏见）

Refers to ___**attitudes** toward other people.（指对他人的__态度。）

Prejudiced thinking is dependent on ___.（偏见思维依赖于__。）

● Discrimination（歧视）

The behavioral manifestations of that prejudice; **prejudice** ___.（偏见的行为表现，是指偏见付诸__。）

Can occur in ___ forms.（可以以__形式出现。）

Represents ___ treatment of certain individuals.（对某些人的__待遇。）

■ Van Dijk concludes that individuals（范迪克指出）

Make ___ comments, tell jokes that belittle and dehumanize others.（发表带有__的评论，讲贬低和非人化他人的笑话。）

Share negative stereotypes about others.（分享对他人的负面刻板印象。）

Establish and legitimize the ___.（确立__并使其合法化。）

Lay the "communication **groundwork**".（奠定"沟通基础"。）

Make it **acceptable** for people to perform discrimination act.（使人们的歧视行为可接受化。）

● **Racism**（种族主义）

Social attributes that distinguish it from these other terms are ___ and ___.（将其与其他术语区分开来的社会属性是__和__。）

Evoke very powerful ___ reactions.（引起强烈的__反应。）

6.4.2 Cultural Biases and Intercultural Communication（文化偏见与跨文化交际）

___: stereotype, prejudice, discrimination and racism.（__：刻板印象、偏见、歧视和种族主义）

Based on ___human tendencies to view ourselves as members of a particular group and to view others as ___.（基于人类的__倾向，将自己视为特定群体的成员，并将他人视为__。）

___, power and economic differences heavily influences all intercultural contacts.（__、权力和经济差异严重影响所有跨文化交际。）

___ may foster positive attitudes toward members of other groups.（__可以培养对其他群体成员的积极态度。）

Intercultural contact does overcome the ___of culture distance.（跨文化交际确实能克服文化距离带来的__。）

Yet, contact between different cultures does not always lead to ___.（然而，不同文化之间的接触并不总是能产生__。）

Burke in 1935, "A way of seeing is also a way of not seeing-a focus on object A involves a neglect of object B".（伯克在 1935 年说过，"见，亦未见——往往顾此失彼"。）

Learn to see ___ and avoid making ___ come from them（学会看清__，避免由此产生 ___。）

设计思路: 此步骤目的在于帮助学生厘清章节要点脉络，完成初步理论学习，为课堂应用输出打好基础。

2. 模块二：课中线下教学（90分钟）

步骤一：课题导入——问题式导入（3分钟）。

PPT展示智慧树平台上学生就课程学习的提问和讨论，引出课程话题——偏见和歧视，指出解决这个问题需要用到的理论知识。此步骤提取的线上论坛讨论帖由浙江越秀外国语学院孙雨同学发布。她在线上学习后在智慧树论坛发帖提问"为什么外国人对亚裔存有偏见"，社区中共计135人参与讨论。

设计思路：此步骤衔接了线上和线下教学环节，一方面，让学生感觉到教师对其课前线上学习所提问题的关注，可以吸引学生的注意力，有效引起学生的共鸣和课堂回应；另一方面，激活学生已有的认知结构，符合知识建构规律，而且课堂一开始交代清楚课程核心内容，让学生一开始就明确学习目标，做好后续学习的心理准备。

步骤二：预习任务检查反馈及概念回顾（10分钟）。

采用云班课"举手""抢答""随机选人"的方式，检查上周课程中布置给学生的mindmap的完成情况，并根据学生的回答查漏补缺。讲解完mindmap作业之后，让学生对自己线上学习做出自评（mindmap信息完形配有分值），并将自评分数上传至云班课任务2处。

设计思路：此步骤承接上一步，对线上学习的复习检查和巩固可帮助学生进一步建立理论图式，为后续案例应用做好知识准备。使用云班课可以提高学生的参与度并给予学生及时反馈。让学生自评引入了多元评价，可供教师课后反思参考。

步骤三：呈现案例——对中国90后的偏见（5分钟）。

观看云班课资源中"主题演讲《中国90后》节选"，要求学生观看时记下视频中提及的对90后的偏见，输入云班课任务3的轻直播对话框中。观看结束后，教师通过云班课"举手""抢答""随机选人"等方式选1~2名同学进行口头陈述分享。之后，教师即时进行赋值评价和反馈，并进行总结。

设计思路：此步骤通过短视频形式输入，一方面可以吸引学生注意力；另一方面由于视频所涉及的对象比较了解90后学生群体，有代入感，可以引起学生的兴趣。之后自然引入后续课堂小组讨论，为下一个教学步骤做好铺垫。

步骤四：小组讨论（15分钟）。

此步骤中，让学生以5~6人为一组，完成云班课任务4。该任务要求学生将前一个步骤中总结的偏见按照理论知识进行分类；讨论还有哪一些偏见的表现类型并未提及;结合已学理论,讨论分析这些偏见会产生什么影响。

教师在学生讨论过程中提供必要的引导和帮助。之后,通过"举手""抢答"等方式邀请1~2组学生口头陈述各自小组的讨论结果。教师对学生任务4的活动情况予以赋值,即时评价反馈和进行必要的知识补充。

设计思路: 首先,步骤三的活动为此步骤搭好了教学框架,让学生有了心理及知识方面的准备,可以保证学生有较理想的口头输出。此时应在学生最近发展区领域内逐步提高语言运用要求,有助于发挥其潜能。

其次,在小组讨论过程中,教师可四处观察、倾听或参与各小组讨论,从而有效了解学生的理论知识掌握情况和案例分析能力,便于课后进行反思。

最后,步骤三和步骤四教学活动可完成对"偏见"这个重要知识点的整体建构。至此,通过案例一展开的活动,完成了关于偏见的知识性教学目标,也融入了爱国、平等、尊重等思政要素。基于学生讨论的结果,可以自然引入下一步教学中的"种族歧视"话题,做好衔接过渡,有效贯通。

步骤五:导入案例二——2019—2021年媒体报道中有关亚裔的歧视(7分钟)。

首先,教师分享个人经历,讲述在跨文化交际中亲身经历的种种困难,以及遇见的各种偏见和歧视,引发学生共情和思考,导入"歧视"话题。

其次,发布云班课轻直播活动——任务5:请简要口头总结在提供的三个新闻素材中亚裔遭遇的歧视的表现形式。

最后,通过云班课"举手""抢答""随机选人"等方式选1~2名同学口头陈述,教师进行赋值评价和反馈,并做出总结。

设计思路: 此步骤通过展示图片和文字素材,丰富了输入形式。所选素材均为最新时事,时代性强,与课程理论知识的契合度高,能够引发学生的兴趣和共鸣,并为下一个更高层次的任务做好铺垫。

步骤六:小组讨论(15分钟)。

此步骤中,让学生以5~6人为一组,在云班课上完成小组讨论任务。该小组任务要求学生将前一个步骤总结的歧视按照理论知识进行分类,并且讨论还有哪一些歧视的表现类型并未提及。

教师倾听或参与各小组讨论,提供必要的引导和帮助。之后,邀请1~2组进行口头陈述,教师予以赋值和评价,并提供必要的知识补充。

设计思路: 此步骤难度有所提升,对学生提出了应用知识联系实际进行分析的要求。至此，基于案例二展开的活动，完成了关于歧视的知识性教学目标，也融入了共情、平等、国际理解等思政要素。之后自然过渡到在他者视角下对某一群体进行排斥的历史溯源和原因分析。

步骤七：导入案例三——泰坦尼克号纪录片 *The Six*（《消失的六人》）（10分钟）。

首先，教师先用快问快答，激发学生的背景知识和学习兴趣。快问快答题目设计如下：Have you watched this movie? What's the name of the movie? What's the theme of the movie? In your memory, were there any Chinese passengers onboard in the movie?（你看过这部电影吗？知道这部电影的名字吗？电影的主题是什么？在你的记忆中，电影中呈现的泰坦尼克号乘客中是否有中国乘客？）因鲜有同学知晓泰坦尼克号上曾经有中国乘客，也并不知道当年的这几位中国乘客为什么很少出现在报道之中，故学生兴趣十足。

其次，播放2021年4月16日上映的纪录片 *The Six* 片段。让学生在看视频的过程中回答三个问题，分别为：泰坦尼克号上这六位中国乘客都经历了什么？你如何看待他们的经历？为什么泰坦尼克号幸存者在事件发生后的新闻报道中频频出现，而这六位中国乘客一直鲜有报道？

案例讨论结束后，教师引导学生回归到慕课平台在线社区的学生提问和讨论，共同回答步骤一中的问题——为什么外国人对亚裔存有偏见。

设计思路：此步骤为解答课前预留的学生问题提供了历时性理论知识，形成了前后照应。讲授结束后的提问环节是为了检查学生的掌握程度。由视频导入和老师进行讲解可以缓解学生参与大量互动的紧张疲惫感，另外可以提供拓展知识以增加信息量，让学生了解历史，了解在他者视角下对某一群体污名化的四条主要途径（即大众媒体话语引导、所谓学术界研究、立法、艺术作品形象加工等），引导学生进行批判性思考，如何在世界舞台中进行有效的跨文化沟通，进而过渡到下个步骤。

步骤八：导入案例四——中美高层战略对话（5分钟）。

发布云班课任务7，要求学生在观看视频后用轻直播方式简要谈谈自己的感受并评价外交部高级翻译员张京的专业表现。之后教师进行评价并总结。

设计思路：此步骤中教师需引导学生学习中国外交官是如何在国际舞台上进行跨文化交流的，让学生感受到我国国际地位的提升，增强学生的民族自豪感和自信心。同时此步骤将学生的职业素养纳入课程教学"专业＋思政"

框架，通过对比战略对话中中美双方翻译员的表现，使学生认识到翻译员在跨文化交际中发出中国声音的重要作用，激发学生学好专业知识为祖国发展服务的动力，以强化其对自身未来职业素养的认知；也为下面要布置的课程活动以及课后作业做好了铺垫。

步骤九：翻译小测试（5分钟）。

发布云班课活动任务8——翻译下面两句话。

（1）中国人不吃这一套。

（2）美国没有资格居高临下同中国说话。

之后，让学生对同学的翻译做出互评，教师进行复评和反馈。

设计思路： 让学生理解翻译活动的跨文化属性，感受到外交翻译对翻译员职业素养和思想政治水平的高要求，认识到自己目前的水平与未来职业准入标准之间的差距，激发学生认真学习的动力。

步骤十：小组讨论（15分钟）。

发布云班课任务9，要求学生以4～5人为一组进行讨论。讨论的话题有：结合案例1～4及所学理论知识，谈谈如何应对跨文化交际中的偏见和歧视；作为翻译方向的学生，如何在国家形象和文化自信建设中发挥自己的作用。之后选取1～2组进行口头展示，分享其讨论结果，教师进行即时评价和反馈。

设计思路： 通过一系列案例分析、教师讲授、小组讨论、翻译演练等多模态、多元化、连贯性的教学活动，学生不仅积累了充足的语料和理论知识，也在听说读写方面得到了全面的锻炼，因此有能力提出解决方案。至此，围绕案例四展开的活动，完成了应对偏见和歧视的应用型策略能力目标，同时也融入了尊重、平等、自信、勤奋、自强、敬业、爱国等思政元素。另外，该活动结合学生自身专业，引发学生对目前学习态度和目的的再思考，有助于提升学生的职业素养，实现立德树人根本任务。

3. 模块三：课后作业布置

（1）小组作文：中国走出去我如何迈步。

（2）完成云班课上的小测试。

（3）学习下一章：第七章文化认同的线上微课，完成该章mindmap任务。

设计思路： 基于课堂上大量的口头输出，布置的小组作文对学生的语言能力提出了进一步的要求，实现了教学目标的梯度性。作文主题将理论知识与国家建设、最新时政、职业素养等思政元素有机融合，可以增强学生的爱国情感、文化自信和主人翁精神。小测试旨在让学生对课程理论知识进行自评检测，与课程教学整体形成闭环。预习任务则是为下一章教学进行知识储备，贯彻线上线下混合式教学的模式。

五 案例意义

本案例立足课程教学大纲要求及学情分析，融合线上与线下教学，始于学生课前疑问，终于学生未来职业发展，为学生量身打造课程设计。一方面，将理论知识与实际案例有机结合，做到融会贯通，学以致用；另一方面，将思政元素与案例教学有效融合，从"国家建设""职业素养""最新时政"三个维度开展"专业＋思政"教学。

课程教学过程所使用的思政教育素材能够让学生意识到中国在发展中面临的西方世界的偏见和歧视，引发其思考中国"走出去"战略的伟大时代意义，思考如何做好国家形象建设，讲好中国故事，增强其"四个自信"。同时，引发其对未来职业素养的认知，并明晰未来自身在翻译领域如何做好中国形象和中国文化的代言人，传播好中国声音，当好新时代接班人。

六 考核评价

华侨大学侯国金教授、天津外国语大学项成栋教授、广东外语外贸大学平洪教授、苏州大学王宏教授均对本案例给予了较高评价。2020年，"东方遇见西方——跨文化交流之旅"线上课程被认定为国家一流线上课程、思政案例入选高校教师专业发展联盟"优秀课程思政案例集锦"，并通过微信公众号向社会推广，产生了良好的示范辐射效应。

本案例教学目标契合教学大纲和人才培养方案，考核以过程性评价为主（70%），终结性评价即期末考试为辅（30%）。过程性评价主要由课堂互动（25%）、线上学习（20%）、学习反思档案（25%）构成。采用多平台联动的方式，充分利用智慧树慕课平台和云班课两种信息化教学工具，实现"课前""课中""课后"三个环节的实时追踪和教学互动，最大化思政教学效果。

线上学习和课堂互动依托智慧树平台和云班课，系统自动记录学习轨迹和教师评价，具有大数据化、可视性强、个性化的特点。学生通过学习反思档案进行阶段性总结和自我剖析，结合课堂口头呈现、课后主题作文、校外翻译实践，可以有效促进课程思政效果的内化。

线上课程共运行六期，累计选课 1.6 万余人，学校 85 所，平台调查满意度 94.4%，线下三个学期调查问卷满意度 96.3%。教学团队整体的校内学评教排名处于前列。学生的专业水平和思想素质得到了极大提升，多人次在全国口译大赛、"求是杯"国际诗歌创作与翻译大赛、"儒易杯"中华文化国际翻译大赛及各类英语演讲、写作等比赛中斩获奖项。学生还积极参与世界互联网大会、联合国世界地理信息大会、中国义乌进口商品博览会、中国柯桥国际纺织品博览会等社会实践活动，并提供翻译服务，获得好评。

七 案例反思

第一，线上线下混合式教学可以大大增加信息的输入量，给学生更多的互动和输出的机会，真正做到以学生为主体，把课堂还给学生，有助于课程思政效果的内化。

第二，现代化教学技术手段的引入，形成了教学方式的良性变化，学生在自由的网络平台空间中，更愿意分享自己的所想、所思、所感。同时，云班课上布置的各式口笔头输出任务，有效形成了匹配新 3P 输出模型的系统性教学档案，为学生回顾和教师反思提供了数据支持，还可作为自我反思语料，检查课程思政教学效果。案例研究和任务式教学可以增强学习效果。学生们对热点话题很感兴趣，非常认真地观看视频，并进行了激烈的讨论。虽然他们的观点仍然有点肤浅、片面，但他们的爱国主义热情被极大地激发起来。新 3P 输出模型的应用，含课上的口头输出、云班课文字输出以及课后的笔头输出，均体现了任务的产出成果。

第三，思政元素的选择和切入均可以做到与课程内容结合、与国家建设和时事政治同轨、与学生职业素养融合，将理论学习、专业学习和思政教育有机融合，在传授知识、提高技能的同时潜移默化地实现价值观培养。

第四，本案例已于 2020 年获立国家级一流本科在线课程"东方遇见西方——跨文化交际之旅"，并于前期出版过新形态教材，而结合 2020 年后的课程设计（本案例为一个缩影）的新形态教材目前也已在出版过程中，教学资源库和教学资料丰富充足，课程教学已经打破传统教学模式，实现了多角度创新，深受学生的喜爱和督导的肯定。

第五，本案例输入信息量较大，对学生的理解能力、分析能力和表达能力要求较高，然而因本案例面向英语学院翻译专业学生，他们的专业基础较好，学习态度端正，故任务完成较为顺利。若要面向非英语专业学生，则要注意对时间和节奏的把控，同时做出教学案例素材的删选和重整，以及教学活动的相应调整。

电磁场与微波技术

卢新祥
绍兴文理学院

课程学时	32	课程学分	2
适用专业	电子信息工程	案例获奖	一等奖

⚊ 案例主题

微波天线基础——深植"坚毅执着、精益求精"的工匠精神与科技报国的专业使命

⚋ 结合章节

《电磁场、微波技术与天线（第三版）》8.1"微波天线基础"

☰ 教学目标

本案例的教学目标包含知识、能力、素质三个维度。

（一）知识目标

通过本案例的学习，建立起电磁波发射与接收天线的基本概念，掌握微波天线的基本原理，能识别、判断微波天线技术领域工程问题的关键环节和参数。

（二）能力目标

掌握电磁场与微波领域中天线的结构特点与性能指标、工作原理和分析方法。

（三）素质目标

具备综合利用电磁场与微波知识对微波系统及天线进行分析与设计的能力，为从事电子与通信相关工作打下基础。端正学习态度，树立团队协作理念、精益求精的工程意识和科技报国的使命担当。

⊙ 案例实施

在课程模块中精心凝练与发掘德育元素，并将其有机融入专业课堂，课后在校园空间和网络平台中进行多维度、全方位协同育人。具体实施方案见图1。

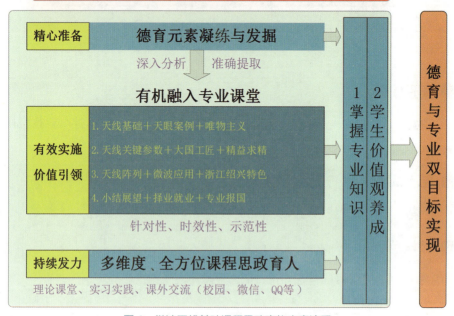

图 1　微波天线基础课程思政实施方案流程

（一）课程章节所蕴含的德育元素

爱国：科技兴国、青年使命、时代担当。

敬业：严谨求实、坚毅执着、精益求精。

协作：和谐包容、团队协作、共同进步。

（二）德育元素对应的教学内容及融入课程章节教学的方法

"电磁场与微波技术"是电子信息工程专业信息与通信技术方向的一门重要技术基础课程。该课程的任务是使学生了解微波技术的发展及应用，掌握电磁场与电磁波、微波技术及天线方面的基本概念、基本理论和基本技能，掌握电磁场、微波技术的基本分析方法和设计方法，为学生学习后续课程以及从事通信工程相关领域的工作打下基础。

章节 8.1 的主要内容包括：微波技术与天线基本概念、天线基本参数、天线阵基础。

教学内容与蕴含的德育元素相结合，教学进度设计见表 1。

表 1　德育元素融入教学内容的教学进度设计

课堂进度	课程内容	融入德育元素	讲授要点
0—5 分钟	新课导入		引入课程内容，并进行概述：天线是微波系统收发信息的关键部件，相当于人的五官
5—18 分钟	微波天线基础	严谨求实、协作共进	先从天线辐射原理开始，理解电磁辐射的本质，建立唯物主义世界观，严谨推演原理基础；在讨论分析阵列天线辐射与单元天线辐射关系时，引导学生思考体会和谐、包容、协作理念，说明团队协同的重要性
18—28 分钟	微波天线关键参数及应用	爱国敬业、精益求精、大国工匠	结合"500 米口径球面射电望远镜（Five-hundred-meter Aperture Spherical Telescope, FAST）——中国天眼 FAST"案例视频，讲述南仁东的案例，激发学生的爱国热情、敬业精神
28—37 分钟	天线技术新进展、天线阵及微波集成电路应用	科技报国、专业担当、中国特色、绍兴贡献	讲授新式天线及天线阵列；结合中美贸易战、科技"卡脖子"问题背景，通过"北斗卫星导航系统"等我国建设的伟大成就，以及绍兴发展集成电路"万亩千亿"新产业的地方特色，激发学生的爱国热情、敬业精神，激励学生努力奋斗，助力实现中华民族伟大复兴的中国梦
37—45 分钟	小结与展望（无线通信技术与微波天线相关就业方向介绍）	秉持"以学生发展为中心"的理念，关注学生发展，培养学生的专业自豪感和家国情怀	电磁场与天线的应用部分的内容在学生的科研、毕业设计乃至工作中会很重要。结合专业内近年考研与就业优秀学长案例，重点推荐杰出校友的考研、就业故事和事迹，培养学生"天生我材必有用"的自信和专业自豪感，树立"家国情怀和专业担当"

教学方法的改进及教书育人的措施。

第一，坚持显性教育与隐性教育相结合。坚持"知识传授与价值引领相结合"的原则，将社会主义核心价值观融入课程教学和改革的各环节、各方面。通过隐性渗透，寓道德教育于电磁场与微波技术课程之中，通过润物细无声、滴水穿石的方式，实现显性教育与隐性教育的有机结合。课程思政要注意与专业教育的有机、深度融合，要避免进入"牵强附会的思政、泛思政、喧宾夺主的思政"误区。

例如，在介绍微波天线工作原理时，可先从天线辐射原理开始，在讨论分析阵列天线辐射与单元天线辐射关系时，类比武侠作品中少林罗汉阵法的战斗力远大于个人散打，引导学生思考体会团队协作共进理念，说明团队协同的重要性。

专业课教师要以身作则，身正为范，以自己的言行为学生树立榜样，在授课的同时，以自己的人格魅力赢得学生的尊重，进而潜移默化地影响学生的人生观。始终以积极的心态传播正能量，以自己的热情感染学生。认真设计好每一堂课（每一个课件、每一个文档、每一个通知、每一个案例），认真完成和呈现，一以贯之，有始有终；注意每一个举止，如随手关灯、空调、风扇，践行节能环保。

第二，注重四化——多元化、具体化、生动化、直观化。深入挖掘和凝练文化基因，将电磁场与微波技术专业课程中蕴含的德育元素转化为爱国、敬业等社会主义核心价值观具体化、生动化的有效教学载体，发挥课程的德育功能。

例如，充分利用多媒体课件、教学视频等多种形式来展示思政元素。在课程PPT中介绍国产微波天线系统的最新进展（如中国天眼、北斗导航、量子雷达），帮助广大学生了解科技进展，增强民族自信，凸显家国情怀。鼓励学生到祖国需要的地方去，到社会迫切需求的产业去，到解决"卡脖子"问题的行业去建功立业。

第三，做到三贴近——贴近实际、贴近生活、贴近学生。注重向社会环境、心理环境和网络环境等方向渗透，促使学生从被动、被迫地学习转向主动、自觉地学习，主动将所学知识付诸实践，去认识和改造世界。

例如，讲授电磁场与微波天线相关概念时，结合电磁波的应用，介绍移动通信、雷达探测与天文观测中的应用，介绍电磁场与射频技术在校园生活中的应用，如校园IC卡、手机导航、遥控小车。

五 案例意义

新工科背景下，培养具有爱国情怀、使命担当、团队协作精神和职业素养的人才成为工程专业的重要目标。当今大学生价值观多元化，但部分学生进取心不足，理想信念与奋斗精神有待加强。

电磁场与微波技术，反映5G、人工智能等新兴信息技术发展趋势。在绍兴市大力发展战略性新兴产业背景下，"电磁场与微波技术"课程具有重要的育人功能。

微波天线是课程重要内容，天线也是微波的典型应用。中国天眼南仁东的事迹，中国北斗卫星导航系统打破美国GPS垄断，微波集成电路产业中绍兴集成电路产业的特色贡献等案例都是非常具有代表性的鲜活素材，具有针对性、时效性和新颖性，并有地方特色，这些元素的引入，有望起到价值引领的作用，与专业深度融合，实现育人目标。

以南仁东燃尽生命研发中国天眼FAST，把有限的人生谱写在无限的苍穹的事迹为例。FAST是目前世界最大单口径、最灵敏的射电望远镜，能接收到137亿光年以外的电磁信号，观测范围可达宇宙边缘。从选址开始到竣工，历时22年，南仁东主持攻克了天线主动反射面、索网疲劳、主动光缆、跨度索网安装和精度控制等一系列技术难题，不辞劳苦，坚毅执着，为FAST工程的顺利完成做出了卓越贡献。

南仁东是科技工作者中的英雄，是新时代的"最美奋斗者"，他胸怀祖国、服务人民的爱国情怀，敢为人先、坚毅执着的科学精神，淡泊名利、忘我奉献的高尚情操，精益求精的工匠精神，真诚质朴的杰出品格值得我们所有学生和科技工作者学习。

卫星导航是微波天线与系统一个重要的应用，绍兴康纳微电子公司以及包括绍兴科学家谢钢在内的我国科技工作者参与了北斗卫星导航系统的伟大工程，打破了美国GPS导航的技术垄断地位，该案例具有浙江特色，也具有时代性。绍兴蓬勃发展的集成电路产业入选浙江省首批"万亩千亿"新产业平台培育名单，预示着电子类专业与行业的光明前景，激励着青年学生为之努力奋斗。

六 考核评价

课程采用多元化的考核评价方式。树立课程教学评价"考试分数不是唯一要求"的观念，将学生的行为养成、合作能力等纳入教学评价体系。对标中国工程教育认证通用标准，工程与社会、环境和可持续发展、职业规范、个人和团队、沟通等非技术层面的素质和能力不能仅靠课程知识教学来达成，还需要结合课程思政的润物无声，使学生逐渐养成。

"电磁场与微波技术"课程考核与评价标准，将学生的学习规范、考场诚信、目标制定、团队合作等元素纳入考核范畴。

（一）考核方式及具体要求

课程考核注重形成性评价和终结性评价相结合，考核内容主要由平时作业、实验、阶段测试和期末考核组成，均按百分制计分，其中期末考核成绩占60%、平时作业成绩占10%、阶段测试成绩占10%、实验成绩占20%（见表2）。

表2　考核方式及要求

序号	教学环节	课程目标1（分值）	课程目标2（分值）	课程目标3（分值）	合计
1	平时作业	10	0	0	10
2	阶段测试	10	0	0	10
3	实验	0	20	0	20
4	期末考核	36	0	24	60
课程目标对应分值		56	20	24	100

（二）考核与评价标准

课程考核评价标准分为平时作业（见表3）、实验（见表4）、阶段测试、期末考核四类。其中阶段测试根据测试题目及评分标准进行打分（百分制）。期末考核则根据课程目标及教学内容，设计期末考核试题，综合检验学生对课程相关知识的掌握、综合应用及解决复杂问题的能力，根据考试题目设计相应评分标准。考试独立完成，有考试作弊问题试卷卷面直接评为不及格，并按学校相关规定处理。

表3　平时作业考核评价标准

分值	90—100	70—89	60—69	0—59
作业	按时完成，90%以上的作业内容齐全、规范，基本知识点和相关技术理解、掌握、运用到位。作业严谨求实，反复打磨，精益求精；对于分组作业，较好地体现分工合作精神	按时完成，70%以上的作业内容齐全，基本知识点和相关技术理解、掌握、运用较到位。作业严谨求实，认真对待；对于分组作业，能体现分工合作精神	延时完成，作业内容完成度达到60%以上，基本知识点和相关技术理解、掌握、运用基本到位。对于分组作业，基本能分工完成	不交和补交，60%以下的作业内容齐全，基本知识点和相关技术理解、掌握、运用有偏差。作业不严谨，对于分组作业，未能体现合作精神

表4　实验考核评价标准

分值	90—100	70—89	60—69	0—59
实验操作（60%）	按时完成90%以上的实验内容，基本知识点掌握、运用到位。能够利用理论知识识别、分析实验过程中相关专业问题。实验操作严谨求实，并体现协作精神	按时完成70%以上的实验内容，基本知识点掌握、运用较到位。能够较好地利用理论知识识别、分析实验过程中相关专业问题，实验操作较严谨，较好地体现协作精神	延时完成，完成60%以上的实验内容，基本知识点掌握、运用基本到位。基本能够利用理论知识识别、分析实验过程中相关专业问题	延时完成，完成60%以下的实验内容，基本知识点掌握、运用有偏差。不能利用理论知识识别、分析实验过程中相关专业问题

续表

分值	90—100	70—89	60—69	0—59
实验报告（40%）	按时完成，90%以上的报告内容齐全，报告格式符合规范要求，基本知识点理解、掌握到位。有较为完善的分析、总结	按时完成，70%以上的报告内容齐全，报告格式符合规范要求，基本知识点理解、掌握较到位。有较好的分析、总结	延时完成，60%以上的报告内容齐全，报告格式基本符合规范要求，基本知识点理解、掌握基本到位。有基本的分析、总结	不交，50%以下的报告内容齐全，报告格式不符合规范要求，基本知识点理解、掌握有偏差。基本无实质性分析、总结

七 案例反思

案例教学的实施效果较为明显，专业学生和学院督导反映良好。电子信息工程专业的每届30—45名学生为直接受益学生，对全校电子类专业学生的课程思政教学也有积极的借鉴意义。

学生在学完课程内容以后，对微波天线的基本原理、结构特点和关键参数有了较为清晰的了解，对国内外射频微波相关技术发展趋势及应用前景有了新的认知，积极地参与课堂活动，认真对待独立练习和小组作业，课堂纪律较好，期末能诚信考试。当然价值观的养成非一日之功，通过专业系列培养环节的有机协同，持之以恒、久久为功，最终帮助学生树立坚毅执着、精益求精的理念，深植爱国报国、爱岗敬业的精神。

本案例课程作为电子信息工程专业信息与通信技术方向课程，内容丰富，难度较大，具有高阶性和挑战度，内容选取与授课方式具有一定的创新性。在2022版的人才培养方案中，"电磁场与微波技术"被设置为专业核心课程，授课教师后续将进一步深入挖掘育人元素，丰富教学手段，与其他育人环节协同发力，使课程达到更好的育人效果。

商业空间室内设计

徐姗姗
浙江工业大学之江学院

课程学时	64	课程学分	4
适用专业	环境设计	案例获奖	一等奖

一 案例主题

设计赋能乡村振兴，三跨一统利"三农"

二 结合章节

模块一第五章及模块三的实践实训部分，参考《商业空间设计》《创业从一份商业计划书开始》。

三 教学目标

（一）知识目标

（1）能够掌握商业计划书的撰写。

（2）能够用Auto CAD等专业软件进行综合的设计表达及落地执行。

（二）能力目标

（1）能够拥有多维度看待问题的思维，提高创新能力。

（2）通过团队教团队学的教学方法，获得解决实际项目问题的高阶性和挑战性能力。

（三）素质目标

在本案例设定的知识目标达成后，实践部分有两个紧扣思政主题的应用，即设计赋能乡村振兴和围绕设计背景的创新创业。

（1）注重学生"三农"情怀的建设，引导学生以强农兴农为己任，"懂农业、爱农村、爱农民"，树立把设计写在祖国大地上的意识和信念，以实际行动让大学生走进农村，走向农业，走近农民，为社会主义乡村全面振兴贡献力量，为农业现代化建设跨界培养创新型应用型人才。

（2）通过结合创新创业的商业模式的讲授和练习，培养学生的"财商"及甲方思维，让学生学会在预算有限的情况下，尽最大能力去综合平衡各方力量达到既定目标，加强综合设计意识和效益意识，融入大众创业、万众创新的创业创新氛围，从而引导大学生自我开创合适的创业项目。

四 案例实施

（一）项目制引领，跨学科知识重构

创建项目制引领，提出商业思维逻辑论证在先，室内设计在后的学科融合理念，在原有室内设计教学模块之前增加商业策划的教学模块。先学习撰写商业计划书，将商业计划书转换成室内设计任务书后，再进行室内设计，让学生学会换位思考，明白甲方的商业需求，使室内设计方案更加符合市场规律。整合后的教学内容打破学科壁垒，保证了知识体系的完整性和连贯性，

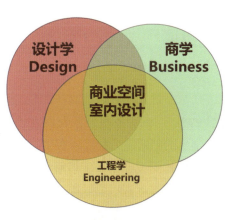

图1　课程的跨学科融合

实现了设计学＋工程学＋商学融合为真实项目服务的目的（见图1）。商学保证商业业态符合市场规律，设计学保证空间的实用美观，工程学保证空间的建造施工。

（二）建立一课多师、一题多生、真题真做真落地的教学环境

1. 一课多师

跨学科教师团队推进教学广度，主要培养学生多视角、多维度解决问题的能力；跨平台教师团队推进教学深度，主要培养学生项目的实践落地能力。

2. 一题多生

以开放式课题鼓励学生合作共创式学习，通过团队协作，推进同伴学习，培养学生的自我决策与自我管理，解决冲突等的能力（见图2）。

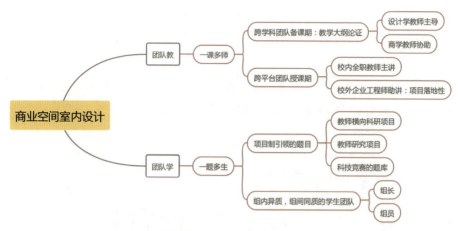

图 2　课程的教学环境

3. 真题真做真落地

在教书育人中，紧贴地方需求，面向现实问题，引导大学生"真题真做、融合创新"，既为乡村经济发展大局解决一批"难点""痛点"，又在实践中提升学生的创新能力和综合素质。真题从浙江省大学生乡村振兴大赛中选择，采用开放式的设计，基于场所的实际情况，学生们论证出符合该业主利益的商业业态，再进行空间室内设计。项目能力突出的团队将获得大赛提供的项目（5 万元/项）落地机会。学生们不仅可以获得校内导师的指导，还可以获得校外专家、施工团队师傅们等的全方位指导。从传统课堂走向社会课堂，知识课堂走向能力课堂，灌输课堂走向实践课堂，封闭课堂走向开放课堂，最终成就实战型人才培养目标（见图 3）。

图 3　真题真做真落地

（三）模块化教学实施路径

模块化教学分为两个阶段：实战准备阶段和实战阶段（见图 4）。第一阶段的实战准备包含 2 个切入口：一是学习入口，进行跨学科的知识架构的设计，主要讲解商业计划书以及商业室内空间设计的理论知识和概要，培养学生的跨学科多角度思维能力；二是训练入口，导入乡村振兴学科竞赛真题库，实行真题真做，主要培养学生的动手及团队协作等能力。第二阶段实战入口，也是课程主要的思政融入点，学科竞赛立项后，学生们获得将策划方案和室内设计方案进行落地施工的机会（见图5）。在从图纸放样到落地实施的过程中，学生们围绕实际问题展开实践学习，在与乡政府、村民、施工团队等的协调中，学生解决问题和矛盾冲突的综合能力等得到质的提升。

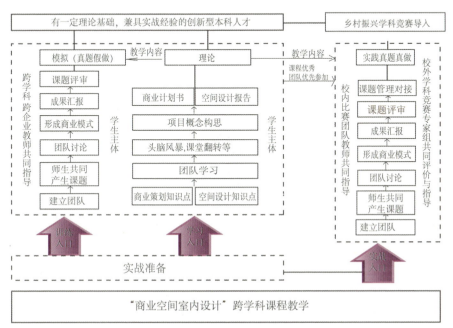

图 4　模块化教学实施路径

| 场地现状 | 项目策划与设计 | 项目竣工 |

图 5　项目落地全过程

五 案例意义

　　将课程思政融入课堂教学全过程，开展"百万师生大实践"等社会实践，树立学生学以致用、服务基层的价值观。课程教学设计紧密结合思政，课程结果参与国家建设，通过真题真做真落地，以商业策划书调动大学生的智力资源，挖掘不同村庄的基础资源，开发出利好农村文化传播、农业产品升级营销、农民收入增加的商业业态，以室内设计方案帮助"三农"从策划走向落地，营造让农民"拎包"经营的乡村商业空间，从而培养知农、爱农、懂农的新型跨界人才，实现人才培养和国家战略政策高度统一的目标（见图6）。

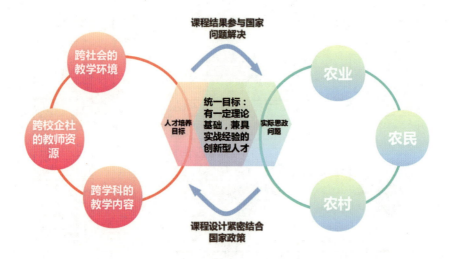

图6　实际思政问题推动设计赋能乡村振兴，三跨一统利"三农"

㊅ 考核评价

本案例课程把解决实际问题的能力作为评价指标。考核内容分三部分，即平时表现、商业计划书（期中考试）、室内设计方案（期末考试）。评分参考分项指标按照行业对设计师的六大能力需求的重要程度不同，以"111 313"[1]原则执行（见表1）。

1　"111 313"指六大能力各自占比10%、10%、10%、30%、10%、30%。

表1 商业空间室内设计课程评价指标

考核内容	考核标准	参考指标	分值占比
平时表现	课堂互动	到课和互动情况	10%
商业计划书	项目能力	调研能力：网络调研、田野调研、文献调研	9%
		团队协作能力：责任与分工	9%
		创新能力：商业业态及商业风格的良好契合性，商业模式创新引起的室内设计创新	9%
室内设计方案		商业与设计逻辑能力：商业故事构建，设计逻辑构建，商业与空间设计之间的连贯性	27%
		汇报与沟通能力：口头表述能力、语言逻辑性	9%
		方案表现能力：PPT版图展示、平面图、立面图、剖面图、效果图、分析图、流线图、总图等	27%

七 案例反思

以解决实际问题为导向的跨学科项目制教学，是设计学科人才培养教学模式的创新，它打破了专业壁垒，让学生立足本专业，拓宽知识视野，进行设计与商科的交叉学习，并且引导学生站在项目的全局考虑专业知识的运用，实现面向未来教育理念的示范、新文科教育路径的创新。首先，项目制引领设计学＋商学的跨学科教学内容，实现了新文科教育路径可行性探索。其次，一课多师、一课多生、真题真做真落地的教学实践形式，实现了"SERG"路径的通畅，实现了多专业、跨平台的协同教学。打通学校（school）教学最后"一环节"，实现了与企业（enterprise）、乡村（rural）、政府（government）之间的产学研互通，为教育领域提供了一个在项目制引领下，融合设计学和商学跨界服务农学的思路参考。最后，以能力为核心标准的教学评价，创建了应用型环境设计人才的考核标准。

（一）学生培养成效显著

学生综合能力得到了全面提升。基于200多名本院学生的调查研究表明，99.8%学生认为解决问题的综合能力得到了全面的提升，此外，设计能力、项目落地能力、团队协作能力的认可度也很高（见图7）。

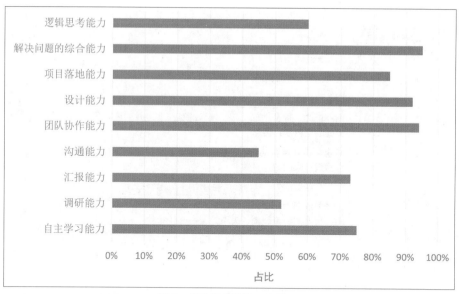

图7 学生能力获得调查结果

学生参与国家建设的热情全面提升。约200人次学生参与了设计实战赋能乡村振兴的教学实践，为20个村庄出谋划策，35人次学生走到了真落地，服务了浙江兰溪夏李村、王家村、渡渎村、余姚良渚、绍兴岭南镇、安华村、河南浚县、新县8个村镇县（见表2），获得40万元项目落地施工费用。

表2 课程参与真题真做真落地情况

比赛类型	阶段法教学	项目具体类别	项目负责人	团队成员
空间设计类	真题真做	杨高山村空间改造设计	陈*彤	冯*怡、葛*炜、叶*薇、迮*、林*银（数字媒体）、吴*（工商）
空间设计类		周河毛铺村空间改造设计	李*怡	汤*莹、华*瑾、阮*威、王*晨（公共艺术）、俞灵丽（工商）、申屠宇晨（品牌）
空间设计类		八里畈镇丁李湾空间设计	谢*霄	陈*媛、贾*飞、王*怡、周*悦、周*甫（工商）、叶*辰雨（产设）
空间设计类		苏河镇墨河村空间设计	陈*怡	项*焱、魏*康、罗*林、林*儒（数字媒体艺术）、陈*诗吟（工商）
空间设计类		周河乡西河村空间设计	杨*心	陈*兰、汤*琪、吴*怡、林*笑、丁*立、盛*昊
空间设计类		田铺乡幸福家园群众服务中心空间设计	万*俊	叶*彧、张*磊、郑*豪、许*、李*萌、黄*怡

续表

比赛类型	阶段法教学	项目具体类别	项目负责人	团队成员
文创设计类	真题真做	新县大板栗设计品牌设计	徐*摇	陈*思、俞*茜、蒋*杰（工商管理）、王紫珊（广告）、温浚哲（数媒）、张跃然（产设）
文创设计类		新县茶油品牌设计	娄*开	张*诚、张*立、洪*晨、冯*哲、茹*聪、卢*翀
文创设计类		新县银杏整体品牌形象设计和营销方案设计	曹*	袁维*、郑*、卢*诺、丁*敏、吴*兰、刘*翔（产设）
创意美食类		红色文化自拟宴席设计	郭*	王楚*、吴*霓、徐*雪、李*欣（工商）
文创设计类		"大别山刺绣"产品及图案纹样设计	王*怡	陈*媛、方*翔（产设）、马*（产设）、叶*辰雨（产设）、周怡悦、贾鹏飞
文创设计类		墨河湾整体IP设计	贾*飞	谢*霄、钱*云（工设）、林*儒（数字媒体艺术）、陈*怡、肖*禾（财务管理）、张*悦（市场营销）
文创设计类	真题真做真落地	毛铺村整体IP设计	汤*莹	李*怡、莫*晓（产设）、林*萍（产设）、辛*婕（产设）、顾*瑜（广告）、龙*竹（广告）
空间设计类		归园·老台门改造设计	金*陶	叶*豫、周*贤
空间设计类		笠翁茶馆——B02空间改造设计	郑*杰	刘*爱，陈*彤、冯*怡
空间设计类		考神殿设计	王*	李*怡、徐*摇、华*瑾
空间设计类		兰溪王家村医药养生茶店铺设计	丰*捷	裘*彤、丁*朔、金*陶
空间设计类		师法自然——法根糕点空间改造设计	汤*莹	郭*、葛*炜
空间设计类		戏咏茶歌——浚县古城前广场商业改造设计	施*缘	张*星、李*朋、黄*尼、朱*莹
空间设计类		沐格山居——玉兔天文台设计	蔡*军	刘*奕、金*陶、叶*豫

本课程学生参加学科竞赛获得丰硕成果（见表3）。

表3　学科竞赛获奖成果表

获奖时间	获奖项目名称	获奖等级	授奖部门
2021年12月	绝妙毛铺——毛铺村整体IP设计	银奖	全国大学生乡村振兴创意大赛竞赛委员会
2022年1月	戏咏茶歇——浚县古城前广场商业改造设计	银奖	浙江省大学生科技竞赛委员会
2022年1月	沐格山居——玉兔天文台设计	银奖	浙江省大学生科技竞赛委员会
2021年12月	归园——老台门改造设计	二等奖	绍兴市教育局
2020年12月	师法自然——法根糕点空间改造设计	金奖	浙江省大学生科技竞赛委员会
2020年11月	考神殿设计	银奖	浙江省大学生科技竞赛委员会
2020年11月	笠翁茶馆设计	铜奖	浙江省大学生科技竞赛委员会
2020年11月	兰溪王家村医药养生茶店铺设计——一品居	铜奖	浙江省大学生科技竞赛委员会

（二）教师教学水平、实战能力显著提高

"社会综合适应能力提升为导向的商业空间室内设计跨学科教学探索与实践"获得2022年浙江工业大学优秀结题，浙江工业大学校级创新创业优秀课程三等奖，2022年浙江工业大学之江学院级思政示范课程。授课教师为2022年省级一流社会实践课程负责人，获得浙江省第二届高校教师教学创新大赛优胜奖。

后续将在本案例课程形成的教学模式的基础上，开展基于设计学的乡村振兴基层教学的研究，为乡村振兴贡献高校力量。

基础医学导论

葛建荣、毛红娇、张金萍
绍兴文理学院

课程学时	78	课程学分	4
适用专业	临床医学（卓越医师）	案例获奖	一等奖

一 案例主题

追寻神奇生物电　点亮科学之光芒

二 结合章节

《基础医学导论》第九章"人体电生理基础"

三 教学目标

结合学校"培养高层次应用型人才"和临床医学（卓越医师）人才培养目标，针对课程多学科融合特点和学情分析，确定本案例课程的育人理念："志于道：树立崇高的理想；据于德：培养高尚的医德；精于能：精通专业的技能。"

教学目标如下。

（一）知识目标

（1）能够阐述静息电位和动作电位的形成机制。

（2）能够正确描述动作电位的特点和传导。

（3）能够区别动作电位和局部电位的特点。

（二）能力目标

（1）能够区别测量神经纤维动作电位和测量神经干动作电位的基本原理和方法，并且掌握神经干动作电位的测量方法。

（2）能结合临床案例分析离子通道与静息电位、动作电位之间的关系，具有分析医学问题的生物科学思维。

（三）素质目标

（1）树立正确的专业价值观，树立责任意识、敬业意识。

（2）能带着辩证唯物主义的世界观看待问题，看待疾病。

（3）树立勇于探索、勇于钻研的科学精神。

四 案例实施

（一）教学设计

秉承OBE理念，遵循布鲁姆的认知模型和埃德加·戴尔的学习金字塔理论，以"仁术兼修"为目标，以学生发展为中心，依据课程目标，以线上与线下、理论与实践、校内与校外、虚拟与现实四结合为实施路径，利用线上资源和信息技术，拓展学习空间，将课前—课中—课后活动有效关联，并贯穿于教学全过程，采用线上线下混合式、翻转课堂、CBL（Case-based Learning，案例为基础的学习）、情境教学、任务驱动小组合作拼图式等教学方法，以教学目标、教学内容、教学方法、教学过程、教学评价为融入环节，融入爱国情怀、职业道德、医者仁心、科学精神、人际沟通、人文素养、敬佑生命、救死扶伤、甘于奉献、大爱无疆等育人元素，践行绍兴文理学院医学院"崇德尚医"院训和"笃学、诚行、精艺、求新"院风，实现全员、全程、全方位育人。

（二）思政元素切入教学内容

结合专业、学科挖掘课程中蕴含的思政元素（见表1），增强课程的育人功能，为开展课程思政夯实基础。其中"人体电生理基础"这一章的思政元素见图1。

表1　"人体电生理基础"课程思政元素

知识点	思政案例	思政元素
绪论	医学英雄、科学家和校友的故事；新冠疫情；"大体老师"；中国疫苗研发背后的故事	职业道德、爱国情怀、职业素养、救死扶伤、医者仁心、敬佑生命、大爱无疆、甘于奉献、创新思维、科学精神
人体构造	大体老师	医者仁心、奉献精神、敬畏生命、职业素养
上皮组织	新冠疫情的传播途径	健康视域、临床思维
结缔组织	新冠疫情"炎症风暴"	临床思维、科学探究

续表

知识点	思政案例	思政元素
肌组织	用渐冻的生命托起民族希望——张定宇的故事	敬佑生命、救死扶伤、甘于奉献、大爱无疆、医者仁心、爱岗敬业
神经组织	神经原纤维缠结与阿尔茨海默病之间的故事	健康视域、医者仁心、职业素养、创新思维
人体电生理基础	寻求"生物电"科学家的故事	辩证思维、攻坚克难、科学精神、勇于创新
炎症与肿瘤	右颊部"山核桃"的生长日记	职业道德、医患沟通、临床思维、辩证思维、探索求真、科学严谨
药物与机体的相互作用	中国药理学研究创始人——陈克恢博士的故事	家国情怀、敬业精神、奉献精神、文化自信
基础医学导论实验	错切"十指"的医疗事故	职业道德、一丝不苟、认真细致、责任担当

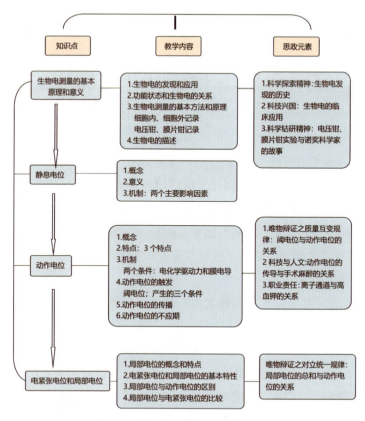

图 1　人体电生理基础课程思政元素

（三）教学方法

教学方法以线上线下混合式、问题导入、CBL等为主（见图2）。

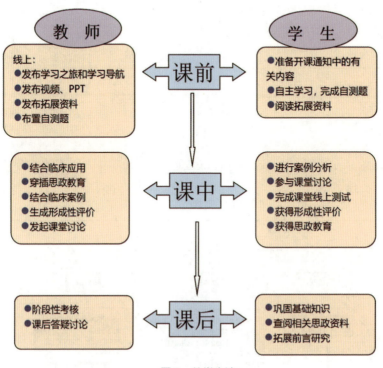

图2　教学方法

（四）具体实施路径

在教学层次上，采用由浅到深、由已知到未知、由基础知识到临床案例、由初阶知识到高阶知识的递进式教学模式；在时间层次上，通过课前、课中、课后三个阶段，将临床小案例、临床实际应用和拓展资料等与课程知识点、思政元素点交叉、渗透、融合，分阶段递进式实现教学目标。

1. 开课第一课

教师通过学习通发布"学习之旅"和"学习导航"。学习之旅包括开课须知、介绍自己、认识同伴、我的学习小目标、完成分组等。学习导航包括课程介绍、育人理念、课程目标、教学方法、学习评价、教学大纲和授课计划等。要求学生上"基础医学导论"第一堂课之前完成。学生在开课前，对"基础医学导论"这门课有初步的了解。教师通过开课前数据分析，及时了解学生的学习行为和学习态度等。教师的精心准备、严谨认真的工作作风潜移默化地感染到学生，为学生今后在临床工作中能敬业、有责任心埋下一颗思政的种子。

2. 课前（人体电生理基础）

发放学习任务单，开放学习资源，如视频、PPT、自测题等（自测题有两次机会，通过深入的学习，允许把错题纠正过来并计分）。学生通过自主学习完成学习任务，并反馈学习问题。

3. 课中（人体电生理基础）

（1）问题导入。"我们身上带电吗""我们每一个细胞都带电吗""生物电是被谁发现的""生物电又是被谁引导和记录的""你知道临床上生物电可以用于哪些辅助检查项目"？请大家来讨论这些问题，同时也检验学生自主学习的效果。教师总结：多国科学家历经 100 多年终于记录了生物电，中间有失败，有争议，有误解，但是科学探索的精神永不停歇。我们应该深受感动和震撼，要学习科学家勇于探索、勇于钻研的科学精神。生物电应用于临床辅助检查，大大提高了诊断的准确性。科技兴国、科技强国对每一位中国人都受益，我们要感恩这个伟大的时代。

（2）思政元素融入课程难点。课程难点内容有两处：一是电压钳、膜片钳记录及原理；二是动作电位形成机制中的膜电导，即离子通道和通透性。霍奇金和赫胥黎获得了 1963 年诺贝尔生理学或医学奖，就是因为著名的电压钳实验。该实验证实了钠离子和钾离子通透性的相继改变是构成动作电位的离子基础。内尔和萨克曼获得了 1991 年诺贝尔生理学或医学奖，是因为成功地记录了单个乙酰胆碱门控通道开放时的单通道电流。教学内容比较枯燥深奥，思政元素的融入不仅引起学生的好奇心，增强兴趣，更重要的是，科学家的科学钻研精神将激励学生后续的学习和临床实践。

（3）思政元素融入课程重点。课程重点内容是静息电位和动作电位的概念、意义和机制，动作电位的触发。动作电位产生机制也是比较深奥难懂的内容，我们引入案例——高钾血症，让学生分析离子通道与高血钾的关系、高钾血症导致心搏骤停的危害，激发学生的责任意识和担当精神，更要坚定学生学习基础和专业知识的信念。动作电位触发的条件是细胞膜去极化达到阈电位，而阈电位与动作电位的关系就是唯物辩证之质量互变规律，即量变产生质变。"基础医学导论"中处处闪耀着唯物辩证法的光辉。因此，带着辩证唯物主义的世界观去学习，有利于学生运用全面、矛盾、发展的观点认识复杂问题，提升学生分析问题、解决问题的科学思维能力和创新实践能力。

4．课后（人体电生理基础）

（1）学生反复回看视频和PPT；二次做自测题，纠正错误。

（2）阅读参考书《生理学》，查阅相关文献。

（3）观看医疗纪录片《手术两百年》。

（4）提出问题并进行讨论，教师有针对性地答疑。

五　案例意义

第一，回顾发现生物电的百年历史，探讨勇于探索、勇于钻研的科学精神。生物电的发现及其临床应用带给我们的启示：科学探索之路是曲折艰难的，大学生需要有这样的科学精神，肩负科技兴国、科技强国的使命。

第二，通过高钾血症导致心搏骤停的案例分析，探讨医学生的责任意识和领略辩证之美。生物电是生命存在的体现，生物电异常意味着疾病的产生，它带给我们的启示是：治疗疾病不能"头痛医头，脚痛医脚"，人体是一个辩证的整体，疾病的发生是一个辩证的过程，疾病的治疗也需要辩证地对待。

六　考核评价

（一）"基础医学导论"学业评价和课程考核

遵循澳大利亚教育心理学家比格斯提出的"一致性建构"原则，依托大数据建立精准多元化的学习评价体系，即形成性评价（50%）和终结性评价（50%）相结合，教师评价与学生互评相结合，定性评价与定量评价相结合，素质能力评价（学习行为与态度，小组学习中体现团队合作精神，实践课程中体现严谨、自律的科学态度）与知识评价相结合的多元化评价体系（见图3）。

对应"知识内化、能力提升、价值塑造"三维学习目标，细化每一项学习活动的评价估算，保证评价的客观性（见表2）。

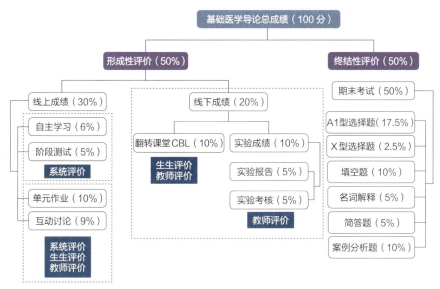

图 3 "基础医学导论"学业评价和课程考核体系

表 2 "基础医学导论"学习活动、学习评价、学习目标相互对应关系比估算

学习活动		学习评价			知识内化目标		能力提升目标		价值塑造目标	
活动类型	比例	评价要点	占比	折算	占比	折算	占比	折算	占比	折算
线上学习	30%	自主学习	100%	6.00%	80%	4.80%	10%	0.60%	10%	0.60%
		阶段测试	100%	5.00%	70%	3.50%	30%	1.50%	/	/
		单元作业	100%	10%	100%	10%	/	/	/	/
		互动讨论	100%	9.00%	40%	3.60%	40%	3.60%	20%	1.80%
实验成绩	10%	实验报告	100%	5.00%	80%	4.00%	10%	0.50%	10%	0.50%
		实验考核	100%	5.00%	80%	4.00%	10%	1.00%	/	/
问题探究（翻转课堂CBL）	10%	分组任务（看图说话、微课制作、模型制作、海报设计、案例分析、CBL）	100%	10%	50%	5.00%	30%	3.00%	20%	2.00%
期末考试	50%	单选题、多选题、填空题、名词解释、简答题、案例分析题	100%	50%	70%	35%	20%	10%	10%	5.00%
合计			100%	/	70%	/	20%	/	10%	

（二）课程目标达成度分析

知识目标达成度为 0.824，能力目标达成度为 0.819，素质目标达成度为 0.842，课程目标达成度为 0.828。

七　案例反思

（一）案例效果

第一，学生的获得感高。问卷调查结果表明，97.1%学生认为课程融入了思政元素，有利于形成正确的世界观、人生观、价值观（85.3%），有利于培养科学精神和严谨的科学态度（97.1%），有利于提升职业道德和职业素养（88.2%），有利于增强职业感（91.2%）。

第二，"基础医学导论"于 2021 年被认定为浙江省第一批课程思政示范课程，2022 年被认定为浙江省线上线下混合式一流课程。

（二）特色创新

课程经过 5 轮的探索和实践，以"仁术兼修"为目标，以学生发展为中心构建了基于"道、德、能"的"一据四合五融"（一据：依据课程目标；四合：线上与线下、理论与实践、校内与校外、虚拟与现实结合；五融：教学目标、教学内容、教学方法、教学过程、教学评价）课程思政教学模式（见图 4）。总结性论文《基础医学整合课程〈基础医学导论〉思政元素融入模式初探》发表于《绍兴文理学院学报》。

志于道　树立崇高的理想
据于德　培养高尚的医德
精于能　精通专业的技能

图 4　基于"道、德、能"的"一据四合五融"课程思政模式

（三）反思改进

一是"人体电生理基础"是"基础医学导论"比较晦涩难懂的一个章节，思政元素的融入要寻找好的切入点，要润物细无声，太强硬会适得其反。

二是如何借助数据分析，实施"精准思政"，尚需进一步探索。

课程思政教学优秀案例
二等奖

本科组

学思砺新 明德润越

课程思政教学优秀案例

服饰手工艺设计

严芮
浙江理工大学科技与艺术学院

课程学时	64	课程学分	4
适用专业	服装与服饰设计	案例获奖	二等奖

● 案例主题

"扎"根人民，"染"出新意

● 结合章节

第二章第二节"扎染手工艺的基本技法与艺术特征"。内容包括扎染手工艺的历史发展、扎结方法与图案的艺术效果、扎染的主要工艺和程序、扎染的艺术特征与文化内涵、扎染手工艺的创新设计与传承。

● 教学目标

（一）知识目标

了解扎染服饰手工艺的不同表现技法及特征，掌握扎染手工艺在服装与服饰设计中的应用方法，使学生尽可能深入了解中华传统手工艺背后的文化底蕴和内涵。

（二）能力目标

掌握刺绣、扎染等具有代表性的服饰手工艺技法，培养学生对材料的塑造和挖掘能力，使学生具有一定的服饰整体设计、创作和开发的综合能力，以及产品落地的实践应用能力。

（三）素质目标

启发学生对中华传统手工艺进行深度思辨与创新，引导学生树立正确的艺术观和创作观，培养学生的工匠精神和创新精神，隐形引导学生自觉传承和弘扬中华优秀传统文化，全面提高学生的审美和人文素养，增强学生的文化自信。

四 案例实施

（一）教学内容设计

本案例通过"五个教学环节"以递进式教学进程展开。从理论了解到深入探讨，过程由简入繁，难度从浅到深，整个课程设计层层递进、环环相扣，实现了多维度、多角度的递进式教学。课堂以学生为中心，激发学生的学习兴趣，鼓励学生进行独立思考，引发学生的认知和情感体验。具体教学内容设计见表1。

表1　教学内容设计

教学内容	思政育人元素	设计思路与实施方法
扎染手工艺的历史发展	培养学生的民族自豪感，激发学生的爱国情怀，增强学生的文化自信	课前互动引入：分享自己家乡的特色文化和传统工艺，或自己感兴趣的手工艺 以多媒体课件及音频、视频展现我国历史悠久的传统染色工艺
扎结方法与图案的艺术效果	以美育人，以美化人，全面提高学生的审美和人文素养	通过大量的扎染创意作品图文案例，使学生感受扎染手工艺的独特艺术魅力，提高学生的审美和人文素养，并配合案例给学生进行扎结方法的演示示范，学生通过实践加深对扎染手工艺的理解
扎染的主要工艺和程序	立足时代、扎根人民、深入生活，树立正确的艺术观、创作观，培养学生的工匠精神和人文情怀	以云南大理的白族扎染技艺、四川的自贡扎染技艺等国家级非物质文化遗产为切入点，了解一块布从白棉布到成品历经的十几道复杂工序和过程，感受手工艺匠人们背后的不易和凝聚的心血
扎染的艺术特征与文化内涵	弘扬以爱国主义为核心的民族精神和以改革创新为核心的时代精神	通过对传统手工艺人的生活现状进行调研，了解传统手工艺人背后的艰辛历程，深入理解传统手工艺背后的文化内涵和工匠精神，引导学生思考传统手工艺在现代化进程中的遭遇与处境
扎染手工艺的创新设计与传承	培养学生的实践创新能力，引导学生自觉传承和弘扬中华优秀传统文化和传统工艺	从"选题—选材—表现方式—工艺实践"导入扎染手工艺综合创意产品设计，从选材、纹样表现以及产品落地形式多样化等方面隐形引导学生独立思考，关注人文情怀，引导学生创新和传承传统手工艺，弘扬中华优秀传统文化

（二）教学方法设计

课程教学过程中，主要采用以下三种教学实施手段。

1. 课堂教授与实地调研相结合

通过现代媒介让学生了解我国历史悠久的扎染工艺，增强学生的文化自信；通过展现大量的创意作品让学生深入感受扎染的艺术魅力，提升学生的审美和人文素养；要求学生对扎染工艺及手工艺人进行背景调研，引导学生思考传统手工艺在近现代进程中的遭遇和处境。

2. 教师演示示范与学生实践练习相结合

配合案例给学生进行多样化的扎结方法的演示，学生进行自主练习，并鼓励学生尝试对多元化的材料和跨领域的技术进行创新融合，培养其工匠精神和创新实践能力。

3. 线上模式与线下模式相结合

在传统课堂教学模式外，借助互联网平台搭建整套课程体系，在理论知识的地方插入传统工艺视频及手工艺人的采访纪录片，链接工艺背后的文化内涵，激发学生对手工艺的思考；根据多媒体信息传递快捷的特点，可随时对课程内容进行补充和调整，并且授权学生上传平时获取的新资讯或新材料作品等优秀案例，形成资源共享，如此既能有效顺应当下潮流变化和市场需求，保持学习内容的新鲜度，还能开拓学生的自主积极性和新思维；可充分利用平台的闯关模式、活动和讨论等功能，设置重难点和当下热点讨论话题，以抢答、问卷、投票、讨论等形式跟学生形成良好互动，让课堂鲜活起来并延伸到课后。另外，在平台上，还可灵活运用统计、管理等功能，随时查看学生的接受状况和学习成效，保证学生对整个手工艺流程实现全面的理解和掌握，有助于把握教学进度，做好因材施教，使教学更有弹性。这种极具互动性的教学模式能够具象和深化教学内容，确保课件的时效性，激发学生的学习兴趣和创新意识，从而实现课后的持续发酵和影响。

（三）案例实施过程

教学环节 1：理论讲授——扎染手工艺的历史发展

参考学时：2 学时

通过课前讨论环节，引入扎染的概念和历史发展。以多媒体课件及音频、视频展现我国古老的传统染色工艺，让学生了解扎染手工艺的发展历史，感受扎染匠人世世代代初心不变，始终坚持着祖上流传至今的最质朴纯粹的手艺的工匠精神，培养学生的民族自豪感，激发学生的爱国情怀，增强文化自信。

教学环节 2：实践演示——扎结方法与图案的艺术效果

参考学时：4 学时

结合图案案例进行扎结方法的演示，通过大量的扎染作品，让学生了解和领略扎染手工艺的独特艺术魅力，全面提高学生的审美和人文素养，并配合案例进行扎结方法的练习和探索（见表 2），通过实践加深对扎染手工艺的理解，感受手工艺人的工匠精神。

表 2　扎结方法与图案艺术效果

扎法名称	捆扎法	叠扎法	夹扎法	卷扎法	皱扎法	缝绞法
扎结方法						
艺术效果						

教学环节 3：调研切入——扎染的主要工艺和程序

参考学时：4 学时

以云南大理的白族扎染技艺、四川的自贡扎染技艺等国家级非物质文化遗产为切入点，带领学生了解扎染的工艺和程序。一块布从白坯到成品历经绘制图案、制作图样板式、扎花、浸染、漂洗、解扎拆线、晾晒等几十道复杂工序，过程中无一不凝聚手工艺匠人的心血。引导学生立足时代、扎根人民、深入生活，树立正确的艺术观和创作观，培养学生的工匠精神和人文素养。

教学环节 4：扎染的艺术特征与文化内涵

参考学时：4 学时

通过对传统扎染手工艺和手工艺人现状的调研，引导学生认识到传统手工艺人背后的艰辛，通过共同研讨对传统扎染、手工艺现状进行原因分析（见表 3），引导学生思考传统手工艺在现代化进程中的遭遇与处境，并采用头脑风暴法让学生对创新和传承手工艺进行思维发散，分析可行性，找到出发点。

表 3　传统扎染手工艺现状的原因分析及思考

现状	原因分析
年轻人不愿意学，上年纪的老人做不动	1.工艺相对烦琐，从白布到成品需要十几道工序，并且需要复染 6—10 次，每天都是不间断地染。常年染料的浸泡和布料的摩擦，手部会粗糙，会比较劳累辛苦，也是年轻人不容易坚持的主要原因 2.表现形式比较单一，很多年轻人会觉得枯燥 3.收入和付出不成正比 4.传统扎染制作周期长，随着科技进步，机械化工艺比传统扎染更快更有效率

教学环节 5：扎染手工艺的创新设计与传承

参考学时：4 学时

从"选题—选材—表现方式—工艺实践"主题开发过程导入扎染手工艺产品的综合创意设计，从创意思维开发到创新设计表达，从选题、选材、纹样形式及产品载体的多样性等方面隐形引导学生进行独立思考（见表4），采用启发式、讨论式等有效的教学手段，并结合当下时事政策、生命科学等热门话题以及当地的历史文化、物产资源等方面的区域特色，引导学生关注人文、深入生活、立足当下、"扎"根人民，以创新载体将产品落地，培养学生的独立思考能力、综合设计能力以及创新实践能力，并引发学生关注和思考创新和传承手工艺，激发学生的爱国情怀，使学生自觉弘扬中华优秀传统文化，形成持续发酵和影响。

表 4　扎染手工艺产品的设计创新路径思考

创新路径思考	创新形式	效果展示
1.利用扎染物理优点 2.挖掘艺术特征，与时尚接轨 3.选材的多样性 4.融入日常应用	纹样创新、色彩创新、材料创新、产品载体创新	

五　案例意义

服装与服饰专业本身具有时尚更迭和潮流变化的特点，在深入理解教学大纲要求的同时，将教学特色融入教学内容，从可持续发展的视角看待"服饰手工艺设计"课程，更要充分挖掘课程当中的育人功能，不断地探索教学设计理念和方法。"扎染手工艺"本身属于中国历史悠久的染色工艺，是中国文化的见证载体，是传播中华优秀传统文化的一张名片。本案例以"扎染"手工艺为载体，将习近平新时代中国特色社会主义思想、社会主义核心价值观、中华优秀传统文化教育、工匠精神以及改革创新的时代精神等育人元素巧妙有机地融入教学，在美学教育中引导学生立足时代，"扎"根人民、深入生活，树立正确的艺术观和创作观，"染"出新意和创意，隐形引导学生积极传承、创新和弘扬中华优秀传统文化，培养新时代具有人文情怀的高素质创新型应用型人才。

六 考核评价

教育发展与时俱进，浙江理工大学科技与艺术学院更是秉承综合素质培养和以学生发展为中心的教学理念，不断优化考核评价准则和方式。在课程考核评价体系中，以多元化方式进行综合考核，主要由三大部分构成：理论考核、技能考核、素质考核。理论考核重点在于考查学生对于手工艺的技法与特征的掌握情况，对于传统文化的理解程度；技术考核重点考查学生对于手工艺技法的应用是否变换自如，是否具有一定的整体设计、创作和开发的综合实践能力；素质考核重点在于考查学生的艺术观和创作观。

最终成绩以综合考查为评价标准，并且注重考核方式的多样性，在考核过程中提高设计、创意思维、实践应用价值在学生成绩中的比重。对于学生最终呈现的作品，不单注重其技法的表现，更注重其创新理念和人文素养的表达，以技术与艺术相融合为导向鼓励学生进行创意设计实践，在作品形式上也引导学生以多元化、开放性思维方式呈现，鼓励学生参加比赛和策展等活动，有利于培养学生创造有市场价值和文化价值的设计成果，使考核评价标准取得较为完善合理的效果。

课程考核结果体现了良好的人文素养和综合素质。通过教学效果评价可进行思政课程设计调整，为下一轮教学育人打好坚实的基础。

七 案例反思

本案例达到了预期的教学目标，教学效果明显改善。主要从育人成果与学生反馈、教师感悟与反思两个方面进行总结。

（一）育人成果与学生反馈

1. 育人成果

目前，"服饰手工艺设计"经过改革建设已授课于2019级和2020级两届学生，整体受益人数达104人。通过理论专题学习和实践创作，学生树立了正确的文化观、价值观、艺术观以及创作观；通过最后的产品成果显示，学生的审美和人文素养也在潜移默化中得到了塑造和提升。在课堂之余，学院举办了成果静态展，吸引了全校各个专业的学生和老师前来观览。学生之间相互交流请教，从一定程度上模拟出市场供应关系，学生的作品也能在这个过程中得到验证和反馈，使育人成果得到了延伸价值。另外，学院组织学生参加了校外的各类比赛，也取得了一些可观成果，希望从这些宝贵经验中提升学生的专业技能和艺术修养。

2. 学生反馈

学生在深入作品过程中，会理解工艺背后的文化内涵，时常被鲜活、生动的案例所吸引，被那些几十年如一日专注在自己领域的工匠所打动。有学生曾这样反馈道："通过八周的学习与练习，我深刻地了解到服饰手工艺的魅力与价值，也感受到了美背后的不易。针与线的交织构成美丽的图案，布的纠缠塑造出多彩的花纹，线与材料的组合形成新的旖旎。一个技巧的改变就会催生一个新的生命。在学习、设计与制作的过程中，自己的技能、耐心以及对美的感悟和理解都得到了提高。初识扎染和刺绣时，我感到懊恼与厌烦，明明机器能做的为什么要花这么多时间手工做，但沉下心来也慢慢理解到了其中的魅力，领悟到了工匠们的精神，在最后看到自己成品的那一刻，虽然作品不及匠人们的，但总是自豪的。"通过对传统手工艺的挖掘，学生提升了民族自豪感，增强了文化自信心，继承了工匠精神和人文情怀，并在课堂外展现了主动学习的形象，自觉弘扬中华传统文化和传统手工艺，形成了持续发酵和影响。

（二）教师感悟与反思

1. 教师感悟

把思政元素融入专业知识教学中，并不是轻松容易的事，需要花费大量的精力去研究探索，这就要求教师具有较高的技术水平和文化素养。其间，授课老师同其他教师前辈进行了交流取经，并对此次教学进行了经验总结和反思，以期继续开拓教学广度、挖掘育人深度，使该门课程的思政建设更具有可操作性和指导性价值。

2. 教师反思

针对教学内容的反思：（1）对于创新点的思维点要更加发散。可配合头脑风暴，学生要大量参阅国内外手工艺人的生活经验和痛点，结合实际调研进行价值创新，做出有新意又有中国味道的设计作品，形成特色效应，以弘扬中华优秀传统文化。（2）对于作品形式和材质应更加多样化。在实践环节以技术和艺术相融合为导向鼓励学生探索新技术、新材料、新工艺，并进行融合再设计，对传统手工艺的多样性和创新性进行思考。

针对教学设计和方法的反思：（1）思政元素的融入应更加考究和契合。

在课程内容与思政元素的融入连接上应更加准确清晰，并做到"润物细无声"的原则。（2）提高讨论话题的吸引度。在理论教学阶段，应更注重话题的新颖性和有趣性，多用启发式和回应式，增加课堂的互动频率，激发学生的兴趣，提高学生的参与度。

模拟电子技术

赵伟强
绍兴文理学院

课程学时	48+16	课程学分	3.5
适用专业	自动化、电气工程	案例获奖	二等奖

一 案例主题

发扬工匠精神，早日突破芯片的"卡脖子"工程

二 结合章节

《电子技术基础（模拟部分）》第 1 章"绪论"

三 教学目标

开学第一课帮助学生构建知识脉络、知晓重点难点、梳理前后衔接，培养学生判断放大电路性能优劣的能力，支撑毕业要求 1——能清晰表达模拟电子基础理论并阐述对其理解。教学目标包括知识、能力、素质三个维度。

（一）知识目标

（1）学会基本知识：放大电路四种模型和主要性能指标。

（2）知晓分析方法：通过放大电路等效模型分析电路性能。

（二）能力目标

（1）电路建模能力：依据已知条件构建放大电路等效模型。

（2）分析计算能力：具备等效模型计算增益等性能指标能力。

（三）素质目标

（1）团队合作学习：组建学习小组，培养合作学习的意识。

（2）创新思维意识：通过元器件发展史基础项目，培养工程实践与创新思维。

（3）精益求精态度：通过隐性思政，培养极致工匠精神。

（4）非技术性因素：培养项目撰写、制作课件与汇报的能力等。

四 案例实施

（一）教学设计

贯彻"以学生为中心"的教学理念，以隐性方式将思政元素融入课程教学；结合新工科专业特点，实施"精准教、全面评、主动管"的教学方式；依据布鲁姆教育目标分类法，采取"三阶＋六步＋八式"混合式教学创新设计；通过教学模式创新和教育信息技术应用，将工匠精神、诚信教育、创新意识等思政元素融入教学案例中。

（二）教学内容

1. 课程导读

介绍课程知识、慕课资源、授课计划、教学日历、混合式教学和形成性评价等信息（见图1）。通过导读，学生提前知晓教学安排与考核要求，做到心中有数，认识到课程学习的重要性和挑战性。

开课前导读
1. 课程简介和在线开放课程网址
2. 教师信息和课后答疑时间地点
3. 课程考核评价方式与成绩构成
4. 考试覆盖的知识点与能力要求

教学日历表
1. 课程教学计划与考试时间节点
2. 在线开放课程与翻转课堂教学
3. 试题库资源与在线测试和考试
4. 学生研究项目与团队合作学习

形成性评价
1. 线下作业、互动、项目等成绩
2. 线上测试、看视频、发回帖等
3. 纸质阶段测试＋在线闯关考试
4. 期末笔试考试＋在线期末考试

课程学习导读 → 在线课程使用 → 课程教学安排 → 线上线下教学 → 课程考核评价

开学第一课
1. 分享教师在线学习课程历程收获
2. 讲解在线共享平台注册及其使用
3. 介绍在线开放课程现有学习资源
4. 开展在线课程促进有效学习探索

混合式教学
1. 课程学习任务清单规定具体任务
2. 线上自主学习与在线测试和考试
3. 线下有针对性的教与师生互动交流
4. 讨论区发帖回复与差生定点帮扶

图 1　课程导读

2. 课程绪论

介绍元器件发展史、放大电路四种模型及放大电路主要性能指标等。

（三）教学方法

采用基于"精准教、全面评、主动管"的"三阶＋六步＋八式"混合式教学模式。

1. 发布学习任务清单

提前在慕课平台公告栏上发布本次课程学习任务清单，告知课前预习任务、课堂讲解的知识点、课后需完成作业/测试等任务点。

2. 实施六步教学法

在借鉴BOPPPS模式"引入、目标、前测、参与式学习、后测、总结"的基础上，结合课程理论性较强、学时普遍少、学习难度大等学情，在课堂教学中实施"导、讲、探、评、练、做"六步教学法。

（四）教学安排

1. 通过绘制课程知识图谱，生动形象地展示课程知识体系

本课程可分为放大电路、反馈电路、信号电路和稳压电源四大知识模块和73个重要知识点（见图2）。以分立元件放大电路和集成芯片放大电路为抓手，梳理出课程的重点与难点，以及知识点前后之间的关系。

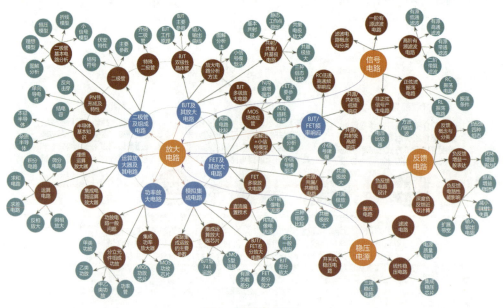

图2 课程知识图谱

2. 回顾元器件的百年发展简史，引出工匠精神与肩负使命

回顾近百年由欧美发达国家主导的电子元器件从真空管到晶体管到集成电路再到集成运放的发展历程（见图3），美国在高端芯片领域对华为、中芯国际等"卡脖子"事件，引发学生思考——高端技术与前沿科技是买不到的，要靠中国人一步一个脚印研发出来，突出技术创新的重要性。

图3 电子元器件发展简史

3. 通过挖掘课程具体思政案例，实现16个思政元素的落地

以运算放大器、多级放大电路等9个知识点为例，凝练出"工匠精神，职业道德"等18个思政元素（见图4）。以华为手机充电器为例，从最初的5瓦充电技术到2019年的22.5瓦快充技术到2020年的40瓦超级快充技术再到2021年的65瓦超级快充技术，引导学生学习中国工程技术人员勤奋拼搏、敢为人先的精神，培养学生的大国自信与文化自信等。

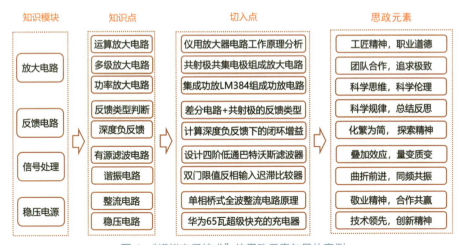

图4 "模拟电子技术"的思政元素与具体案例

（五）思政融入

1. 设计预防作业抄袭与考试作弊系统，开展诚信教育

采集线下和线上成绩两部分数据，其中线下成绩包括6次纸质课后作业等，累计生成184条数据；线上成绩包括18次在线测试/作业等，累计生成42条数据（见图5）。

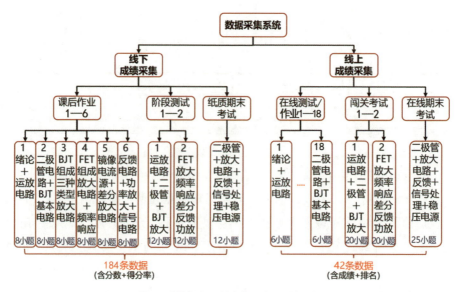

图5　"模拟电子技术"数据采集系统

在第一次和第二次阶段测试结束后，根据考试与平时作业，各知识点得分率差值进行分析，若差值低于下限阈值（假定 0.3），则初步认定无作业抄袭嫌疑；若差值超过上限阈值（假定 0.7）则初步判断存在作业抄袭，并向学生当面确认；如在 0.3—0.7 则可能存在作业抄

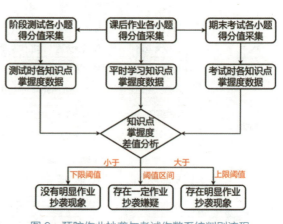

图6　预防作业抄袭与考试作弊系统判别流程

袭现象，当面交流并认定是否抄袭；通过技术手段引导学生诚实守信，减少作业抄袭与考试作弊现象，达到诚信教育的目标（见图6）。

2. 建立基于大数据分析诊断反馈机制，体现关爱学生

阶段测试成绩低于 60 分，教师会主动请学生到办公室个别交流并了解原因；课程结束时出具学业评价报告，列出每个考核环节的得分以及与班级平均分之间的差异。通过建立基于大数据分析学业成绩诊断与及时反馈机制，激励学生认真学习。通过主动式答疑和诊断反馈，展示教师率先垂范与以身作则的形象，体现教师对学生的关爱与严谨治学的态度。

3. 实施"三阶＋六步＋八式"混合式教学，孕育创新精神

八年线上线下融合实践探索，总结"三阶＋六步＋八式"混合式教学创新设计。教师的教学创新是培养学生创新意识和创新能力的最好榜样。

五 案例意义

（一）回顾元器件的百年发展简史，探讨工匠精神与肩负使命

美国对华为高端芯片"卡脖子"事件引发思考：中国崛起需要更多华为等高科技企业，追求科技创新，科技进步，精益求精，研发并制造高端芯片，这是大学生肩负的历史使命。

（二）介绍华为的超级手机快充器，探讨技术领先与大国自信

在手机快充领域，中国的企业已经全面超越韩国三星公司与美国苹果公司，处于全球领先地位，启发学生思考中国技术凭什么能走在世界前列，共同探讨技术领先与技术研发背后的故事。

（三）设计预防作业抄袭与作弊系统，开展诚信教育与诊断反馈

设计线上线下学习数据采集系统，基于大数据采集与分析甄别学生作业成绩的真实性和合理性，通过技术手段避免作业抄袭与考试作弊。该系统已申报发明专利。

六 考核评价

课程理论环节安排 30 个学习任务点，其中线下任务 9 个：课后作业 6 次、阶段测试 2 次和期末考试 1 次；线上任务点 21 个：在线测试/作业 18 次、闯关考试 2 次和在线期末考试各 1 次。采取拉力赛式任务点管理，以在线测试为例，截止时间前三天和前一天分别提醒两遍，并通报未完成学生。

采用课程形成性评价，包括线下平时、线上平时、实验和考试，其中线下平时占 15%，线上平时占 20%，实验占 15%，考试占 50%（见图 7）。在线闯关考试安排 25 道选择题，80 分以上通过，如低于 80 分须再次闯关，守住学习底线。

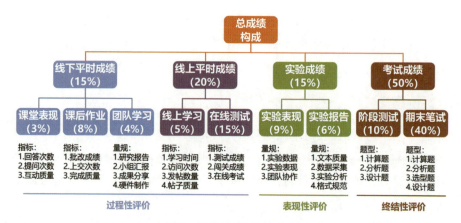

图 7　课程考核与评价方式

采集学习轨迹数据，判断学习者活跃度与学习效果，以刘奇同学各项数据为例，呈现其整学期学习轨迹，为精准教、主动管提供数据支撑（见图 8）。

图 8　学习轨迹记录

七 案例反思

（一）实施效果

1. 实现思政元素有机融入课堂教学

通过教学模式创新和教育信息技术的应用，将育人元素从专业人才培养方案落实到课程内容和章节知识点中。

2. 师人方得为人师自然传递正能量

通过教师高超的学术造诣、严谨的治学态度、深厚的教学情怀，进行正向激励，传递正能量。

3. 拉力赛式管理提高任务点完成率

采取拉力赛式任务点进程管理，一次都不能少，通过设定严格的时间节点，激发学生的积极性与竞争意识，从而提高任务点的完成率。

（二）特色创新

1. 设定分阶段渐进式三阶教学目标，精准教学

针对不同学习基础、学习能力、学习预期的学生，分别设定低阶、中阶和高阶的教学目标，实现教学差异化、学习个性化与帮扶精准化。

2. 采集学习轨迹并出具学业评价报告，主动管理

采集在线学习、线下课堂及实践环节等轨迹数据，分析学生对于各知识点的掌握程度并出具课程学业评价报告。根据学生的学习轨迹数据，对其提供主动帮扶，实现从"放羊式"到"主动管"的转变。

3. 设置由低到高的阶式团队研究项目，两性一度

设置挑战度从低到高的基础项目、初级项目、进阶项目、高阶项目和硬件制作五类进阶项目，培养团队合作学习与创新性思维（见图9）。

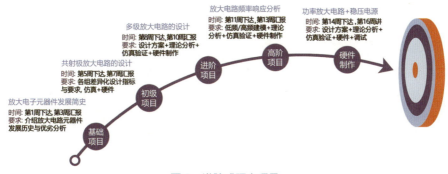

图9　进阶式研究项目

（三）反思改进

1. 实现思政案例有机融入课程教学的顶层设计

通过"一轴两器三融合"重构教学内容，将思政案例、学科前沿等有机融入课程教学，从顶层设计角度来规划整门课程的思政目标、思政元素以及需要的案例。

2. 评价模电课程思政实施效果的研究与实践

为进一步客观评价课程思政的实施效果，后续将探索定量分析与定性调查相结合的方式，系统研究实施课程思政对课程教学效果、人才培养质量等方面的正向作用。

中外园林史

王涛
浙江工业大学之江学院

课程学时	32	课程学分	2
适用专业	风景园林、城乡规划、建筑学、环境艺术设计	案例获奖	二等奖

一 案例主题

全过程融入绍兴传统文化特色的中国古典园林"课程思政"教学

二 结合章节

参考教材《中国古典园林（第三版）》第三章"中国古典园林发展演变历史"（共 10 节）

三 教学目标

（1）了解中国古典园林的起源、发展、代表人物与作品、造园要素、设计理念与手法；学会从园林的最初形式、发展等方面理解园林设计的理念与内涵，熟知经典优秀案例并进一步掌握其文化背景、历史条件与传统特色，深刻理解园林与人类历史文明演进的相互关系，思考当今环境下如何设计具有时代精神和中国特色的优秀园林作品。

（2）能够运用中国古典园林的相关知识，综合性、创新性地解决当前园林设计中的实际问题，尤其能充分考虑地域文化、社会、环境、经济等方面的保护传承利用及可持续发展。

（3）能够从历史与现实、理论与实践等维度深刻理解社会主义核心价值观，自觉弘扬中华优秀传统文化和地域特色文化。在学习过程中认知、传承、热爱绍兴地域特色文化，更好地服务绍兴发展建设、传承地域文化，有效提升绍兴地域文化自信和文化自觉。

四　案例实施

（一）全过程融入绍兴传统文化特色的课程思政教学内容

整合梳理中国古典园林发展的历史脉络，紧扣当下传承中华优秀传统文化的时代背景与政策，确定中国古典园林五个发展阶段对应课程内容与中华优秀传统文化、绍兴地域文化特色的融合途径与方式（见表1）。安排实地考察活动，使学生亲身体验与园林史相关的绍兴传统文化特色，感知绍兴地方历史文化、民间习俗传统、古建筑群、古运河、古园林、历史名人、书法文化、唐诗文化等，思考绍兴传统文化对中国古典园林的影响，加深对"园林史"内涵的理解和对地域文化的认同，提升传统文化的修养和审美能力。

表1　课程内容与中华优秀传统文化、绍兴地域文化特色的融合途径与方式

课时	中国园林发展阶段	所属朝代	主要特征	与中国古典园林发展关联较大的绍兴优秀传统文化元素（部分）
5—6节	园林生成期	夏、商、周、秦、汉	以帝王贵族狩猎为主，形成三个园林雏形要素：园、囿、台	1.越王勾践卧薪尝胆（关联历史典故） 2.越王种兰渚山（介绍柯桥区漓渚镇的兰花产业） 3.修建山阴故水道（引出浙东运河，世界文化遗产） 4.南岳会稽山（五岳五镇、四海四渎等典故）
7—8节	园林转折期	魏晋南北朝	开始形成皇家、私家、寺观三类并行发展的局面和略具雏形的园林体系	1.王羲之、书法文化（关联历史典故） 2.兰亭集序（介绍兰亭旅游度假区） 3.谢灵运及其祖居始宁墅（引出浙东运河世界历史文化遗产） 4.始建于南朝的大禹陵（关联历史典故）
9—10节	园林全盛期	隋、唐	皇家园林"皇家气派"完全成形，形成大内御苑、行宫御苑、离宫御苑的皇家园林体系	1.京杭大运河（关联历史典故） 2.浙东运河发展演变（关联历史典故） 3.浙东唐诗之路，诗歌与园林关系（关联历史典故）
11—12节	园林成熟初期	两宋	园林体系在内容和形式上均趋于定型，造园的技术和艺术达到历来的最高水平	1.苏东坡与沈园（关联历史典故） 2.东湖（关联历史典故） 3.绍兴古纤道（关联历史典故） 4.古鉴湖的湮没（关联历史典故）
13—14节	园林成熟后期	元、明、清	园林一方面继承前一时期的成熟传统而更趋于精致，另一方面暴露出某些颓废的倾向	1.绍兴古桥群（元代以来的13座古石桥，被列为全国重点文物保护单位） 2.明代礼部尚书吕本府第 3.明代重建柯岩造像及摩崖石刻 4.清代舜王庙、清代斯氏古民居建筑群、崇仁村古建筑群等古建筑文化景观与园林关系

（二）全过程融入绍兴传统文化特色的课程思政教学方法

1. 基于绍兴传统文化深度学习的课程思政任务式教学方法

构建掌握中国古典园林史关联的绍兴传统文化特色的课程思政任务式教学目标，激发深度学习园林史的核心动力，通过成果要求、时间安排、调研对象、汇报要求、评分标准、分组分工、高参与展示、效果评估等一系列学习任务的安排，强化学生对中国园林价值取向、造园特征的系统掌握，实现学生对园林史理论知识和绍兴传统文化特色的全面深入认知。

2. 基于绍兴传统文化主动认知的课程思政翻转课堂教学方法

开展基于绍兴传统文化主动认知的园林史翻转课堂教学，构建"课上启发引导—课外小组自主学习—课上交流共享"的教学组织模式。课前通过布置与绍兴传统文化特色相关的特定阅读任务、视频任务、思考题等多种方式（如观看中华优秀传统文化电视节目《江南文脉——园林篇》），让学生主动规划学习内容、学习节奏及风格；对课外自主学习环节进行设计引导，明确学习目标、学习要求和考核标准，利用在线学习平台提供部分课程导读讲义，组织相关课程的课外讨论互动，并借助百度网盘等平台建立共享素材库，包括案例分析素材库、教学视频纪录片、往届学生研究成果汇总等；课堂内共同研究讨论绍兴传统文化特色与中国古典园林的关系，增加师生互动交流，获得更深层次的理解和主动认知。

3. 基于绍兴传统文化的课程思政"例释"教学方法

选取与绍兴传统文化特色关联度较大的中国古典园林典型案例（如沈园、兰亭、东湖等），通过多形式的教学资源和多样化的教学组织，塑造翔实具体的情境，客观且多维度地展现细节信息，引发学生主动分析和解读，构建"知识与技术—过程与方法—情感态度与价值观"的多级课程思政目标教学体系。知识与技术层面，还原绍兴古典园林案例生成的具体环境，剖析其营造技法和造园特色，进而掌握园林的发展演变过程与基本特征；过程与方法层面，深入探讨绍兴古典园林的兴造过程，培养学生的分析思维，以史为鉴，探索可为当代设计借鉴的方法；情感态度与价值观层面，将园林历史、园林设计与园林体验、园林文化联系起来，形成对中国传统园林历史和绍兴传统文化特色的完整认识和深入理解，继承优秀的传统文化，培养专业自信与文化自信。以沈园为例，通过对沈园的历史背景、发展演变、人文轶事、空间布局、造园要素等进行解译分析，实现知识与技术、过程与方法、情感态度与价值观的多维融合，并从案例解读、案例重现、特色研究与设计创新四个方面深入感知沈园的典型文化情境。

（三）全过程融入绍兴传统文化特色的课程思政教学理念

以学生发展为中心，将地域优秀传统文化与课程教学有机结合，通过理论解读、现场考察及汇报重构等多个阶段的教学模块设置，真正提高学生的园林史理论学习和越地文化特色认知。通过"师生实地感受""教师课堂讲授""学生主动研究"等方法引导学生进行中国古典园林和越地文化特色的感知学习。

利用绍兴地域优秀传统文化进行课程教学体系的改革，彰显地域文化特色等思政元素，改变当前中国园林史教育同质化、学生创新能力不足、综合素质和社会需求之间差距较大等问题。

丰富中国园林史课程内涵，激发师生学习研究的积极性，自主地学习、交流和理解相关内容，扩大课程思政教学的广度。明确教师教学引导和学生学习研究的目标和主题内涵，改善课程思政教学质量，提升课堂趣味性和特色性。

五 案例意义

构建融入绍兴地域文化特色的课程思政授课内容，通过有针对性的本地实际案例讲解与调研考察，使学生更加生动、直观地感受和学习中国古典园林发展的相关理论知识和思政元素，提升课堂趣味性和特色性。

构建基于绍兴地域文化特色的课程思政"原型认知"教学方法，让学生更加深入了解和热爱绍兴地域文化特色，从而有效提升绍兴地域文化自信和文化自觉。

构建基于绍兴地域文化特色深度学习的课程思政任务式教学方法，有效提高学生学习的积极性和主动性，强化学生对中国古典园林价值取向、造园特征的系统掌握，改善课程思政教学质量。

构建基于绍兴地域文化特色主动认知的课程思政翻转课堂教学方法，激发学生的学习动力，让师生都能参与和享受教和学的过程，体验自主感和可控感，满足对自尊和价值的需求。

六 考核评价

针对考核目标与课程目标，构建"课堂测试（20%）＋汇报展示（30%）＋手绘案例（20%）＋调研报告（30%）"的多元化考核评价体系。在课堂测试中，将中国古典园林专业知识与思政元素相结合，让学生在潜移默化中关注和了解绍兴优秀传统文化。在汇报展示和手绘案例环节，引导学生寻找与绍兴地域关联度较大的园林案例，并进行分析；在调研报告环节，明确要求学生撰写自己对中国古典园林及绍兴地方传统文化的认知与感悟；通过上述考核引导，加强价值、知识、能力和素质目标的达成。从最后成绩来看，圆满完成了既定教学目标，学生对中国古典园林与绍兴地域文化特色都有较好认识，且有 1 位学生的课程心得体会——《学习中国古典园林课程，争做新时代青年》获得浙江省本科院校课程思政教学改革学生征文优秀奖。

七 案例反思

（一）受益学生数、学生学习效果分析

融入地域文化特色的"中外园林史"课程思政教学理念也可应用到"中外城建史""中外建筑史"等课程。每年至少有风景园林专业 1 个班级受益，并可拓展至城乡规划 2 个班级、建筑学 3 个班级、环境艺术设计 2 个班级。本案例的实施，有效解决了学生对绍兴悠久历史及文化特色不够了解，对中国古典园林缺乏深入感受和实际体验的问题，以及中国园林史教育同质化、缺乏特色化和地域化等问题。

（二）学生和教学督导评价、课程质量分析及课程特色

学评教和教学督导评价较好，课程核心特色是使学生在掌握中国古典园林核心知识的同时，在潜移默化中建立绍兴优秀传统文化观，极大提升越地文化自信和文化自觉。学生的课程心得体会《学习中国古典园林课程，争做新时代青年》获浙江省本科院校课程思政教学改革学生征文优秀奖；课程的绍兴传统地域特色理念指导学生竞赛获国家级大学生创新创业项目 2 项，省级一类赛事银奖 2 项、铜奖 4 项，市级一类赛事一等奖 1 项；课程教学改革获得2021 年度绍兴市高等教育教学改革项目立项。

（三）存在的问题及课程进一步优化提升计划

目前的课程思政教学内容主要集中在对中国古典园林与绍兴优秀传统文

化的关联解读，但是对于全国层面中华优秀传统文化的深度分析与关联对比还涉及较少，需要进一步加强。由于所采用的教学方法较多，与各章节内容是否最优匹配还需推敲，学生课下是否有足够时间支撑这些教学改革也需进一步了解。

临床分子生物学检验

丁志囡
绍兴文理学院

课程学时	58	课程学分	3
适用专业	医学检验技术专业	案例获奖	二等奖

━ 案例主题

完胜"上半场",打好"下半场",夺取绍兴抗疫斗争最后的胜利

━ 结合章节

《临床分子的生物学检验技术》第十章"病毒病的分子生物学检验——新型冠状病毒的核酸检测"

━ 教学目标

临床分子生物学检验是一门以疾病为中心,用分子生物学的理论和技术研究疾病的发病机理、预防和诊断,并应用于临床实践的学科。通过本案例内容的学习,进一步达到如下目标。

(一)知识目标

能够掌握新型冠状病毒核酸检测的原理、方法以及生物安全知识,并清晰表述自己对它的理解。

(二)能力目标

能够将所学理论用于分析、处理复杂的临床问题(假阳性、假阴性等),能够找到解决方案,并试图改进。

(三)素质目标

能够养成优秀的临床检验职业素质,培养严谨求实的科学态度,胸怀家国情怀、团结和奉献精神的优秀品质。

四 案例实施

（一）课程思政融入的教学内容

课程教学内容为"病毒病的分子生物学检验——新型冠状病毒的核酸检测"（1学时），将此内容分解为"新冠病毒""核酸检测""基站建设""实时查询""防控举措"等，与思政元素融合情况如下。

课前自学：新冠病毒概况，医护采样、试剂盒研发、实验室检测的过程，引入绍兴"大白"的媒体报道，歌颂核酸检测的"幕后英雄"——检验人。

课堂活动：解读结果判断、临床复杂问题的分析解决、基站建设（讲述抗击疫情的绍兴"战场"的速度与协作）、实时查询（关注健康绍兴新闻版）、防控举措［《绍兴市人民政府关于印发〈绍兴市卫生健康事业发展"十四五"规划〉的通知》（绍政发〔2021〕11号）指出打造公共卫生安全市、区域医学高地］。

（二）教学方法

基于翻转课堂，"三阶段四位一体融合"线上线下混合式教学（见图1）。

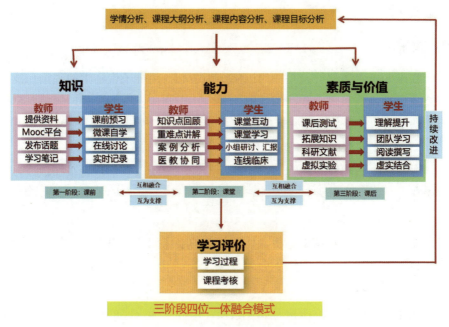

图1 三阶段四位一体融合模式

（三）教学理念

1. OBE 理念

围绕课程目标，形成以学生为中心、以案例为主线、以问题为基础、以任务为驱动的团队学习，将课前、课中、课后三个阶段互融，建立体现知识、能力、素质与价值四位一体的模式。

2. 根据布鲁姆认识目标分类法分层教学

课前：在学习任务单的指导下，通过观看MOOC平台课程、PPT电子教材等，掌握基础性内容，达到基础目标，并为每位同学建立学习档案袋。

课中：通过翻转课堂、教师精讲、连线临床、案例分析、项目汇报、小组研讨、互动解释等来实现认知提升，解决重难点的高级学习目标。

课后：通过单元测试、拓展阅读、虚拟仿真实验、科研文献阅读等达到激发、培养学生的思维能力，体现素质与价值的高级目标。

（四）教学设计方案

1. 学情分析

有利学情。数字赋能强：2000年以后出生的学生思维活跃、喜欢探索，是互联网原住民。（对策：线上线下混合式教学。）专业知识强：大三学生已经完成多数专业核心课程，专业水平较高。（对策：适于布置高阶性挑战性的任务。）临床向往强：即将实习，渴望接触临床。（对策：加强临床讲座、实践的融入。）

不利学情。纪律意识弱：部分高年级同学已经成为"老油条"，团队学习时喜欢打酱油。（对策：小组分工明确、组长成员流动制。）

2. 发布教学任务清单

根据学情分析结果，发布教学任务清单（见表1）。

表1　教学任务清单

学习内容	学时（理论/实验）	阶段	学习活动	任务形式	学习评价	学习反馈
新冠病毒的核酸检测	1/0	课前	观看越牛新闻媒体报道（融入思政）、发布话题、案例学习、PPT电子资料、明确目标	学习通平台	平台数据	数据反馈
			MOOC平台，微课学习	智慧树平台	平台数据	数据反馈
			完成学习笔记	纸质上交	教师批改	集体反馈、个人反馈
		课中	知识点回顾	课堂互动	优者加分	数据反馈
			重难点讲解、融入思政话题	课堂讲解	—	—
			案例分析、小组研讨、项目汇报	课堂讲解	师生互评	数据反馈
			课堂小讲座"实验室生物安全知识"（连线绍兴市人民医院检验科核酸检测实验室老师）	课堂互动	优者加分	数据反馈
		课后	单元测试	学习通平台	平台数据	数据反馈
			拓展知识《新型冠状病毒肺炎实验室检测技术指南》	团队学习	师生互评	数据反馈
			虚拟实验"荧光定量PCR技术"	虚拟仿真	平台数据	数据反馈
			科研文献阅读撰写	每周五晚上汇总并上交	读书报告	择优发表

3. 教学过程

课前。

（1）确定教学目标。

（2）准备动机基础：教师上传课程电子学习资料，发布案例、话题（你眼中的新冠病毒），提供绍兴市卫生健康委员会网站（可以获取绍兴市相关的防疫政策和工作、防控知识和服务），引入"越牛新闻记者探访绍兴医院核酸检测实验室，揭秘检测全过程"媒体报道。

（3）视频学习知识："智慧树"网站上相关内容的视频，学习新冠病毒核酸检测的流程（医护采样、试剂盒研发、实验室检测）。

（4）所学知识回顾：将视频学习内容整理成手写的课程笔记。

课中。

（1）课堂深化理解：针对课前自学的基础知识进行课堂互动（抢答、选人、头脑风暴等）。（5分钟）教师精讲重难点，如荧光定量PCR（聚合酶链式反应）技术、Taqman（荧光标记）探针、Ct值（达到设定的荧光阈值时所对应的扩增循环数）判断、RT-PCR（逆转录聚合酶链反应）技术，融入绍兴"速度"和绍兴"规划"思政内容。（15分钟）

活动提升能力：案例探讨并小组研讨汇报为什么会出现核酸检测假阴性、假阳性的情况以及如何整改。（15分钟）

医教协同：连线临床老师做小讲座——"实验室生物安全知识"。（10分钟）

课后。

（1）总结提升：测试10题单选，批改后将答案解析发给学生，对得分较差的学生进行个别辅导。团队学习"为何要加入内参"。拓展阅读《新型冠状病毒肺炎实验室检测技术指南》。虚拟仿真，完成虚拟仿真实验"荧光定量PCR技术"，加深理解（见图2）。读书报告，阅读SCI论文。

图2　虚拟仿真实验"荧光定量PCR技术"

（2）课后反馈：通过问卷调查、视频会议，了解学生对课程教学大纲课程目标达成情况的认同程度，根据教学实际状况进行考量及选择（见图3）。

问卷

[多选题]您认为本课程的教学模式有利于

已答：32　　　　　　　　　　　查看未答 〉

D: 30人　　　　　　　　　A: 32人

C: 24人　　　　　　　　　B: 29人

A.提高自主学习能力　　　　　　32人　　100%

B.提高分析问题能力　　　　　　29人　　90.63%

C.提高团队协作精神　　　　　　24人　　75%

D.提高医学人文素养　　　　　　30人　　93.75%

课程目标	调查内容	满意度选择人数（人）					人数合计（人）	满意度
		最高（5分）	较高（4分）	中等（3分）	较低（2分）	最低（1分）		
<1>	对课程教学大纲、课程目标达成情况的认同程度。请参考专业培养方案和教学大纲，如实选择。	30	6	1	0	0	37	0.96
<2>		30	6	1	0	0	37	0.96
<3>		30	6	1	0	0	37	0.96

图3　对课程教学大纲课程目标达成情况的认同程度调查

五　案例意义

（一）绍兴"大白"的责任使命

引入"越牛新闻记者探访绍兴医院核酸检测实验室，揭秘检测全过程"媒体报道。报道中出镜的检验人为绍兴文理学院医学检验技术的专业课程老师，以此增加学生的专业认同与自豪感。（讲好绍兴故事：德高为师、身正为范、家国情怀、大爱无疆、无私奉献、团结协作）

（二）绍兴"战场"的速度协作

展示绍兴市26个具备新冠病毒核酸检测能力的医疗机构名单（源自绍兴市卫健委http://sxws.sx.gov.cn/col/col1228996673/index.html），介绍绍兴市人民医院临江院区城市核酸检测基地的快速建成的情况，通过"健康绍兴新闻版"及时了解绍兴疫情动态情况和相关健康知识。（弘扬绍兴精神：科技、严谨）

（三）绍兴"规划"的发展延续

根据《绍兴市卫生健康事业发展"十四五"规划》，讲述绍兴打造公共卫生安全市、区域医学高地的规划。（实现绍兴梦想：医产学研的发展）

六 考核评价

（一）构建多元化评价模式

根据课程特点与考核目标，构建多元化评价模式（见图4）。

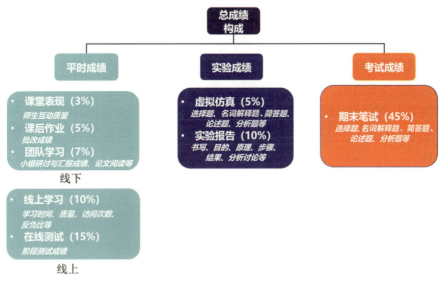

图4 多元化评价模式

（二）教学目标达成情况

能够有效考核教学目标，达成度为0.82（见表2）。

表2 教学目标达成情况考核

毕业要求指标点	课程目标	评价方式	权重Q	总分值Z	实际平均得分P	达成度 $Dn=\sum P \times Q / \sum Z \times Q$	总达成度 $D=\dfrac{\sum D_{1\cdots n}}{n}$
2-2	课程目标1（40%）	期末考试	0.45	40	14.98	0.86	0.82
		线上学习	0.1	100	9.61		
		线上考试	0.12	100	9.76		
3-1	课程目标2（40%）	期末考试	0.45	40	12.90	0.84	
		实验成绩	0.15	100	14.86		
		团队学习	0.07	100	5.89		
3-2	课程目标3（20%）	期末考试	0.45	20	6.83	0.72	
		线下作业	0.05	100	3.14		
		课堂表现	0.03	100	2.34		
		线上考试	0.03	100	2.1		

（三）课程成绩分析

共有 31 人参加考试，80 分以上有 8 人，占 25.80%，不及格人数为 2 人，占 6.45%。学生成绩基本呈正态分布，说明题目的难度适中，能正确反映学生对所学知识的掌握程度。本次分析只有 31 个样本，数量较少，可能存在一定的统计局限性。但是从卷面来看，单项选择题、名词解释题和简答题得分较高，较好反映了学生的课后复习情况。其他题型相对得分较低，因其试题部分较难，综合性较高，具有迷惑性，学生答题时没有看清楚题意，或者学生在学习复习的过程中没有掌握细节内容，或只复习重点内容，范围偏窄。部分学生自觉学习积极性不够，理解能力和自学能力较差，未能及时复习；个别学生学习方法欠佳，也有的学生态度不端正，抱有侥幸心理，导致考试成绩不好。

七 案例反思

（一）授课对象

绍兴文理学院医学检验技术专业大三学生，每年约 30 人。

（二）学习效果及评价佳

课程总达成度为 0.82，高于期望值 0.70，授课教师学评教成绩位于学校前 5%。

（三）两性一度及特色

基于翻转课堂，"三阶段四位一体融合"线上线下混合式教学。

（四）难点及提升计划

将教师的言行举止"随风潜入夜"，与学生共情，并"润物细无声"；结合课程内容，以崇德尚医为主线，利用线上学习、课堂互动、案例分析、小组研讨、医教协同等形式，讲好中国故事，弘扬中国精神，展示中国成就；通过科研文献阅读撰写、临床实践、虚拟仿真等形式，将检验知识与临床有机融合，培养社会主义现代化的创新人才。

1. 微课制作精细化

将文字版本的思政内容转换为微课的形式，必要时可请相关公司协助。

2. 学习过程可行化

除了常规的思政教学反馈（针对在学的学生），增加对已实习学生、已毕业工作学生的课程思政内容、模式的可行性调查，以促进教学培养方案的完善。

3. 团队活动轮流化

建议小组成员角色转换，使每个成员都能得到不同程度的锻炼。

4. 医教协同实例化

与附属医院相关科室老师合作，如检验科、内分泌科、心内科等，录入更多临床实例分析（计划不少于 15 个，越多越好），加强培养质量的高阶性与挑战性。

基础会计

傅飞娜
绍兴文理学院元培学院

课程学时	48	课程学分	3
适用专业	会计学、财务管理	案例获奖	二等奖

● 案例主题

弘扬工匠精神，助力业务发展

● 结合章节

项目五"企业主要经济业务的核算"

● 教学目标

结合课程特点和课程总的教学目标，确定本案例"企业主要经济业务的核算"的教学目标如下。

(一)知识目标

了解企业基本经济业务，包括筹集资金、供应过程、生产过程、销售过程、财务成果等。

理解运用相关账户对企业经济业务进行核算。

掌握筹集资金、供应过程、生产过程、销售过程及财务成果业务核算的内容及方法。

(二)能力目标

能够对企业资金筹集、供应、生产、销售、利润形成与分配等环节进行账务处理；能够对企业的采购成本、生产成本、销售成本进行计算并结转；能够设置和使用企业会计系统的主要会计账户。

(三)素质目标

乐业敬业、善学善思、求实创新、精益求精的工匠精神和品格。

四 案例实施

（一）教学内容

项目五"企业主要经济业务的核算"主要包括以下 6 个任务，课程思政融入方法参见教学设计部分。

任务 1：企业主要经济业务概述。

任务 2：资金筹集业务的核算。

任务 3：供应过程业务的核算。

任务 4：生产过程业务的核算。

任务 5：销售过程业务的核算。

任务 6：财务成果形成与分配业务的核算。

（二）教学理念

突出价值观引领，将会计专业、行业所必需的精神内核植入教学要素和环节，确立了"以学生为中心，以能力为本位，以思政为引领"的教学理念。

（三）教学方法

采用情景导入法、案例分析法、图例讲解法、即兴讨论法等教学方法，每个模块都有相对突出的思政元素。思政主线与教学主线"双融互促"，蕴含丰富的育人元素切入点（见图 1）。

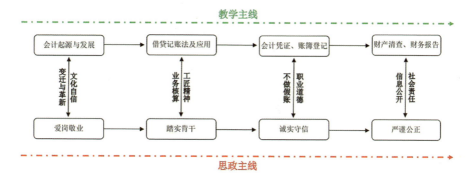

图 1　思政主线与教学主线"双融互促"

（四）教学创新设计方案

1. 学情分析

通过对项目四"账户和复式记账法"的学习，对会计科目与会计账户、复式记账法中的借贷记账法已经有了一些认识和了解，因此，在学习项目五

"企业主要经济业务的核算"的知识点时，学生会相对容易接受。

由于学生的性格和对知识的掌握存在较大差异，因此在课堂上讲解难点的过程中，要充分发挥活跃分子、先进生的带头作用，让课堂充满轻松向上的气氛，便于学生创造性的发挥。

2. 重点难点

重点：运用账户和借贷记账法对制造业企业发生的主要经济业务进行分类核算。

难点：有关账户的内容及其具体应用。

3. 教学设计

课程以任务点知识为核心，着重于提升学生的综合能力。在教学设计上，我们遵循课程思政的方法，将思政教育有机地融入课程内容，旨在培养既具备专业知识，又拥有良好思想政治素养的优秀会计人才。课程教学设计见表1。

表1　教学设计

教学内容	教师活动	学生活动	教学手段方法	知识目标	能力目标	素质目标（课程思政）
新课导入	前面我们已初步说明了设置账户和复式记账的基本原理，但由于各种企业、单位的工作任务和经济活动的性质并不相同，因此其经营过程也各具特点，账户的设置也不可能完全一致。总体来说，在各种企业中，制造业企业的经营过程是比较典型的能够完整反映一个企业经济活动的过程。因此，这个项目就以制造业企业日常发生的主要经济业务为例，通过它的经营过程的核算来全面、系统地理解和掌握账户和借贷记账法的具体应用	思考：某企业"本年利润"贷方金额400000元，12月各损益类账户金额为主营业务收入100000元、投资收益20000元、主营业务成本40000元、管理费用3000元。请你帮助该企业计算12月的利润总额和全年的利润总额，做出12月利润形成的核算，并说明如何核算	案例引入，开门见山，直奔主题	引入教学内容，即任务点		

教学内容	教师活动	学生活动	教学手段方法	知识目标	能力目标	素质目标（课程思政）
任务1：企业主要经济业务概述	介绍企业的含义： 1.通过图片展示不同的企业 2.设问：你知道的企业有哪些 3.举例：制造业企业和商品流通企业	观察、阅读、分析、交流	图例讲解、设问、举例	了解：企业类型 理解：制造业企业资金运动	能分析制造业企业资金运动	乐业敬业
	让学生思考：如果要创建一个制造业企业，并完成产品的生产和销售，我们要完成哪些必要的工作，随后让学生将自己的想法在课堂上交流。教师跟进解析制造业企业资金运动	思考、交流、回答	组织学生参与讨论、交流，针对学生的分析，归纳总结			
任务2：资金筹集业务的核算	围绕"实收资本"和"资本公积"讲解所有者权益筹资业务核算，并通过"大学生自主创业"案例，理解"实收资本"和"资本公积"	积极思考，热烈讨论	通过案例讲解，加深理解	了解：资金筹集业务常识 理解：筹资业务所涉及的会计账户 掌握：筹资业务核算方法	能够核算一般性的筹资业务	求实创新
	负债筹资业务核算主要讲解"短期借款""长期借款"及利息的业务处理，由实务案例说明具体操作					
任务3：供应过程业务的核算	通过实例讲解固定资产购建业务的核算、材料采购业务的核算和材料采购成本的计算，并补充有关增值税、所得税的知识点 让学生思考：公众人物偷税漏税事件			了解：供应过程业务核算的主要内容 理解：供应过程业务涉及的会计账户 掌握：供应过程业务核算方法	能够对固定资产购建业务进行核算；能够对材料物资采购业务进行核算	求实创新

续表

教学内容	教师活动	学生活动	教学手段方法	知识目标	能力目标	素质目标（课程思政）
任务4：生产过程业务的核算	根据生活实例讲解生产成本和制造费用的核算 用图片讲解铜雕匠人赵秀林 播放视频——央视播出的纪录片《大国工匠》	观察、思考、讨论	视频观看、图例讲解，加深理解	了解：生产过程业务核算的主要内容 理解：生产过程业务核算所涉及的会计账户 掌握：生产过程业务核算方法；费用的一般核算方法	能够生产过程中发生一般业务进行核算；能够对费用进行正确的核算	精益求精
任务5：销售过程业务的核算	结合案例讲解主营业务收支和其他业务收支	思考、交流、回答	通过案例讲解，加深理解	了解：销售过程业务核算的主要内容 理解：销售过程业务核算所涉及的会计账户 掌握：销售过程业务核算方法	能够对销售过程中发生的一般业务进行核算；能够对其他业务收入和成本进行核算	乐学善思
任务6：财务成果形成与分配业务的核算	介绍利润的概念、计算公式、形成业务核算、分配顺序及分配业务核算	思考、交流、回答	通过案例讲解，加深理解	了解：利润的概念、计算方法和利润分配核算的主要内容、顺序 理解：利润形成、利润分配核算所涉及的会计账户 掌握：利润形成和利润分配业务的核算方法	能够根据会计期间所发生的经济业务进行正确的利润核算；能够对一般的利润分配业务进行核算	乐学善思

续表

教学内容	教师活动	学生活动	教学手段方法	知识目标	能力目标	素质目标（课程思政）
作业	—	1.完成项目五任务点 2.线上章节检测 3.主题讨论：财务人如何做新时代弘扬工匠精神的践行者	—	检测项目知识点掌握程度	能够用理论知识指导企业相关经济业务开展	深刻领会和理解"工匠精神"的内涵蕴意

五 案例意义

本案例通过讲授制造业企业从筹资到利润分配的业务核算，从原材料到产成品的过程，每一步骤的成果都是前一步骤的工作累积，引导学生明白工匠精神的内涵蕴意，即乐业敬业是工匠精神的源泉、善学善思是工匠精神的基石、求实创新是工匠精神的灵魂、精益求精是工匠精神的境界。

财会人员与数字为伍，而数字最讲求精准。每一张凭证、每一个账簿、每一份报表，都体现着财务人员对会计准则、审计准则、财税法规的掌握程度，以及构成职业判断能力的各项要素，体现着财务人员的工艺技能。当前，不少地方和单位存在不同程度的专业不精、技能不强、管理不善、创新不够等状况。本案例旨在提高财务管理工作水平，大力弘扬工匠精神，引导学生通过脚踏实地的奋斗实现实干兴邦的梦想，成为一名对社会有贡献的青年。

六 考核评价

基于课程特点和思政要求，突出对学习过程、职业操守和应用能力的评价，围绕"学习投入、作业质量、期末考核"三个要素，建构注重能力和体现思政的形成性评价和终结性评价相结合的学业评价体系。

（一）融入思政的形成性评价体系

融入思政的形成性评价体系包括评价要素、评价观察点、评价类别、评价具体内容和达成目标，具体评价体系见表2。

表2　融入思政的形成性评价体系

评价要素	评价观察点	评价类别	评价具体内容	达成目标
学习投入（40%）	学习表现（30%）	课程任务点（15%）	课程导学、课程PPT、课程视频、课程总结等学习情况	知识目标
		课程检测（6%）	基本知识	知识目标
		思政主题讨论（9%）	线上及课堂案例分析、思政元素	能力目标 素质目标
	课程练习（10%）	基本知识（8%）	阶段性知识掌握	知识目标
		思政元素（2%）		素质目标
作业质量（20%）	课程小论文（10%）	理论知识（3%）	课程认识、学习感悟	知识目标
		应用（5%）		能力目标
		思政元素（2%）		素质目标
	案例分析处理（10%）	基本知识（2%）	用理论知识分析解决经济问题	知识目标
		应用（6%）		能力目标
		思政元素（2%）		素质目标
期末考核（40%）	闭卷考试（40%）	基本知识（16%）	基本知识、分析应用能力和综合素质	知识目标
		思政元素（4%）		素质目标
		应用和综合（20%）		能力目标

（二）学生课程成绩分析

2021年春季学期，财务管理2020级学生"基础会计"总评成绩的平均分为74分，及格率达91.18%，其中90分以上有2人，最高分为92分。

学生成绩分布情况见表3。

表3　学生成绩分布情况统计

总评成绩分布情况	人数/人	占比
90分以上（优秀）	2	2.94%
80—89分（良好）	23	33.82%
70—79分（中等）	31	45.60%
60—69分（及格）	6	8.82%
60分以下（不及格）	6	8.82%

从学生总评成绩看，采用线上线下混合式教学，学生的成绩中等以上占比较高，不及格人数大大减少，这得益于线上学习预警和统计功能加强了学生对课程学习的监督。例如，教学视频帮助学生课前预习答疑、课后复习巩固；思政主题讨论不仅加强学生对知识点的理解，还激发学生的兴趣，加深其

对知识点的迁移应用；章节检测有助于查漏补缺。线上线下混合式教学呈现出良好的效果，得到学生的普遍认可。

七 案例反思

（一）实施效果

1. 受益学生数

年受益校内学生人数为 100 人左右，将探索向校外覆盖。

2. 学生学习效果分析

采用基于任务的案例驱动线上线下混合式教学法，激发了学生的学习兴趣，特别是线上思政主题讨论、课程练习、章节检测，学生的参与度较高，学习态度和课堂参与有明显提高，课程目标达成情况良好。通过本案例的学习，学生的学习能力和独立分析问题能力都有所提高，为后续学习奠定良好的基础。

3. 学生和教学督导的评价

混合式教学受到学生和教学督导的肯定和好评，初步做到了以下几点。

线上线下双重互动，让教学"动"起来。

翻转课堂先学后教，让学生"忙"起来。

任务驱动沉浸体验，让课程"活"起来。

课程思政，齐头并进，让育人"实"起来。

4. 课程质量分析

"基础会计"课程既是后续课程的基础，又具有较强的应用性、独立性，对素质性要求高，故课程在教学和建设过程中既注重理论又强调实践。在改变教学模式的同时，加大线上和线下的案例讨论和分析，为此课程有配套的主题讨论、业务处理分析案例。优化教学体系，按项目组织教学，既重基础和基本，又重能力和素质，注重知识点的应用性、对应性和递进性，案例选择贴近生活和生产，并与时俱进。

5. 课程特色

教学思政融合得法。紧扣"课程思政"主线，将思政元素巧妙融入课堂讨论、教学案例、课前预习的微视频、实训环节、课后的作业和考试试卷等教学环节，并且均融入课程评价体系，教学和思政不再是"两张皮"。

教学内容模块化。模块化教学思路清晰，通过理论和案例分析串联各模块，有利于学生融会贯通，既避免了讲授知识的重复性，又更全面地发挥了学生的学习自主性，有助于提升教学的效果，提高学生的学习能力和知识应用能力。

（二）存在问题

1. 课程建设需要进一步优化

在教学设计、思政融合、体系完善、教学激励、资源建设等方面要继续努力，不断充实和优化。

2. 课程推广需要进一步发力

主要是改变目前只依靠学习通一个平台的现状，通过双平台或三平台提高课程的影响力和辐射力。

（三）进一步优化提升计划

1. 改进课程思政

进一步落实"以学生发展为中心，以应用能力为本位，以课程思政为引领"的教学理念，从而实现教学与思政"两促进"。

2. 完善"三集三提"教学研讨活动

通过集体研究提问题、集体备课提质量、集体培训提素质，加强教学研究，提高教师素质，为学生全面发展提供有力保障。

3. 优化"三个三"的教学设计

重点是进一步优化基于案例和项目的线上线下相结合的参与式教学方法，旨在构建一个更加开放、互动、高效的教学环境，激发学生的学习兴趣，提高学生的学习主动性。

中国古代文学 I

吕红光
浙江树人学院

课程学时	64	课程学分	4
适用专业	汉语言文学	案例获奖	二等奖

● 案例主题

从勾践"十年生聚，十年教训"的奋斗精神中探寻绍兴历史文化之美

● 结合章节

《中国古代文学史》第一编"先秦文学"第四章"《左传》与春秋战国历史散文先秦史传散文"第二节"《国语》"

《中国历代文学作品选上编》（第一册）"先秦部分""二、散文 国语"《勾践灭吴》

● 教学目标

（一）知识目标

（1）了解先秦吴越战争的历史背景以及相关的历史、地理知识。

（2）熟悉课文情节过程，并明晓每个字词的含义。

（3）通过课文《勾践灭吴》来了解《国语》的文学特征。

（二）能力目标

（1）能够讲述《勾践灭吴》故事始末以及文中相关人物的历史故事。

（2）能够准确地翻译全文。

（3）能够分析并总结勾践最后成功、夫差反而失败的原因。

（三）素质目标

（1）培养学生对作为历史文化名城的绍兴的热爱。

（2）引导学生深刻体会勾践"十年生聚，十年教训"的发奋图强的精神。

（3）引导学生领会文中越国民众为报国仇而上下一心、团结一致的爱国主义精神。

四 案例实施

课程要求学生课前预习课文并了解相关的历史知识。课程具体分十个教学步骤进行，共120分钟（见表1）。每个步骤尽力设计需要学生思考讨论或其他方式完成的内容，同时每个步骤融入课程思政元素，使学生在阅读故事的同时潜移默化地受到精神上的陶冶，并获得提升。整体上，课堂上以学生发挥自身的主观能动性为主，每一步骤在学生讨论后，教师要针对具体情况和出现的问题进行总结。

表1　课程教学实施

教学步骤	具体内容	融入思政元素	组织方式
第一步	1.教师介绍吴越战争的背景和古代吴越的地理历史知识 2.学生讨论与教师总结	培养学生对绍兴古代历史文化的热爱	小组讨论：学生讨论吴越的地理环境特征，每组用A4纸列出（10分钟）
第二步	1.学生齐读全文 2.教师指出学生读音不准确的字词	引导学生在齐读过程中体会《国语》的外交辞令之美	整体齐读（5分钟）
第三步	1.让学生梳理全文的逻辑顺序与层次 2.学生讨论与教师总结	引导学生在梳理全文的过程中领悟中国古代历史之美	小组讨论：每个小组讨论全文逻辑层次，每组用A4纸列出（10分钟）
第四步	1.教师播放课文第一部分（1—4小段）的音频，并展示学生听完后要回答的问题： ①文种对勾践说的话蕴含什么样的道理 ②文种出使吴国用哪些策略促使求和成功 ③伍子胥从哪个角度来劝谏吴王 ④夫差为什么听了伯嚭的话 2.学生回答问题与教师总结	1.引导学生领会文种言辞中的未雨绸缪的精神 2.引导学生领会伍子胥理性分析的智慧与忠心为国的精神	师生互动：随机选取学生回答问题（15分钟）

续表

教学步骤	具体内容	融入思政元素	组织方式
第五步	1.教师播放课文第二部分（5—6小段）的音频，并展示学生听完后要回答的问题： ①勾践在婚姻方面推出哪些新政策 ②勾践在抚恤方面推出哪些新政策 ③勾践在招引人才方面推出哪些新政策 ④勾践对自身有什么样的要求 2.学生回答问题与教师总结	1.引导学生体会勾践"十年生聚，十年教训"的奋斗精神 2.引导学生领会勾践发展人口的政策，使学生认识到人口对国家的重要性	师生互动：随机选取学生回答问题（20分钟）
第六步	1.教师播放课文第三部分（7—9小段）的音频，并展示学生听完后要回答的问题： ①吴越两国军队的数量如何 ②越国军民第一次请战，勾践为什么不同意 ③越国军民第二次请战，勾践为什么同意了 ④吴王临死前的请求是什么？勾践有没有同意他的请求？勾践为什么这样决定 2.学生回答问题与教师总结	引导学生领会文中越国民众团结一致的爱国主义精神	师生互动：随机选取学生回答问题（20分钟）
第七步	1.组织学生讨论课文中出现的人物形象（勾践、文种、伍子胥、夫差、太宰嚭） 2.教师总结	引导学生从这些人物身上领会"忧劳可以兴国，逸豫可以亡身"的道理	小组讨论，每组用A4纸列出（15分钟）
第八步	1.组织学生讨论《勾践灭吴》的艺术特征 2.教师总结	引导学生领会先秦史传文学的艺术之美	小组讨论，每组用A4纸列出（15分钟）
第九步	1.教师使用学习通布置当堂小测试 2.教师分析答题情况		学生进入学习通做题（10分钟）
第十步	教师安排课后作业：要求学生课后阅读《史记·越王勾践世家》		思考：《史记》中的记载与《国语》有哪些不同

五 案例意义

本案例选取了绍兴历史文化上的著名故事——勾践灭吴，该故事非常具有典型性，非常适合融入各种思政元素讲解，故事情节波折，让学生在引人入胜的情节中自然就领悟了各种思政元素。该案例能够融入绍兴历史文化，从而培养学生对绍兴作为文化古城的热爱；同时，通过勾践灭吴文本，能够引导学生深刻体会勾践"十年生聚，十年教训"的发奋图强的精神与其对百姓勇于认错的谦逊精神，以文种为代表的谋臣的未雨绸缪的智慧之美，以伍子胥为代表的忠臣忠心为国的精神，以及越国民众为报国仇而上下一心、团结一致的爱国主义精神。此外，《国语》中大量的记言，有助于学生体会先秦时期的辞令之美。

六　考核评价

本案例课程的考核评价主要从四个层面进行：知识认知、知识掌握、知识深层解读分析、思政精神。每个层面均设置A、B、C三个等级进行评价打分，具体评价体系见表2。

表2　教学考核评价体系

考核层面	考核内容	评价等级		
		A	B	C
知识认知	是否能够讲述《勾践灭吴》故事始末以及文中相关人物的历史故事	流利讲述，绘声绘色	基本流畅讲述	能够讲述
知识掌握	是否准确地翻译全文	翻译非常准确，相应字词解释准确到位	翻译基本准确	能够翻译大致情节
知识深层解读分析	是否能够分析各种人物形象并总结勾践最后成功、夫差反而失败的原因	分析深刻，逻辑合理	分析基本到位，逻辑基本合理	能够有所分析
思政精神	是否能够领悟文中的奋斗精神、爱国主义精神	深刻领悟	基本领悟	有所领悟

七　案例反思

教学实施效果：该教学案例教学效果良好。

受益学生数：近200人。

学生学习效果分析：该教学案例发挥学生学习的主动性，采用讨论、回答问题、诵读、纸上逻辑梳理、线上测试等多种方式挖掘学生学习的积极性，不再是教师满堂讲授的方式，而是转变为"以学生为核心"的方式，提高了学生的自主学习能力与分析问题能力；同时，由于《勾践灭吴》的故事情节引人入胜，学生非常感兴趣，比较容易融入各种思政元素。

学生评价：一开始觉得这样太忙了，几节课坚持下来，发现自己学习的内

容比以前增多了，和小伙伴们一起讨论也是很愉快的事情。（汉语言 201 班学生吕雪茜）

教学督导评价： 该课程能够有效融入多种思政元素，引导学生树立正确的价值观与领悟中华民族传统精神，课堂秩序井然，是很好的教学案例。（汉语言专业督导老师刘贤汉）

课程质量分析： 该课程实现了以学生为核心、教师为辅助的教学方式，提高了学生的学习含量，增加了讨论与思考的学习方式，有效地提升了学生的思考能力；同时由于融入了课程思政元素，对学生们进行了有效的素质教育。

课程特色： 该课程实现了翻转课堂，同时有效地融入课程思政元素。

课程存在的难点问题： 课程思政在课程的渗透过程中是存在一定难度的。如何避免枯燥说教，让学生心领神会地接受而不产生逆反心理是非常困难的问题。

反思： 对课程思政的渗透与推进，最好能够通过课程内容的推进让学生自然领会，自然体悟，不是靠教师一遍又一遍地夸赞某种精神，而是要在整个社会大的价值观导向中引导学生，潜移默化地培养学生将某种精神及人物视为典范而敬仰，从而达到较好的学习目的。例如，以各种不同的方式在全社会宣传以袁隆平为代表的科学家精神，使学生们从小就以之为骄傲，以之为楷模，而不再是盲目追求娱乐明星，从而使课程思政更好地深入学生们的心灵。

基础英语 2

董洋萍
浙江理工大学科技与艺术学院

课程学时	96	课程学分	6
适用专业	英语	案例获奖	二等奖

● 一 案例主题

勿忘国耻 吾辈自强——不能被遗忘的大屠杀

● 二 结合章节

《综合英语教程》第七单元 "They will not be forgotten"（不能被遗忘的大屠杀）（6课时）

● 三 教学目标

（一）知识目标

掌握课文中的关键词及用法，非谓语动词和虚拟语气的用法，了解南京大屠杀事件的来龙去脉及日军的主要暴行，张纯如与南京大屠杀之间的故事，以及拉贝、魏特琳等国际友人的人道主义救援事迹。

（二）能力目标

提高英语语言表达能力，锻炼团队合作能力，培养分析能力和批判性思维素养，掌握英语文献综述能力。

（三）素质目标

教育学生牢记历史，不忘过去，懂得珍惜当下的和平生活；培养学生的家国情怀和奉献精神；培育学生坚持不懈、求真务实的职业精神；教育学生维护社会公平与正义，尊重人权。

㊃ 案例实施

（一）教学内容

本案例以《综合英语教程》第七单元"They will not be forgotten"为教学内容，并将其划分为撰写英语软新闻报道、课文阅读与拓展两部分。以阅读材料为中心，将阅读内容分为"张纯如与南京大屠杀""日军暴行——有计划的谋杀""安全区和中国的辛德勒""《南京大屠杀》一书的重大影响"四部分，词汇、语法知识讲解贯穿其中，使学生在学习英语语言知识的同时，全面深入地了解这段惨痛的历史。

（二）教学理念

本案例将OBE理念和POA（Production-Oriented Approach，产出导向法）理念相融合，以学生为中心，以学习为核心，设计教学活动，突显教学的思政育人功能，将成果目标贯穿于课程教学全过程。将OBE理念与POA理念应用于教学内容选择，贯彻OBE理念的目标管理和反向设计原则，明确单元教学目标，根据POA理念，对教学内容进行重构，使教学内容符合教学目标要求。将POA理念应用于课堂教学实施，根据POA理念的"驱动—促成—评价"大小循环链，促进教学目标的达成。将OBE理念和POA理念应用于教学评价，评价教学目标达成度，并发挥评价本身的育人功能，基本教学思路见图1。

（三）教学流程

1. 驱动——发布总产出任务（课前）

课前一周发布总产出任务：在12月13日南京大屠杀死难者国家公祭日到来之际，撰写一篇500词左右的新闻报道，内容要求包含这一历史事件的前因后果，日军在南京陷落期间的暴行，国际友人的人道主义救援精神，以及张纯如为揭露南京大屠杀而做出的牺牲与努力，总结并发表自己对该事件的认识，撰写完成后，将初稿提交云班课平台，供师生评价学习。

2. 促成——新闻稿语言、内容和撰写技巧促成（课中，共6课时）

新闻稿语言及内容促成（5课时）。针对学生在新闻报道初稿中出现的语言表达失误和内容不够完善等问题，教师将总产出任务分化为3项产出子任务，帮学生解决新闻报道中南京大屠杀事件相关内容的输入、新闻稿中词汇以及句子结构表达等问题，形成产出子任务POA小循环（见图2），设置课程教学基本流程与环节（见表1）。

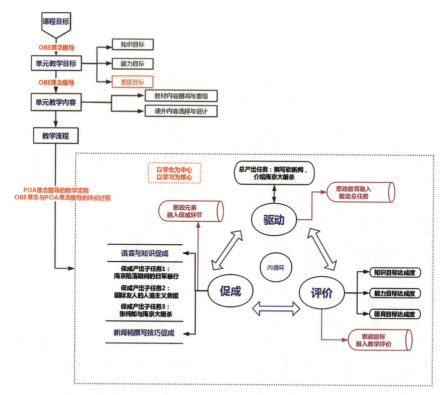

图 1　教学设计思路

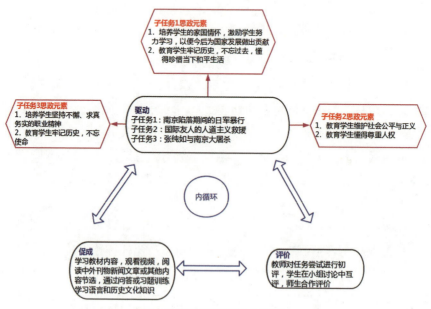

图 2　产出子任务 POA 小循环

表1 产出子任务教学基本流程与环节

教学基本环节	教学基本流程	教学基本目的
驱动	小组互评，针对新闻稿中各产出子任务相应部分内容的撰写，提出语言与内容问题，教师总结普遍性问题	发现产出任务中出现的问题
促成	组内交流，分享子任务相关部分word list（词汇表），并相互交流学习词汇； 教师带领学生阅读课文相应部分，找出主旨句，分析文章结构； 教师讲解课文中相应部分的重点词汇与语法知识； 教师补充课外相关知识：电影片段，中外期刊英文新闻报道等； 小组合作，修改新闻稿相应部分内容，并产出子任务	教师帮助学生找到解决问题的方法，搭建"脚手架"； 学生合作，共同解决问题； 完善3项产出子任务
评价	组间交换新闻稿中的主体部分——3项产出子任务，相互阅读并评价； 教师点评，进一步提出完善任务方案	进一步提出问题，供小组合作完善3项产出子任务，并最终提升产出总任务质量

产出子任务1：日军在南京陷落期间的暴行（1课时）

驱动：5人一组，小组成员依次分享自己初稿中与此部分相关的内容，同伴互评，教师指导，指出初稿中在评述日军暴行相关内容时出现的语言和知识问题。

促成：教师引导学生学习课文中第二部分内容Systematic Murder（有计划的谋杀）第10—17段），了解教材中描述的日军暴行，教师讲解课文中出现的重点词汇和句型（non-finite verbs 非谓语动词）。随后，学生观看纪录片《南京大屠杀》相关片段，并阅读选自《中国日报》的文章"When histories became stories, and comfort women discomforts women"（《历史成为故事，慰安妇令女性感到不安》），依据输入内容，小组合作，产出一篇100词左右的有关日军暴行及评述的新闻稿。

产出子任务2：国际友人的人道主义救援（1课时）

驱动：小组合作，成员依次分享初稿中此部分内容，组内互评，教师指导，指出初稿中在评述拉贝在大屠杀期间的事迹时出现的语言和知识问题。

促成：教师引导学生学习课文中第三、四部分内容Safety Zone（安全区）和China's Schindler（中国的辛德勒）（第18—26段），学习教材中关于拉贝在南京大屠杀中保护难民的事迹，通过问答深入了解相关知识，教师讲解课文中出现的重点词汇和句型。随后，学生阅读 The Diaries of John Rabe（《拉贝日记》）中的部分节选内容，了解拉贝和魏特琳的人道主义精神，随后小组合作，产出一段 120 词左右的有关拉贝、魏特琳在南京大屠杀期间人道主义救援的新闻报道。

产出子任务 3：张纯如与南京大屠杀（2 课时）

驱动：小组合作，成员依次分享自己初稿中与此部分相关的内容，组内互评，教师指导，指出初稿中此部分相关内容出现的语言和知识问题。

促成：教师引导学生学习课文中第一部分和最后一部分内容（第 1—9 段、第 27—30 段），了解张纯如接触南京大屠杀事件的过程以及《南京大屠杀》一书出版发行的重大意义，教师讲解此部分关键词汇和语法（subjunctive mood 虚拟语气的使用），并分享纪录片《张纯如与南京大屠杀》相应片段和张纯如相关访谈视频，学生观看视频，阅读文章，合小组成员之力，产出一段 150 词左右的有关张纯如与南京大屠杀报道的新闻稿。

评价产出 3 项子任务（1 课时）

小组间互评。每小组对最终产出的 3 项子任务新闻稿仔细研读，并对其他小组的 3 项产出子任务新闻稿进行点评，教师点评总结。随后，小组探讨并分享铭记历史的意义之所在。

新闻稿撰写技巧促成（1 课时）。教师讲解英语新闻稿的基本结构，包括标题、导语的撰写，新闻报道文章主体部分结构，以及新闻的主要词汇、语法特点和修辞应用讲解，并引导学生对选自 USA Today（《今日美国》）的一篇新闻报道进行语言和结构层面的分析，为学生撰写新闻稿搭建"脚手架"。

3. 评价——评价总产出任务（课外）

学生在课下复习新闻稿撰写结构，根据其他小组提出的观点和建议，进一步修改完善新闻报道内容，并将修改好的新闻稿再次上传到云班课平台，学生根据教师发布的评分标准进行互评打分，结合教师评分和 iWrite 写作系统评分，教师推荐评分最高的新闻稿，于 12 月 13 日南京大屠杀死难者国家公祭日当天发表在学院微信公众号平台，供师生阅读。

五　案例意义

总产出任务思政教育：勿忘国耻，牢记使命，吾辈自强。

子任务 1 思政教育：勿忘国耻，吾辈自强。 理解国家强大对普通民众的意义，懂得珍惜当下的和平生活，培养学生的爱国情操。

子任务 2 思政教育：维护正义，捍卫人权。学习国际友人的人道主义救援精神和个人英雄主义事迹，教育学生维护社会公平与正义，尊重人权。

子任务 3 思政教育：求真务实，舍生取义。学习张纯如锲而不舍、坚持不懈、求真务实的探索精神和职业道德。

通过总产出任务出现的主要问题，将总产出任务分化为 3 项产出子任务，通过总任务和子任务的驱动、促成与评价大小循环教学过程，使得学生对南京大屠杀事件的复杂情感内化为感恩及爱国情怀、敬业与奉献精神、维护人权与正义的担当。

六 考核评价

学生互评采用湖南大学成矫林老师提出的"3CQ"评价模式（见表 2），教师课堂口头评价采取"C+c"评价模式，以赞美表扬（compliment）为主，以批评指瑕（critique）为辅，从而提升学生学习的自信心。评价本身包含潜在的思政教育功能。

表 2　"3CQ"评价模式

讨论及汇报评价步骤	具体内容	价值目标
compliment（赞美）	赞美同学的发言	友善、包容
comment（评论）	评论观点与见解，并给出原因	思辨
Connect（联系）	联系发言内容，并进行新的补充	求新
question（提问）	提出疑问	好学

基于OBE理念和POA理念，采用过程性评价与终结性评价相结合，即时评价与延时评价相结合的方式，结合教学目标，考核学生的目标达成度。学生总产出任务评分由学生互评、教师评价和iWrite写作系统评分三部分组成，基于教学目标，从语言、篇章结构、学生写作能力提升以及思政教育四个维度全面评价学生的产出任务，检验知识、能力和素养各层面教学目标的达成度（见表 3）。

表 3　学生目标达成度

评分标准		Suggestion（建议分）
language （语言）	variety and richness of words（词汇多样性）	
	sentence complexity（句子复杂度）	

续表

评分标准		Suggestion（建议分）
organization（结构）	coherence and cohesion（连贯与衔接）	
	complete structure of news report（内容的完整性）	
ability（能力）	clear claim（论述清晰度）	
	literature review（文献评述能力）	
	ideological-political dimension（思政层面）	
	comment on Japanese soldiers' atrocity（对日军暴行的谴责）	
	appreciating Rabe's humanitarian deeds（对人道主义精神的赞扬）	
	compliment on Iris Chang's spirit（对张纯如求真务实、爱国精神的评述）	
overall impression（总体印象）		
TSCA（师生合作评价）（70%）		
iWrite grading（写作系统评分）（30%）		
final score（最终得分）		

七　案例反思

本案例应用于浙江理工大学 2019 级英语专业的教学，取得了一定的效果。

语言学习效果。学生基本掌握南京大屠杀事件的相关词汇与表达，了解软新闻的撰写技巧，掌握非谓语动词在句子中的用法。但是学生对近义词 butchery、massacre 与 manslaughter（都表示"屠杀"）出现乱用混用现象，引导学生采用查阅语料库的方法总结近义词的用法。

产出任务评价。依据"3CQ"的评价模式和教师发布的评分表格，可有效地对学生撰写的新闻稿进行评价。评价发现，产出总任务新闻报道整体完成质量较好，学生新闻稿 iWrite 系统评分全部在 75 分以上，机评平均分为 82 分。

思政教学效果。学生在撰写的新闻稿中，大部分都提到国耻不可忘，国家强大才能保证人民的自由与权利，国家强大需要普通民众尤其是当代青年的不懈奋斗。在整个教学过程中，思政元素最终化为学生的家国情怀、爱岗敬业精神、学习动力以及维护社会公平正义及人权的情感，经过驱动—促成—评价的大小循环教学链，较好地发挥了教学的育人功能。

教学活动设置。3 项子产出任务类型同总产出任务类型相同，最大限度地保障了高质量的总产出任务。但教学活动类型相对单一，今后可在保障教学效果的基础上，丰富教学活动类型，提升学生参与教学活动的兴趣。

设计初步

程银
浙江树人学院

课程学时	96	课程学分	6
适用专业	环境设计、建筑设计	案例获奖	二等奖

○ 案例主题

绍兴水乡古镇解析

○ 结合章节

第三章第三节"中国传统地域建筑：以绍兴水乡古镇建筑为例"。具体内容包括：绍兴水乡古镇概况；绍兴水乡古镇街巷弄空间与沿河地带解析；绍兴水乡古镇单体建筑空间解析；绍兴水乡古镇交往空间解析；绍兴古镇单体建筑测绘实训。

○ 教学目标

（一）知识目标

树立宏观的建筑思维，了解建筑的基本功能与空间构成，理解建筑在环境中的成因，掌握绍兴古镇建筑的空间关系，解读古建筑结构。

（二）能力目标

进一步掌握并熟练建筑图纸绘制的能力，学会建筑测绘方法，能独立完成一整套测绘制图；团队合作、沟通的能力，具有方案汇报与演讲的能力；传承地域精神及文化内涵，能通过建筑周边环境分析建筑与场所的关系来形成相应的设计理念，建立设计思维；培养剖析问题以及解决问题的能力，成为具备科学素养和创新精神的学术人才。

（三）素质目标

建立建筑与文化是一个整体的观念，培养学生的文化自信、世界文化遗产保护意识、精益求精的专业精神与社会责任感。

四 案例实施

（一）教学方法与教学理念

1. 用"一致性建构"的原则来整合课程

"一致性建构"由澳大利亚教育心理学家比格斯提出，它整合了"一致性"和"建构主义"两个概念教学系统中的各个组成部分，特别是所用的教学方法和评价任务，与学习目标有直接的关系，教学目标、教学方法和教学评估保持一致。本案例课程的教学设计，制定了预期的学习目标，在每个章节的开始部分都有一个章节学习目标来告诉学生该章节主要学习什么，然后设计相应的学习活动和学习测评。本案例课程通过由简到繁的课程建构让学生主动地建构知识，生成自己的理解。

2. 从低阶到高阶的学习目标制定

在撰写学习目标时，使用了学习分类工具布鲁姆学习分类法，该方法是20世纪50年代，由以美国心理学家、教育家布鲁姆为首的一批学者提出的，共有六个层次：记忆、理解、应用、分析、评价、创造。在教学设计中，将学习者要达到的能力目标分解成由基础到高级的六个目标，分别达到由低阶到高阶的六大能力，通过不同的教学环节将能力目标逐个分解，通过一系列紧密契合的教学内容与环节达成（见图1）。

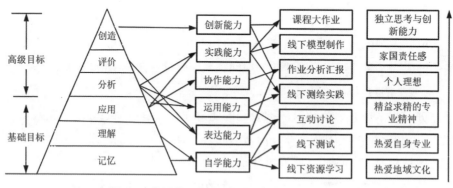

图1 布鲁姆学习分类法与课程能力目标分解设计

（二）教学创新设计方案

教学组织过程如下。

1. 课前

学生自行学习在线课程，本案例课程为校级精品在线课程，以线上线下混合的方式进行教学设计，课程设计以学生为中心，着眼于提升学生学习体验，从学习者的角度出发撰写课程目标、课程内容以及要求。学生通过在线课程的学习掌握基本的理论基础，完成在线课程练习。在"绍兴水乡古镇"这一章节布置了课程论文，主题突出对课程思政的理解——要能体现自身对本专业的理解、古建筑及其环境的关系表达、传统建筑对现代建筑的价值借鉴等，能体现创新性与独立思考的精神。设置在线自动反馈与在线教师反馈，在线课程的设计帮助学生建立在线社交平台，提供与面授课堂等效的指导与解释，采用融合技术的最佳在线教学的做法，帮助学生建立学习信心。

2. 课中

学生在线上自行进行理论学习后，线下将理论课程的重点与难点进行课堂讨论并汇报各自的PPT。课堂教学偏重实践操作，在本案例中现场考察是重点。在现场考察的过程中，学生将完成绍兴水乡古镇考察的PPT汇报与测绘作业，强化理论学习与动手操作的结合，以手脑结合的方式强化学习动力。线下课程设计渗透的课程思政内容体现在学生对本专业的热爱、传统文化的敬重、团队合作的重视、精益求精的传承等上。

3. 课后

学生完善PPT，分组作业，完成一套测绘图纸，在完成作业的过程中思考专业内涵，将课堂内容内化为自身素养。

课程思政融入的教学内容、教学方法、教学理念及教学创新设计方案见表1。

表 1　课程思政融入教学

章节	小节	教学内容与课程思政目标融入	教学设计与方法	教学理念及创新
第三章第三节"中国传统地域建筑：以绍兴水乡古镇建筑为例"	1.绍兴水乡古镇概况	教学内容：通过对绍兴古镇空间的分析，认识到古镇整体空间研究的重要性，明白古镇物质空间与社会、地理、经济、文化以及其他相关领域的关系。能举一反三地分析建筑与气候、地理环境之间的关系 思政目标：尊重民族文化与地方文化，尊重环境中的各个因素就是对大自然的敬畏，培养学生热爱地域文化的情感，从而培养学生的整体观与世界观	混合式教学，学生先进入在线课程学习，通过视频与文档、学习资料掌握课程内容，根据在线课程作业要求完成网络练习及PPT，线下课堂进行作业汇报，并分组由学生相互提问、发现问题、讨论，结合各组意见修改作业PPT，最后在线提交课程作业	体现一致性建构原则与布鲁姆学习分类法，体现从低阶到高阶的学习目标。是一系列可测量的学习成果，并反映在各单元的设计中。从原来的以输入知识为核心转向"知识、能力与素质"的综合培养
	2.绍兴古镇街巷弄空间与沿河空间解析	教学内容：分析绍兴水乡街巷弄的结构、沿河地带的几种空间形式，研究绍兴水乡街巷弄结构产生的原因以及由此产生的形态 思政目标：学习历史建筑是为了将历史经验用于今日，培养学生独立思考与创新能力		
	3.绍兴古镇单体建筑空间解析	教学内容：理解中国传统建筑空间的组合方式、构成规律、设计方法 思政目标：从专业途径理解中国传统建筑文化，在学习过程中为之感动，从而热爱自身的专业		
	4.绍兴古镇交往空间解析	教学内容：绍兴古镇的交往空间与空间节点，解释古镇交往空间产生的原因，能融会贯通地分析交往空间与古镇整体环境空间、人的生活方式之间的相互关系 思政目标：年轻人承担着本民族建筑的创新任务，激发学生的个人理想以及家国责任感		
	5.绍兴古镇单体建筑测绘实训	教学内容：组织学生现场考察，带领学生亲临现场，感受绍兴古镇全貌，在团队合作中完成建筑测绘 思政目标：让学生学会团队合作的能力，并明白保护古镇建筑，保护建筑遗产，保护环境，也就是保护文化传承，树立正确的个人责任感、时代责任感。师傅领进门修行靠个人，为人第一，为事第二，保持初心	分组进行测绘，同时邀请行业教师进课堂，对古建筑测绘进行现场测绘辅导	利用测绘仪等现代测绘工具进行线下实体建筑测绘与图纸绘制

五 案例意义

本案例以绍兴水乡古镇建筑研究为主题，设计线上线下混合式课程教学，主要讲述建筑的基础知识及建筑制图，强调地域建筑与环境的关系，以绍兴水乡古镇建筑为例展开中国传统建筑的分析与研究，并在全课程中融入思政元素。思政意义体现在通过课程学习让学生尊重地域文化，能够明白世界建筑与本民族建筑都是人类文明的成果，能够承担起本民族设计创新的任务，懂得在立足本国文化传统基础上，营造现代居住空间，为发展本国的文化，以及创造带有本国特色的精神文化和物质文化而努力，学会用专业创作认识自身、理解他人、发现世界。激发学生的个人理想以及家国责任感，培养有独立人格、社会责任感、敬业精神和精湛专业技术能力的人才。

六 考核评价

在课程设计中，制定了预期的学习目标，明确希望学生学习什么知识和能力，在每个章节的开始部分都有一个章节学习目标来告诉学生该章节主要学习什么，然后设计相应的学习活动和学习测评。考核测评方式与学习目标对应，从在线测评填空、判断、简答到课程PPT制作与汇报，从记忆目标到创造目标，从自学能力到创新能力等都有对应的测评考核。课程提供多次有益的反馈，在课程平台上明确告知学生反馈的时间、地点、方式以及具体平台，并详细说明学生成绩由在线客观题、课堂讨论、问题研究以及实践测绘图纸组成，有助于学生积极主动完成测评。反馈内容多样，如带自检功能的平台测试，课堂讨论中的直接反馈，课后通过微信、钉钉等方式的交流反馈。

七 案例反思

（一）受益学生数

按艺术学院环境设计专业每年3个行政班级算，每年会影响约100名学生。

（二）学习效果以及思政重难点分析

学生在专业设计课程中更加注重传统建筑空间与地域文化的表达，这与课程教学是分不开。课程未来的社会影响是可期的。

难点：一是如何让学生理解社会文化对建筑空间的影响，从而让学生通过课程实践从专业角度理解与尊重地域文化。二是根据多年来的从业经验以及教学经验，很多学生毕业后并不从事本专业工作，这不仅浪费了教育资源，而且给学生自身长远的职业发展规划带来非常不利的影响，有些甚至影响学生的一生。所以课程中的专业启蒙，尤其是让学生热爱自身专业是非常重要的一部分内容，在授课过程中要加强对职业意义及美好前景的分析。

重点：通过课程教学、实践与业师进课堂等多种方式让学生明白本专业的责任与意义，培养具有独立人格、社会责任感、敬业精神和精湛专业技术能力的人才。学会用专业创作认识自身、理解他人、发现世界。

（三）学生与督导评价意见

第一，课程整体感很强，能在学习之前就明白这门课要学什么内容，要准备什么工具与设备，而且知道将要学会什么。

第二，在学习过程中每个学习目标都很明确，都有相对应的习题与作业，从简到难，循序渐进，学的过程很充实，而且知道通过某一个学习活动能获得什么技能，通过这门课能拓宽整个专业领域，像拿到了一把入门的钥匙。

第三，教师经验丰富，课程整体构建合理，绍兴水乡古镇建筑部分的教学设计内容丰富，形式新颖多样，突显以学生为中心的教学理念。

（四）存在的问题、提升举措及推广计划

第一，随着时代发展，课程的教学内容会不断补充与更新，视频拍摄也会持续进行，所以这是一件长期反复且持续的事情。

第二，继续加强课程思政提升举措，整合整个教学团队的力量，线上线下共同努力，将课程建设得更加完善。增加学习成效比较分析，通过发放问卷调查等方式来了解课程实施效果，根据成效调整相应的课程内容、结构与教学方式。

第三，课程建设完善以后将加入在线平台的示范教学包，吸引全国兄弟院校同专业的师生共同加入，影响力将会超出预期。

模具设计与制造

蒋兰芳
浙江工业大学之江学院

课程学时	32	课程学分	2
适用专业	机械工程、车辆工程	案例获奖	二等奖

一 案例主题

敢于拼搏进取，思辨直面问题——从苏炳添百米赛跑谈加工硬化和起皱问题

二 结合章节

《模具设计与制造》第 4 章"拉深工艺及拉深模具"第 2 节"拉深常见问题"

三 教学目标

（一）知识目标

了解拉深常见问题、先进成形技术和科研进展，理解起皱的概念和原因，掌握影响因素和解决办法。

（二）能力目标

（1）能够应用《材料力学》"应力应变分析"和课程"拉深变形特点"等理论知识分析起皱原因、影响因素，总结影响规律，提出解决方法。

（2）能够综合应用"机械原理"等专业课及本案例课程知识，创新设计拉深工艺、拉深模具甚至成形装备，解决拉深成形复杂工程问题，促进我国先进制造技术发展。

（3）能够评价拉深工艺和拉深模具设计方案，提出有建设性的意见或建议。

（三）素质目标

学习奥运健儿努力拼搏、积极进取、为国争光的精神；培养学生辩证地看待问题、系统全面地分析问题的能力及勇于探索、敢于创新的精神；激发学生

科技报国的家国情怀和使命担当（见图1）。

思辨思维： 理性、全面、辩证地看待问题
科学精神： 勇于探索、敢于创新
家国情怀： 努力拼搏，为国争光
　　　　　　激发热情、科技报国

素质

教学目标

知识

能力

分析： 产生起皱的原因、
　　　起皱对弯曲件的影响
应用： 分析影响因素、总结影响
　　　规律、提出解决方法
设计： 弯曲工艺、模具及装备，
　　　解决拉深成形各种复杂问题
评价： 拉深工艺和模具设计，
　　　提出建设性意见或建议

了解： 拉深常见问题
理解： 先进分析技术
　　　先进成形方法
　　　最新科研进展
　　　产生的原因
掌握： 影响因素
　　　解决方法

图1　教学目标

四　教学实施过程

（一）教学内容

课程主要教学内容结合科学精神和实践创新核心素养的培养，按以下逻辑推进：什么问题（发现问题）—为什么起皱（分析原因）—受哪些因素影响（分析影响因素）—如何解决（解决问题）—工程应用（实践创新）（见图2）。

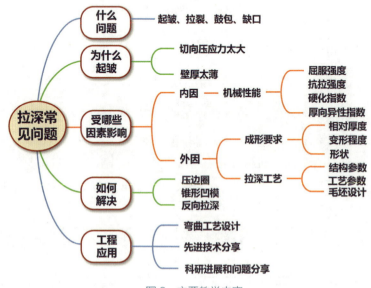

图2　主要教学内容

（二）课程思政教学设计思路

（1）以工程中的拉深加工为例，鼓励学生大胆质疑，发现拉深的常见问题，深度分析产生起皱的原因，提出解决措施和办法，提高学生正确认识问题、分析问题和解决问题的能力。

（2）引导学生从内因和外因两方面全面、系统地分析起皱的影响因素。

（3）以奥运会苏炳添百米赛跑的事件类比加工硬化对塑性和起皱的影响，引导学生学习奥运健儿努力拼搏、积极进取、超越自我、为国争光的精神。

（4）分析加工硬化对拉深件质量的影响，培养学生正确认识加工硬化的问题，辩证地看待事物的两面性，扬长避短，解决问题。

（5）分享先进CAE（computer aided engineering，计算机辅助工程）技术、先进成形技术和团队科研进展，以及遇到的"卡脖子"问题，激发学生的学习热情、科技报国的家国情怀和使命担当。

（三）教学方法

1. 案例式自主探究式教学

以学生为中心，以教师为主导，以两个拉深加工视频为案例，设计关键提示，鼓励学生开展自主探究式学习，大胆质疑、发现拉深加工的常见问题，深度分析产生起皱的原因，从内因和外因两方面系统地分析起皱的影响因素，总结规律，解决起皱问题，提高学生正确认识问题、分析问题和解决问题的能力（见图3）。

图3　案例式自主探究式教学

2. 转变教学内容呈现形式

以学生为中心，转变理论教学内容的呈现形式，以利于学生理解、掌握、分析和应用（见图4）。如：在分析起皱原因时，应用《材料力学》知识、借助网格法，对凸缘区应力应变状态进行分析；分析影响因素时，从内因和外因全面分析，并借助应力应变曲线图、奥运会苏炳添百米赛跑的思政案例，使抽象难懂的理论知识以直观易懂的形式呈现，帮助学生深度理解、牢固掌握，便于后续灵活应用、实践创新，同时还可以培养学生正确认识加工硬化的问题，辩证地看待事物的两面性，扬长避短，解决问题。

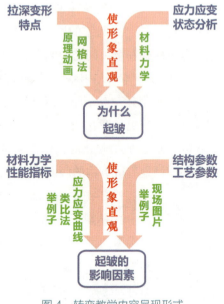

图4　转变教学内容呈现形式

3. 工程项目式教学

以能力为导向，采用项目式教学方法（见图5）。课前布置拉深工艺及模具设计高阶性任务，鼓励学生深度参与，综合应用专业课和本课程知识，团队合作，查阅资料，创新设计；课中小组讨论，汇报交流，学生互评，教师点评；课后进一步细化、完善，从而提高学生解决拉深复杂问题的综合实践能力和高阶创新思维，增强学生的学习成就感，激发学生的学习热情。

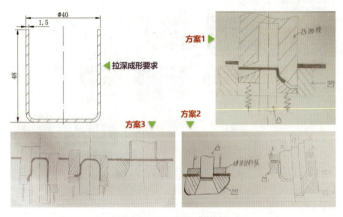

图5　工程项目式教学

（四）教学过程

课程采用线上线下混合的教学模式。课前发布视频学习、习题测验和工艺设计等预习作业；课中设重难点讲解、易错题解析和方案交流；课后设提升性习题挑战（见图6）。

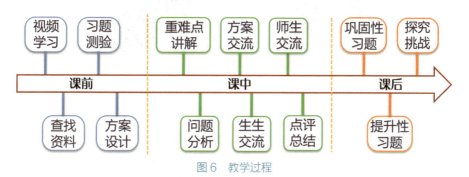

图6　教学过程

1. 前置学习（约课前一周）

发布视频学习、习题测验和拉深工艺设计任务（见图7）。

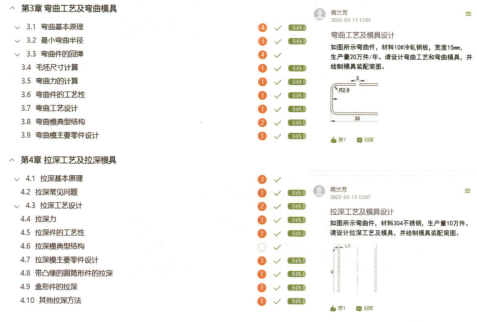

图7　前置学习

2.前课复习（约2分钟）

巩固前课知识，铺垫本节课内容，学习通作业反馈（见图8）。

图 8　前课复习

3.新课介绍（约 2 分钟）

先介绍本节课学习内容，使学生有一个整体了解（见图 9）。

图 9　新课介绍

4.工程实例导入（约 6 分钟）

导入两个拉深加工视频，鼓励学生仔细观察、大胆质疑，发现拉深中存在的问题，建立工程意识（见图 10）。

图 10　工程实例导入

5.分析问题（约 6 分钟）

引导学生运用"应力应变状态分析""拉深变形特点"等理论知识，分析起皱的原因，讲解学习通错题（见图 11）。

图 11　分析问题

6.分析影响因素（约 6 分钟）

引导学生从内因、外因两方面系统、全面地分析影响因素。

7. 分析因素对起皱的影响（约 15 分钟）

用加工硬化类比苏炳添百米赛跑案例，分析各个因素对起皱的影响，让学生正确认识加工硬化和起皱问题，辩证地看待事物的两面性，扬长避短，提出解决问题的措施（见图 12）。

图 12　分析影响因素

8.介绍解决方法（约 2 分钟）

归纳、介绍三类起皱问题的常用解决方法，帮助学生后续设计、应用、创新（见图 13）。

图 13　介绍解决方法

9.设计实践（约8分钟）

学生分享、交流课前完成的拉深工艺设计方案，学生互评，教师总结（见图14、图15）。

图14　学生介绍设计方案　　　　　图15　学生间交流设计方案

10.拓展分享（约3分钟）

介绍先进CAE分析技术、先进成形技术，分享团队科研进展及遇到的问题（见图16）。

图16　课外拓展分享

11.课堂小结、课后作业布置（约1分钟）

总结课程教学内容，布置课后复习提升和下节课的预习作业，并发布到学习通平台（见图17）。

图17　课堂小结、课后作业布置

五 案例意义

围绕本案例素质目标，选取苏炳添百米赛跑、航空航天超薄壁管材弯曲研究进展作为课程思政案例，从爱国教育、科学精神、辩证思维、家国情怀等几个方面开展思政建设和教学改革，实现育人和育才的统一。

2020年东京奥运会，中国选手苏炳添以9秒83的成绩闯入决赛，成为首位进入奥运会男子百米决赛的亚洲运动员。决赛时，苏炳添以9秒98的成绩获第六，遗憾未能摘牌。学生对奥运会的关注度非常高，引导学生学习奥运健儿敢于拼搏、积极进取、为国争光的精神。

拉深过程中，随着塑性变形程度的增加，金属塑性降低，引起起皱。这和苏炳添一天参加两场比赛，体能下降，速度变慢非常类似，从而引导学生正确地认识加工硬化的问题，辩证地分析问题的两面性，利用有利的一面，解决不利的一面，扬长避短，解决问题。

最后分享科研团队在航空航天超薄壁管材弯曲成形方面取得的成果及遇到的"卡脖子"问题，激发学生的民族自豪感、学习热情，科技报国的家国情怀和使命担当。

通过思政案例，抽象难懂的加工硬化问题变得形象、生动，有利于学生理解、掌握和应用。

六 考核评价

采用形成性评价（见图18），动态掌握学生的学习情况和教学目标的达成度，及时发现教学过程中存在的问题和不足，持续改进。

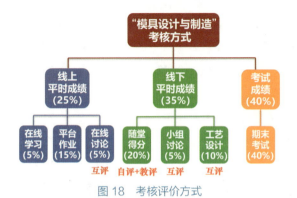

图18　考核评价方式

（一）课前预习评价

课前，布置线上视频学习和学习通作业，记入在线学习和平台作业中。根据完成情况，课堂上讲解错误率较高的习题。

（二）课中学习评价

课中，认真聆听教师的讲解、同学的演示和小组的方案分享；积极参与小组讨论、观点清晰；积极参与课堂互动，上台演示；积极回答问题，提出有建设性的问题；合理点评，有理有据。记入随堂得分和小组讨论等平时成绩中。

（三）课后提升评价

课后，根据课内交流情况，进一步完善设计实践作业，最终完成二维装配简图。根据整体结构设计、起坯解决效果和结构创新性等几个方面进行评价，记入工艺设计平时成绩中（见表1）。

表1 课后提升评价

工艺设计	优秀	良好	中等	合格	不合格
结构设计合理性	非常合理	较合理	合理	基本合理	不合理
功能实现度	完美实现	较好实现	能够实现	基本实现	无法实现
问题解决程度	很好解决	较好解决	能够解决	基本解决	没有解决
结构创新性	非常创新	较有创新	一般创新	较少创新	没有创新

七 案例反思

"模具设计与制造"课程现已面向4届学生开展课程思政创新教学，一直非常重视注重思政元素的挖掘和提升，设计合理切入点，通过潜移默化的方式实现知识传授、能力培养和价值引领有机融合。目前已形成四大类课程思政元素、20多个思政案例。课程于2021年被立项为浙江省第一批课程思政示范课程，2018—2021年连续三年获"优秀课程"奖。授课教师2018—2021年的年度教学考核均为优，2018—2022年8次学评教院系排名前3，还参加校内课程思政教学沙龙汇报交流。

学生对课程评价很高，获得感明显提高，对专业、职业的认可度也显著提高（见图19、图20）。近几年，毕业班中，2017级6位、2018级4位、2019级6位同学入选浙江省模具行业协会模具精英人才培训班，并输入模具行业重要岗位，用人单位评价也很高。另有2位同学入伍当兵，保家卫国，1位提干为排长，另1位有机会提干。

图 19　互动情况反馈

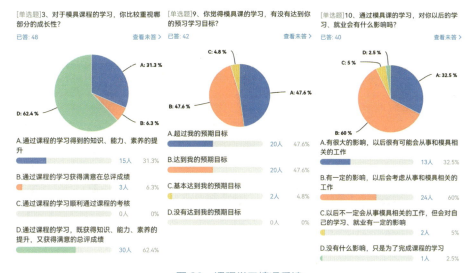

图 20　课程学习情况反馈

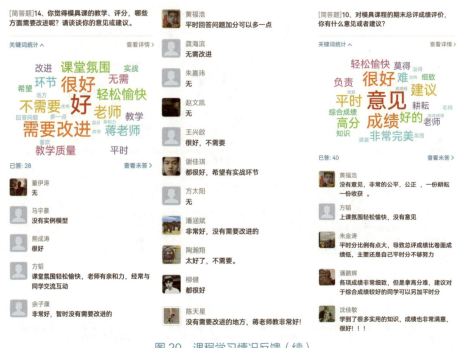

图20　课程学习情况反馈（续）

　　后续的课程还需要继续挖掘优质的课程思政元素，融入教学当中。同时还需要多学习其他老师、其他课程的课程思政建设方法，进一步做到潜移默化、润物无声地"育人""育才"。

面向对象程序设计

戴振中
绍兴文理学院

课程学时	80	课程学分	4
适用专业	计算机科学与技术、网络工程等	案例获奖	二等奖

➊ 案例主题

筑梦天宫　深入接口

➋ 结合章节

6.2 接口的设计和应用（无指定教材，在线课程网站与PPT提供了较多资源）

➌ 教学目标

"面向对象程序设计"为计算机专业核心课程，根据机械与电气工程学院计算机系的办学定位和学生情况，结合"两性一度"要求，设定融合知识、能力、素质等的一体两翼的育人目标（见图1）。

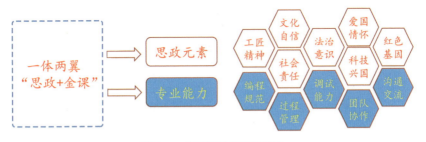

图1　一体两翼教学目标设计

具体到本案例，相应的教学目标如下。

（一）知识目标

认识接口的本质并合理地使用接口：掌握接口的语法定义，能从语法层面上区分接口与抽象类；理解接口的实现机制，结合多态特性分析代码的执行结果；能够根据需求设计和调用接口。

（二）能力目标

通过精选案例对较复杂的示例项目进行研读、模仿和改进，提高学生正确认识、分析和解决问题的能力。

（三）素质目标

培养学生的爱国精神、精益求精的工匠精神；激发学生科技报国的家国情怀和使命担当。

四　案例实施

（一）教学设计总体思路

挖掘课程蕴含的价值引领、道德教育的元素，提炼生动、融通教学内容的案例，借助 PTA（programming teaching assistant，程序设计类实验辅助教学平台）在线判题系统和省 MOOC 教学平台，开展"全过程思政＋混合式"教学，构建一体两翼"思政＋金课"教学框架（见图 2），使知识传授和价值引领相辅相成。

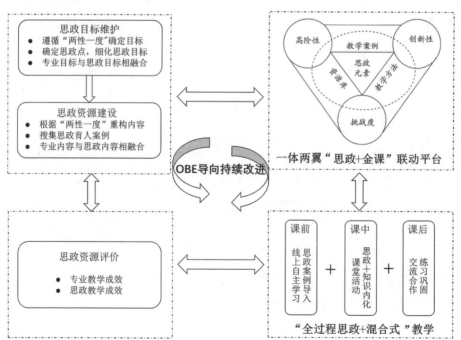

图 2　一体两翼"思政＋金课"教学框架

1. 建设思政资源库

挖掘、设计与教学内容紧密相关的思政案例，包括文化素养、政策时事等多种类型；除课件、微课、习题集外，加入值得讨论的知识或观点及学生的优秀作品等。

2. 创新案例引入途径

实施案例的贯穿式展示和迭代式、挑战式引入，启发学生思考、激发学习兴趣。

3. 实施"全过程思政＋混合式"教学

沿用成熟的线上线下混合式教学模式，在课前、课中、课后的适当环节添加与专业内容高度融合的思政内容，追求"1＋1＞2"的效果。

（二）学情分析

根据以往的教学经验，多态和接口是课程重点和难点，也是学生能否学好后续课程如 Web 编程、android 开发技术、毕业设计等的关键节点之一。其难处并不在于接口的语法，而在于如何帮助学生学会用"发展"的眼光去考察代码的合理性，因此必须有一个场景能够模拟需求的不断变化以及代码的自适应性，传统的依赖教材和简单静态的教学代码是无法引导学生思考并领悟的。

（三）思政元素挖掘

在本案例中，我们选择了中国空间站"天宫"作为切入点，通过类比、分析、模拟来学习接口的应用。天宫核心舱由节点舱，大、小柱段和资源舱组成（见图 3），为航天员提供太空科学和居住环境，支持长期在轨驻留，它的寿命可达 15 年，并可通过维修进一步延长寿命。

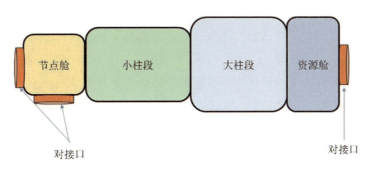

图 3 天宫核心舱示意

　　在核心舱的后端和前端的节点舱，配置了不同的对接口，可以分别对接神舟载人飞船、天舟货运飞船以及具备不同功能的实验舱。在不同时期，同一对接口可以分别对接不同型号的系列飞船，执行不同的功能，接口间相互独立，可以自由组合，按需扩展，非常好地体现了面向对象中接口"可插拔"、可扩展性好的特点。同时，核心舱自身在很长的时间保持不变，变的只是与其对接的其他舱体，更进一步体现了"变和不变"的辩证特性，可启发学生在设计中放远眼光，使设计更具有前瞻性。

　　（四）教学过程

　　1. 课前

　　省MOOC平台，翻转学习"接口基础语法"，完成课前自测；分配小组研究性学习任务；观看天宫对接神舟十一号飞船视频及相关文字资料。

　　2. 课中

　　（1）完成课前自测共性问题讲解以及基础案例代码的运行和调试，巩固接口语法（10分钟）。

　　（2）小组研究性学习：每个小组从问题列表中自主选择进行讨论，通过代码验证并给出结论（所有学生分成6个学习小组，每轮学习由轮到的3个小组参与。15分钟，3组，每组陈述5分钟，所有小组分两批完成）。

　　接口一般以什么类型的文件形式保存？经编译后会生成什么类型的文件，这说明了什么？

　　一个接口若使用默认修饰符，对该接口的访问有什么限制？

　　接口中成员域、成员方法的修饰符可显式给出或使用缺省值，其效果是否不同？实现接口方法时，这些方法修饰符可否缺省？

　　接口跟static（静态）、final（最终）等关键字的关系？

　　接口中为什么不能包含构造方法，也不能包含初始化块？将接口换为抽象类呢？

　　类能否继承接口、接口能否继承类？接口是否具有多重继承的特点？为什么接口可以实现多重继承？

　　以上是部分问题，通过研究性学习，学生不再机械地记忆语法结论，而是通过同伴学习和主动制造并排除bug（故障），加深对"接口应用规则"的理解。

　　（3）案例学习：结合天宫案例学习接口的应用（15分钟），通过讨论得到类比关系（见图4），然后通过代码模拟天宫的运行过程，掌握接口的综合应用。

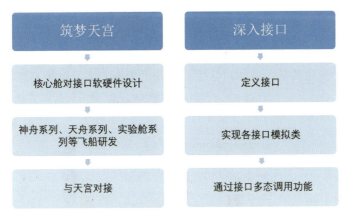

图4　天宫案例接口应用类比关系

（4）课程小结（5分钟）。

3. 课后

在PTA在线判题系统上完成作业及实验报告撰写。

五　案例意义

面向接口编程已成为面向对象编程方法的核心，读懂接口、用好接口和规范设计接口已成为软件开发人员的首要任务，也是计算机类学生必备的专业能力。但由于接口的优势必须在代码的迭代中才能体现出来，而学生阶段很少有机会接触真实、商业化运作的项目代码，因此对接口的学习一直难以深入。

精心选择的案例可使抽象的专业理论知识变得可感知，可对比，可触摸，避免教学思政"两张皮"。通过神舟、天舟、空间站系列案例可以非常直观和准确地展示相关的概念及应用。而反过来，对接口等的理解也可让学生了解我国在相关领域的世界领先优势，激发学生的自信心和民族自豪感，从而实现思政与教学相向而行，相互促进。

六　考核评价

教学评价注重"过程化、多元化"，以"专业知识—实践应用—职业素质"的三维能力达成度为评价主体，综合考量学生学习投入度和参与度。

学期总评＝平时学习评价×50%＋期末（闭卷考试）×50%

平时学习评价＝预习×10%＋课堂表现及项目完成度×20%及OJ（online judge，在线判题）×20%

图5展示了2016—2020级各成绩等级变化趋势图，期末考试原始成绩总体趋势向好，良好和优秀比例变化较大。当然，这有一部分原因是2018级以后采用了小班化教学，教师对学生的关注度提高了，有助于整体教学质量的上升。

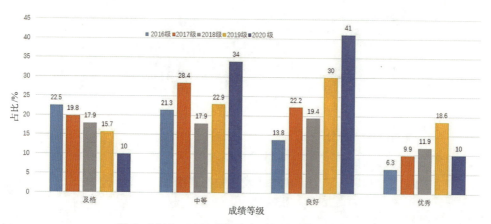

图5　2016—2020级期末考试各成绩等级变化趋势

七 案例反思

（一）教学成效

本案例课程为2020年度省一流线上线下金课，2022年已立项为省高等学校课程思政示范课程。课程负责人近两年教学测评均为A，教学理念和实际效果获得了学生和教学督导的认可。课程组目前已完成3届300多人次的课程思政教学。调查显示，2020级91.3%的学生对课程思政持肯定态度（见表1）。

表1　2020级学生课程思政内容效果调查

选项	得票数	占比/%
内容很生动，有观点的启迪，能够发挥能量，希望继续保持	71	77.2
开阔了眼界，课堂氛围活跃，对树立正确的人生观有帮助	13	14.1
就当听故事放松一下，可有可无	5	5.4
理工科课程应聚焦知识点本身，不建议在课上介绍此类内容	3	3.3

（二）优化提升方案

1.建设敏捷案例库，持续改进

借鉴软件开发中的敏捷开发模式，快速交付，有效迭代，达到不断改进的效果。特别是时事相关类思政元素的挖掘，必须具有时效性才能更好地引起学生的兴趣和共鸣。

2.完善"全过程思政＋混合式"教学

"讲故事—促思辨—重启迪—问收获"，通过全过程思政，将部分思政案例的引入和升华部分分别前置和延伸到课前课后环节，避免挤压专业教学时间，同时可进一步拓展思政和专业教学的广度和深度，满足金课"两性一度"要求。

3.探索"思政＋金课"下考核标准和教学效果的评价

以往的教学评价往往只注重知识层面的教学成果，而对思政元素的融入效果考查比较欠缺。思政元素的融入能够促进学生主体性的发挥，课程考核也应在横向比较的基础上同时关注学生的纵向自我发展。

居住区景观设计

江艳
浙江工业大学之江学院

课程学时	64	课程学分	4
适用专业	环境设计专业	案例获奖	二等奖

⊖ 案例主题

冬奥村的低碳设计思路分析

⊜ 结合章节

（无参考教材，授课教师自己整理的课件内容）第八章"城市生态修复的低碳园林设计"

⊜ 教学目标

在对课程思政元素进行整体设计和梳理的基础上，凝练成两个层面的思政培养目标，即知识能力目标和素质目标，并形成主线。

（一）知识能力目标

（1）通过北京冬奥村的案例学习，掌握中国传统园林设计的现代应用手法。

（2）通过对可变空间与可回收材料应用的分析，掌握新型低碳环保材料的应用。

（3）通过对"建筑山水对话"和"应山就势"的延庆冬奥村规划设计，学习"因地制宜"的规划思想，向世界传达中国建筑文化思想。

（二）素质目标

（1）通过慕课学习形成自我建构知识框架的能力。

（2）通过课堂小组讨论及报告撰写形成"设计使命感"和"设计价值观"目标。

（3）通过小组作业训练达到创新能力培养要求。

（4）通过赛教融合，鼓励学生参加学科竞赛进行挑战性目标培养。

四 案例实施

（一）教学方法设计

1. 课程导入

上节课我们提出了低碳园林设计的八项原则，分别是规划先行、文脉传承、重视植被、复合生态、循迹乡土、循环再生、智慧城市、彰显使命。本堂课我们借用案例，详细分析"规划先行"和"文脉传承"的设计思路。

2. 课程内容分析

案例一：由北京市建筑设计研究院设计的北京冬奥村，在设计户型时考虑到将庭院景观引入家家户户的窗景中。庭院设计的灵感则源自清代的《冰嬉图》（见图1），本节课从《冰嬉图》引出冬奥村的园林设计手法，进而从"规划先行"角度分析北京冬奥村的设计理念和特色。

教师提问：

同学们，有谁了解过清代的《冰嬉图》吗？

学生答案列举：

《冰嬉图》描绘了清代的冰上竞技项目，冰嬉，即冰上运动，在当时已经开展得如火如荼了。中国人自古以来就有拼搏竞技不服输的精神，把这种精神通过设计符号延续到当下冬奥村的设计中，可谓是绝了！

小组讨论：

在冬奥村的整体设计中，如何体现"规划先行、因地制宜"的设计思路？从冬奥村的整体规划、建筑外立面设计、中心花园设计等方面，来谈一谈"规划先行、因地制宜"思路是如何运用到设计中的。

学生答案列举：

从平面图上看，冬奥村由两大建筑组团组成，围合感就像是老北京大院，是对城市建筑特色的延续。每个建筑组团拥有一个中心花园，在中心花园的设计中，运用到了《冰嬉图》的造型元素。中心花园的造型师用"冰丝带"包围绿地，以绿造景，焕发盎然生机（见图2）。

教师总结：

冬奥村的建筑规划延续了北京城市的规划特点，采用"院落"空间形式，两个建筑组团布置清晰、建筑围合感强。建筑的外立面、门头设计等，处处彰显着中国传统文化特征。在景观设计方面，突出中心花园的设计立意，采用《冰嬉图》的提炼元素"冰丝带"来造景，曲线空间富含张力和速度感，象征运动员的飒爽英姿和坚韧不拔的精神。流曲空间、层层递进，搭配竹子、梅花等耐寒且象征君子气节的植物，传递出运动员不畏困难、昂首阔步的精神。

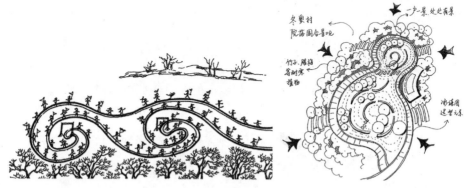

图 1 《冰嬉图》随笔画　　　　图 2 "冰丝带"空间造景随笔画

案例二：从中国建筑设计研究院设计的延庆冬奥村案例出发，分析由"山林"场地特征导出的住区规划场地策略。

小组讨论：

延庆冬奥村的整体设计，如何体现"因山而势，文脉传承"的设计思路？从延庆冬奥村的场地特征、建筑规划、院落设计等方面，来谈一谈。

学生答案列举：

延庆冬奥村从整体规划来看，采用了低楼层、高密度的"山村"式建筑布局（见图 3），从建筑形态来看，半包围式建筑庭院依山而建，错落有致，既展现了北京四合院的文化特色，又营造出一幅"悠然见南山"的惬意山村景象。

教师明确：

冬奥村设计理念——低碳可持续，规划先行、文脉传承。

北京冬奥村建筑遵循了环保可持续的设计理念。它由废弃厂房改造而成，装配式钢结构住宅采用了一种可回收的建筑材料（防屈曲钢板剪力墙），可移动空间能满足从赛时到赛后的转换要求，通过对空间进行再次分隔，满足未来的居住空间需求。公寓楼设计理念源于北京四合院，楼楼有园、户户有景。

　　延庆冬奥村以自然为起点，以生态保护和生态修复为基础，在满足冬奥村建设的前提下，融入中国人文山水意境。场地特征以"山林"为基础，基于这样的场地特征，形成的场地策略，就是依山就势、组团叠落（见图4）；建筑合院规划布局方式随场地层层抬高，顺应地形高差。朝向顺着山势灵活布置（见图5）。院落向景观侧开敞，借四方胜景，将山林框景入院。[1]

图3　延庆冬奥村布局随笔　图4　建筑随笔（学生课堂随笔）图5　建筑随笔（学生课堂随笔）

3.课程总结

　　冬奥村体现的精神：能工巧匠科学探索精益求精，为各国人员提供优质的居住、交往空间；建筑组团与周围山水形成"对话"，师法中国古典山水园林；应山就势的山居作品，向世界展示中国文化特色；规划先行、文脉传承，体现了低碳环保的科学发展观。

（二）总结主题

　　看完了冬奥村的设计案例，我们感叹于"虽为人作、宛自天开"的文人园林设计精神，感叹于国之强大，奥运精神就如当下奋起拼搏的中国，更高、更快、更强。回到本节课的学习主题，低碳园林设计的首要条件——规划先行、文脉传承。为了便于大家记忆，把设计思路归纳成两首小诗——其一，规划先行：坚定不移新发展，绿色规划要先行。随方置象谱千秋，因地制宜守根基。其二，文脉传承：壶中天地论华夏，四水归堂守正气。堪舆择地顺自然，师法天地得大义。

五 案例意义

　　具体课程思政融入的教学内容及意义见表1。

表1　课程思政融入

案例内容	思政元素切入点	案例选用意义
冬奥村园林设计的理念来源——清代《冰嬉图》	从清代如火如荼的冰上竞技项目，引出中国人自古以来拼搏、不服输的精神，化作设计符号延续到当下，传承文脉，牵引华夏	明确冰嬉缘起中华，后辈启心明智，牢记尚武立德，不忘初心，方得始终的精神
北京冬奥村的规划、建筑、园林设计手法分析	建筑使用的"防屈曲钢板剪力墙"是一种可回收材料，可用作赛后转换；园林中竹子、梅花等耐寒植物营造出踏雪寻梅的古典园林意境	通过可回收建筑材料和可变空间树立环保低碳意识；通过"踏雪寻梅"意境设计树立文脉传承的意识
延庆冬奥村的规划、建筑、园林设计手法分析	冬奥村以自然为起点，以生态保护和修复为基础，融入中国人文山水意境，最大限度地保护周边及内部现状	大美至简，意境至上。中华文明五千年的历史和风情造就了独特的东方美学，需要传承和发扬

六 考核评价

思政课堂的评价体系包括多元化的培养方式和成果导向的培养方式（见图6）。

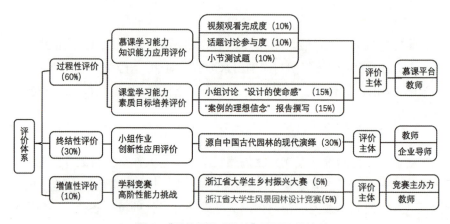

图6　"居住区景观设计"课程评价体系

七 案例反思

（一）课程思政案例教学的实施效果

1. 学生参与度和反馈

自本案例课程上线超星平台以来，访问量和互动数据一直很高，学生通过线上线下融合式学习，对课程内容的理解，以及对思政元素的感知和认同程度加深，实现课堂内高阶性转换。

2. 学习成效

从学生作品质量和考查成绩来看，学生的思政素养及对专业知识的掌握程度有了提升。

3. 教学效果

课程思政案例的引入提升了课堂的吸引力。通过对学生们课堂表现的观察，发现课堂氛围活跃程度有了大幅度的提升，提问环节参与度高，课堂随笔训练反馈度较好。

4. 课程影响力

课程思政案例注重知识点总结，避开教条式归纳，讲艺术重人文，每个知识点创作朗朗上口的小诗作为总结，潜移默化传达思政元素，润物细无声。在思政元素的影响下，学生们的设计使命感有了大幅度提升，对于传统文化的挖掘、传统人文精神的延续有了更深层次的理解与应用。

（二）存在的问题以及今后五年课程的持续建设计划

第一，课程内容持续更新，增加"越地"特色内容：增加外景拍摄、"越地"特色内容等建设工作，与当地人文属性衔接，增强地域性标志。例如，绍兴地区的居住区人文特色、环境特色，以及特色古镇居住区的更新等，增强地域属性。

第二，评价体系进一步完善：通过不断更新的评价体系及时发现并改善不足之处，加强慕课教学的科学性和逻辑性。在成果导向式学习中，成果多样化训练对于培养学生的个性和创造力尤为重要，课程坚持作品成果多样化，鼓励学生尝试不同的表达方式，并给予 20% 的分数用于创新性表达。

第三，通过教师团队讨论、教学研讨会、课程评估报告等方式持续改进和发展思政课堂，实现课程思政全覆盖。

参考文献：

[1] 张哲, 关午军, 张司腾等. 冬奥山村——基于"山林环境、文化传承和自然持续"的延庆冬奥村 [J]. 建筑学报, 2021 (Z1): 116-121.

微平台开发技术

石声波
浙江树人学院

课程学时	64	课程学分	3
适用专业	计算机大类专业	案例获奖	二等奖

一 案例主题

内化于心、外化于行的课程思政教学探索

二 结合章节

《微信小程序开发图解案例教程》 第五部分"移动小程序综合应用开发"

三 教学目标

（一）知识目标

通过综合应用小程序基础、框架体系、组件、API（application programming interface，应用程序编程接口）相关知识和线上线下资源扩展学习，融会贯通所学知识，进行综合项目实践开发。

（二）能力目标

通过项目实践、企业游学、项目竞赛等方式提升团队协作能力、自主学习能力。通过综合应用开发实践，具备在项目开发中发现问题、分析问题和解决问题的能力，提升解决复杂问题的能力。

（三）素质目标

树立正确开发价值观，提升责任意识和工程素养，激发探究工匠精神和自主创新精神。

㈣ 案例实施

（一）课程思政融入的教学内容

本案例主题是综合应用小程序相关知识，进行基于某主题的移动小程序应用开发，可进一步细分为移动小程序应用设计和移动小程序应用实现两个子任务。其中，移动小程序应用设计要求明确移动小程序应用的使用对象，完成移动小程序应用的必要性分析、可行性分析和功能模块分析；移动小程序应用实现要求综合应用组件、API 等模块实现基于某一主题、针对特定目标、具有相应功能的小程序应用。本案例对应课程思政主题"创新"，融入全球视野、工程素养、匠心精神、创新实践等思政元素。

（二）教学方法

通过项目开发、企业游学、竞赛参与等方式融入思政元素，完成小程序综合应用开发。

（三）教学理念

"内化于心、外化于行"：以学生获得感知为中心，以课程核心知识点为依归，将思政元素有机融入各个知识要点和实践应用中，形成以"立志""协同""探究""创新"为线索，层层递进，有机融合的课程思政体系。通过教学，使学生对移动小程序应用的各个知识要点融会贯通，形成课程知识点图谱，并能举一反三，将所学知识应用到具体的分析问题和解决问题中，转化为实际项目实践开发能力和创新应用能力。

（四）教学创新设计方案

1. 模块创新

通过项目开发进行小程序综合应用实践，启发学生根据需求创新功能模块，突出模块创新。

思政案例：结合时事热点（未来社区、智慧康养、文化旅游、非遗传承、"一带一路"等）融合家国情怀、文化自信、科技强国、乡村振兴、全球关切等思政元素，引出基于主题的移动小程序应用开发。

教师引入：结合时事热点，启发学生基于某主题设计和实现移动小程序应用。要求学生确定移动小程序应用的主题设计（应用领域、服务对象、必要性分析、可行性分析等）和功能模块设计（主要功能模块设计及每个功能模块需调用的组件和 API 说明）。

学生讨论：学生根据项目任务，选定小组成员，确定项目主题。讨论并使用思维导图明确移动小程序应用功能模块。

学生实践：小组根据需求分析和功能模块设计，通过微信开发者工具进行移动小程序应用实现。首先明确小程序框架体系，设置目录结构，其后调用相关组件与API，完成相应功能实现。

项目展示：学生完成移动小程序应用开发并进行项目展示，介绍小程序主要功能和设计理念，采用的组件和API实现的功能等。

教师总结：教师对学生项目进行点评，启发学生思考和创新，进一步完善项目作品。

2. 迁移创新

通过企业游学进行小程序综合应用实践，启发学生对微信小程序逻辑和框架举一反三，从微信小程序迁移学习支付宝小程序，突出"迁移创新"思政主题。

思政案例：介绍合作企业蚂蚁集团的发展历程，使学生进一步明确科技创新的重要性。蚂蚁集团起步于2004年诞生的支付宝，经过多年发展，已成为世界领先的互联网开放平台。蚂蚁集团通过科技创新，助力合作伙伴，为消费者和小微企业提供普惠便捷的数字生活及数字金融服务，同时持续开放产品与技术，助力企业的数字化升级与协作。

前期合作：基于教育部产学研合作项目，参与蚂蚁集团等企业游学项目开发活动。

游学实践：采用产学合作专题化项目游学模式，具体实施内容如下。

（1）基础知识回顾和讨论：帮助学生梳理技术路线，掌握开发工具，明确小程序开发逻辑。

（2）企业游学：游学参访相关企业，使学生掌握支付宝小程序应用现状、应用领域及相关应用特色；引入支付宝小程序热点应用和典型应用，给学生启发与思考。

（3）行动学习：学生确定实践项目，帮助学生在练中学，学中练，及时了解学生在实战中存在的问题并解决，加强学生实践创新能力。

实践总结：对游学活动进行总结，明确游学活动收获并对项目进行复盘讨论，进一步归纳创新应用。

3. 应用创新

通过竞赛参与进行小程序综合应用实践，启发学生关注实际问题、解决实际问题，突出"应用创新"思政主题。

思政案例： 引导学生开启全球视野、关注实际问题和热点技术，鼓励学生针对具体问题给出解决方案，并以移动小程序开发来进行应用创新。关注乡村振兴、文化传承、未来社区、数字中国、大健康战略等热点，关注大数据、物联网、元宇宙、区块链、人工智能等新型技术，引导学生思考如何通过应用创新和技术创新解决实际问题，共建美好中国。以文化传承为例，中国是一个非物质文化遗产种类丰富的文明古国。随着我国文化强国战略的提出，人们开始认识到，非物质文化遗产传承的重要性。那么，如何结合热点技术（如元宇宙、大数据、区块链等）创新使用移动小程序应用实现非遗传承呢？

竞赛实践： 通过竞赛引入，实现以赛促学、以赛促教。目前互联网相关学科竞赛均可采用移动小程序实现方式完成应用实践开发。课程竞赛包括全国（省）大学生挑战杯大赛、全国（省）大学生互联网＋大赛、全国（省）大学生服务外包大赛、全国（省）大学生电子商务大赛、浙江省大学生多媒体大赛等。多样化竞赛可以提升学生的综合实践能力、团队协作能力、思维逻辑能力和创新实践能力。

竞赛成果： 自课程思政实施以来，共计获得国家A类竞赛奖项2项（中国大学生服务外包企业命题类三等奖、全国大学生电子商务"创新、创意及创业"大赛传统赛道三等奖）和省甲级竞赛奖项15项。

五 案例意义

"移动小程序综合应用开发"作为"微平台开发技术"课程的综合实践部分，要求学生在充分掌握课程前四部分（小程序基础、小程序框架、小程序组件、小程序API）内容，融会贯通、内化于心的基础上进行外化于行的综合实践。此外，结合家国情怀、文化自信、乡村振兴、科技强国、全球关切等社会热点以及大数据、物联网、元宇宙、区块链、人工智能等技术热点，将思政元素融入"创新"主题，进一步提升学生的综合能力和思政素养。

六 考核评价

"微平台开发技术"课程采用过程和结果相结合的考核方式。过程考核主要依据前四大模块（小程序基础、框架、组件、API）展开，主要考核课程思考和讨论（含思政案例讨论和思考题）、实践操作、课程线上学习（翻转课堂）等相关内容。结果考核主要依据第五部分展开，侧重考核学生综合应用小程序基础、框架、组件、API等知识，融合社会热点进行开发实践和创新应用的情况，主要评分指标包含功能模块设计、组件调用、API调用、整体运行、创新设计等要素。

从目前学生的掌握情况来看，大部分学生能掌握小程序相关知识，结合实际问题实现一定的创新应用。部分学生积极参与实际项目开发和竞赛项目实践，具有较强的实践开发能力和创新应用能力。

七 案例反思

"微平台开发技术"课程通过案例讨论、项目驱动、行业应用、企业游学等方法，将"立志""协同""探究""创新"思政要点与课程知识点有机融合，进行了课程思政实施。从课程评教来看，学生评教成绩处于学院前10%，教学督导评教成绩较高。从学生学习效果来看，课程基本达到教学目的，达成相应知识、能力和素质目标。从课程竞赛来看，课程支撑起计算机大类的主要学科竞赛，学科竞赛进一步取得突破。课程已入选浙江省一流课程、立项浙江省课程思政改革项目且形成思政案例库，为课程思政实施打下扎实基础。通过总结和复盘，课程思政难点在于保持思政案例与时俱进且与教学内容浑然天成，课程引入方法创新有趣且能引发思考和讨论，保持学生参与度，提升学生思维和格局。因此，课程将进一步探索基于SPOC（small private online course，小规模限制性在线课程）的课程思政教学模式，强化翻转课堂的应用；进一步探讨线上线下资源融合、强化校企合作教学团队构建，夯实线上线下、课内课外、校企融合的课程思政模式；进一步融入应用热点和技术热点，提高学生在全球视野下，立足中国，面向浙江提出移动小程序应用的创新解决方案的能力；进一步结合课堂思政实践，明确课程思政实施方案，归纳计算机大类程序开发类课程思政展开的一般要素、理论和路径，探索适用于程序开发类课程的课程思政体系并进行推广。

跨文化交际

楼凌玲
浙江越秀外国语学院

课程学时	34	课程学分	2
适用专业	英语、翻译	案例获奖	二等奖

一 案例主题

求同存异、抱诚守真、互尊互容——跨文化交际中的冲突与应对

二 结合章节

《原理与应用》第五章：跨文化交际在不同领域的应用

三 教学目标

本案例以OBE理念为指导，主要聚焦以下三个层面的教学目标。

（一）知识目标

能够熟悉影响国际商务交流的主要因素。

能够理解并掌握国际交流中应遵循的原则。

（二）能力目标

能够批判性地运用跨文化交际规则分析常见的跨文化交际失败案例。

能够应对跨文化交际过程中出现的冲突并给出解决方案。

（三）情感目标

逐步形成逻辑思维能力、批判思维能力、分析与解决问题的能力，提高语言素养、人文素养与团队协作能力；提高对文化多样性的认识，增强对抱诚守真、互尊互容等优秀品质的重视，拓展全球视野，成为兼具爱国情怀与国际视野的"外语＋"人才。

❹ 案例实施

（一）基本信息

授课时长：2学时线下＋1学时线上。

教学内容：跨文化交际在商业领域中的实现及影响因素、跨文化交际过程中应遵循的原则。

教学方法：新3P教学法、小组讨论法、案例分析法、任务驱动法。

教学资源：自建国家级一流课程"东方遇见西方：跨文化交际之旅"。

（二）教学实施过程

1. 课前线上学习

观看第五章微课视频，完成教师发布的任务1——第五章mindmap（思维导图）填空。

设计思路：此步骤目的在于帮助学生厘清章节要点脉络，完成初步理论学习，为课堂应用输出打好基础。

2. 课中线下教学

步骤1：问题式导入

分享学生自主学习过程中遇到的问题，引出本案例主题，指出解决学生问题需要用到的理论知识。

设计思路：此步骤衔接了线上和线下教学环节，一方面让学生感觉到教师对其课前线上学习所提问题的关注，有效引起学生共鸣和课堂回应；另一方面激活学生已有的知识结构，符合知识建构规律。

步骤2：预习任务检查反馈及概念回顾

采用云班课"随机选人"的方式，检查mindmap完成情况，并根据学生的回答查漏补缺。

而后让学生进行自评（mindmap填空配有分值），并将自评分数上传云班课任务2处。

设计思路：此步骤承接上一步，对线上学习的复习检查和巩固可帮助学生进一步建立理论图式，为后续案例应用做好知识准备。

步骤3：案例分析1"人情还是法律，孰轻孰重"

要求学生阅读案例"人情还是法律，孰轻孰重"，并结合案例后给出的问题进行思考，将自己的分析输入云班课。教师通过云班课选1—2名同学进行口头陈述分享。之后，教师即时给予赋值评价和反馈，并进行总结。

设计思路：从较为简单的案例分析着手，在初步检验学生线上学习成果的同时，指导学生掌握案例分析的正确思路，培养学生的逻辑思维能力与批判思维能力。

步骤 4：小组讨论"设备采购谈判"

观看视频资源，鼓励学生根据视频中的要点思考：如果你所在的公司需要购买一套专业设备，你作为公司代表在和不同国家的供应商谈判时，应分别采取怎样的谈判策略？

以 5—6 名学生为一个小组，展开讨论，并将最终的讨论结果输入云班课中。教师在学生讨论过程中提供必要的引导和帮助。之后，邀请 1—2 组学生口头陈述各自小组的讨论结果。教师邀请学生一道对其本轮表现予以赋值并进行必要的知识补充。

设计思路：步骤 3 和步骤 4 教学活动不仅完成对"跨文化交际在商业领域的实现及影响因素"这个重要知识点的整体建构，也融入了契约精神、包容尊重、求同存异等思政元素。基于学生讨论的结果，可以自然引入下一步教学中"跨文化交际应遵循的原则"的话题，做好衔接过渡，有效贯通。

步骤 5：案例分析 2 "阿拉斯加中美高层对话"

观看"2021 年 3 月阿拉斯加中美高层对话"视频以及"辛丑条约签订"影视资料，要求学生在观看时对比两个视频中反映的中方态度差异，输入云班课的轻直播对话框中。

观看结束后，教师通过云班课选 1—2 名同学进行口头陈述分享。之后，教师即时给予赋值评价和反馈，并进行总结。

相关思考问题如下。

美方在中美高层对话中违反了什么原则？

美方为何公然违反这些原则？

与 120 年前相比，此次中方的态度为何如此强硬？

设计思路：此案例主要涉及跨文化交际中的互相尊重原则。此步骤通过影像资料的直观对比，丰富了输入形式。教师需引导学生对比这两次中西方交锋，思考双方态度变化背后的深层次原因，通过对比让学生感受我国国际地位的提升，增强学生的民族自豪感和自信心。

步骤 6：学生展示

学生课前在完成拓展阅读材料《BBC纪录片：中国老师来了，事实呈现还是哗众取宠》的基础上，思考下列问题。

BBC纪录片反映的中西方教育差异到底是事实还是有夸大的嫌疑？

BBC纪录片采取这种叙事方式的目的是什么？

当我们阅读新闻报道时，应秉承怎样的态度？

每个小组在阅读材料的基础上，收集相关延展资料，形成小组汇报材料。课上，教师挑选1—2组进行小组汇报，并对汇报情况予以评价。

设计思路：此步骤既是对上一节课堂讨论案例的进一步延伸，也顺利引出下一步讨论主题——跨文化交际中诚信的重要性。通过对此案例的探讨，引导学生批判性地看待西方媒体报道，思考西方对华夸大扭曲报道背后的真实意图，培养学生的批判性思维能力、团队协作能力以及自主探索解决问题的能力。

步骤 7：案例分析 3 "BBC纪录片中的中国"

观看视频"如何制作BBC式纪录片"，并思考下列问题。

BBC在纪录片制作中违反了哪些原则？

BBC为何公然违反这些原则？

作为外语专业学生，面对西方媒体的歪曲报道，我们能做些什么改变这样的局面？

观看结束后，以5—6个学生为一个小组，展开讨论，并将讨论结果输入云班课，教师选1—2个小组进行口头陈述分享。之后，教师邀请学生一起对其本轮表现予以赋值，并进行总结。

设计思路：此步骤难度有所提升，对学生提出了运用所学理论解决实际冲突的要求。在此步骤中教师需引导学生思考国外媒体对华不公正报道背后隐含的深层次原因，并思考作为未来的跨文化交际工作者在跨文化交际活动中应坚守的原则，以及外语人的使命与担当。同时步骤6—7将学生的职业素养纳入课程教学"专业＋思政"框架下，通过分析BBC纪录片对中国的失实报道，使学生认识到作为新外语人在跨文化交际中发出中国声音的重要作用，激发学生学好专业为祖国发展服务的动力，也为之后要布置的课程活动以及课后作业做好了铺垫。

至此，基于步骤5、步骤6、步骤7，完成了关于"跨文化交际过程中应该遵循的原则"的知识性教学目标，也融入了共情、平等、尊重、实事求是等思政元素。

3. 课后作业布置

完成反思作文"站在国际舞台 发出中国声音"；完成本章云班课上的测试；预习第六章微课视频，完成第六章思维导图。

设计思路：基于课堂上大量的口头输出，布置反思作文，并于期末汇集整理成学习反思档案，不仅对学生的语言能力提出了进一步的要求，实现了教学目标的梯度性，也为学期论文积累了素材。作文主题将理论知识与国家建设、最新时政、职业素养等思政元素有机融合，可以增强学生的爱国情感、文化自信和主人翁精神。测试旨在让学生对课程理论知识进行自评检测，与课程教学整体形成闭环。预习任务则是为下一章教学进行知识储备，贯彻线上线下混合式教学的模式。

五 案例意义

教学设计中的案例来源丰富多样，包括国内外新闻媒体报道、优酷、哔哩哔哩（简称B站）、抖音等流媒体网站、行业案例等。案例涉及的主题丰富，时代感强，思政特色鲜明，能够充分调动学生的学习兴趣，引导他们了解外部世界和关心国家大事，也与他们的日常生活和未来职业发展有紧密的联系，能够提高他们讲好中国故事的能力。

案例设计上不仅考虑知识点的契合度，而且充分尊重学生的学习规律。案例安排层层深入，从简单案例入手，逐步过渡到综合性案例，最后结合实事引导学生活用所学知识分析、解决当下社会中出现的问题，这充分体现了"跨文化交际"课程新兴综合性学科的课程特点，凸显了应用型、国际化、复合性的专业特色，也符合浙江越秀外国语学院外语类应用型普通高校的定位。

六 考核评价

课程采取基于新3P的混合式教学模式，其考核比例设置见图1。

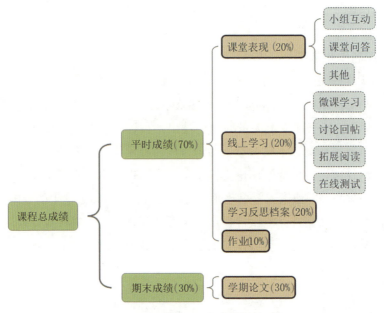

图 1 "跨文化交际"课程考核方式

课程采取动态化、常态化、滚动式的形成性评价模式。课程思政不作为独立评分板块，而是有机渗透于整体评价中，在课堂活动、作业布置、学习反思档案的评价标准中融入思政元素，使整体考核分数渗透思政的评价成分。考核的关键在于前期梳理思政目标、细化思政模块、设计活动内容和作业布置，将学科能力和个人素养综合融入测试中。

期末采取学期论文的方式，要求学生在平时积累的反思档案的基础上，结合相关案例展开分析，将知识考核与道德素养、思辨能力培养有机融合，体现教学手段在教学考核中的作用，践行一以贯之的教学理念，实现以考核促进课程思政的目的。

七 案例反思

（一）实施效果

课程通过系列案例，探讨了跨文化交际中互相尊重与诚信原则的重要性，帮助学生培养批判思维能力，以及诚实守信、客观公正的处世态度，也让学生真切感受到祖国的日益强大，增强了学生的民族自豪感与自信心。

课程实施上基于新 3P 教学法，课中通过案例分析、小组活动完成了口头陈述目标，课后要求学生根据课中陈述及时总结反思，形成学习档案，从而为期末论文打好坚实基础。课程活动设计遵循学生认知发展规律，层层深入。线上线下混合式教学大大增加了信息的输入量，给学生更多的互动和输出机会，做到真正以学生为主体，有助于课程思政效果的内化。

思政元素的选择和切入做到了与课程内容结合，与国家建设和时事政治同轨，将理论学习、专业学习和思政教育有机融合，在传授知识、提高技能的同时潜移默化地实现价值观培养。

案例研究和任务式教学增强了学习效果。学生们对热点话题很感兴趣，并进行了激烈的讨论。虽然他们的观点有时还不够成熟，但他们的爱国主义热情被极大地激发起来。课上的口头输出、云班课文字输出以及课后的笔头输出体现了任务的产出成果。

（二）不足之处

课程输入信息量较大，对学生的理解分析和表达能力要求较高。在时间和节奏的把控上稍有不足。

（三）下一步提升计划

下一阶段，将以"国家级一流课程"建设为抓手，以"省级课程思政基层教学组织"为依托，狠抓线上课程思政资源建设，丰富课程思政实现途径，并带动全校课程思政建设氛围，形成辐射示范效应。

建筑构造 -2

姚建强
浙江理工大学科技与艺术学院

课程学时	32	课程学分	2
适用专业	建筑学	案例获奖	二等奖

● 一 案例主题

匠心为本，诗意建造

● 二 结合章节

《违背构造（下册）》第 4 章"工业化建筑构造"（4.1 基本概念、4.2 专用体系，2 学时）

● 三 教学目标

（一）知识目标

了解工业化建筑的基本概念及发展概况，熟悉工业化建筑体系和构造原理，掌握工业化建筑构造设计的原则、方法和步骤。

（二）能力目标

正确理解建筑与构造的关系。在建筑设计中能够进行工业化建筑专题方向的深化，基本具备完成工业化建筑构造设计并绘制建筑施工图的能力。

（三）素质目标

培养一丝不苟的工作作风、吃苦耐劳的劳动精神、勇于探索的科学精神；注重强化工程伦理教育，培养精益求精的大国工匠精神，激发技术报国的家国情怀和使命担当；培养具有人文与绿色理念，以匠心为本，探索"诗意建造"的创新型人才。

㈣ 案例实施

教学内容：了解工业化建筑的基本概念及发展概况，熟悉工业化建筑体系和构造原理。

育人目标：培养工匠精神、探索"诗意建造"。

教学方法：案例分析、文献引用、原理讲授、专题讨论。

（一）"课程思政"教育内容

1. 火神山、雷神山医院建设案例——彰显中国力量，突出大国建造

以2020年春节前后武汉火神山、雷神山医院快速建设为例，彰显中国力量，突出大国建造（即大量运用装配式建筑、智慧建造等前沿技术），引发学生共鸣，激发学生的爱国之心、报国之情。

2.《营造法式》的模数制设计方法——传承传统技艺，弘扬建筑文化

《营造法式》提出了一整套木构架建筑的模数制设计方法。凡设计和建造房屋，都要以"材"为依据。"材"有八个等级，可以按房屋的种类和规模来选用。

3. "专用体系"构造原理——探索"诗意建造"，培养工匠精神

传统木构建筑，独特榫卯结构，将预制木框架（抬梁式、穿斗式）严丝合缝地一体化组装，"墙倒屋不塌"，实用、安全、美观，堪称"诗意建造"。"诗意"体现了建筑的艺术性，"建造"则概括了建筑的技术性。以装配式建筑、智能建造为标志的现代建造方法，也极大地影响着建筑的设计和外观，并充分展现了建筑美学价值。

4. "建造方式"专题讨论——强化伦理教育，践行绿色低碳

议题包括建造方式演变（比较）、工程安全、绿色低碳。

（二）教学方法与举措

1. 案例分析，关注大事件

武汉火神山、雷神山医院建设案例——激发共鸣，讲解工业化建筑的含义及其必要性。

2. 文献引用，拓宽知识面

《营造法式》的模数制设计方法——引经据典，阐述基于模数协调的工业化建筑特征。

3. 原理讲授，多媒体教学

"像造汽车一样造房子"——利用多媒体教学手段，结合专用体系的典型实例，突出重点（装配式建筑）和难点（节点构造），深度讲解专用体系建筑构造原理及其应用。

4. 专题讨论，研讨式教学

"建造方式"讨论——比较"建造方式"的差异（如传统木构建筑—砖混建筑—大板建筑—盒子建筑），强化工程伦理教育，践行绿色低碳。

（三）具体实施过程

1. 基本概念（20分钟）

（1）含义：用现代工业生产方式和管理手段代替传统的、分散的手工业生产方式来建造房屋。

（2）特征：标准化设计、工厂化生产、装配化施工、信息化管理。

（3）体系：专用体系、通用体系。

2. 专用体系（60分钟）

（1）原理讲授（40分钟）。

充分利用多媒体教学手段，结合专用体系的典型实例，讲解专用体系建筑的构造原理及其应用。其中大板建筑、框架板材建筑、盒子建筑为重点内容。

砌块建筑：与砖混建筑相似。砌块尺寸大于普通砖，砌块排列设计。

大板建筑：全装配式建筑，难点为板材连接（干法连接、湿法连接）、外墙板的接缝防水构造（构造防水、材料防水）。

大模板建筑：大模板现浇楼板和墙体。

框架板材建筑：框架+板材，难点为构件连接（梁与柱、梁与板、板与柱）。

滑模建筑：重点为"外框架核心筒体滑模"（塔式高层建筑核心筒施工方式）。

升板建筑：板柱结构（无梁），板与柱连接（柱帽）。

盒子建筑：盒子是一种空间结构，装配化程度高、施工速度快，分为有骨架的盒子构件、无骨架的盒子构件。盒子建筑的组装方式灵活多样。

（2）专题讨论（20分钟）。

建造方式——与传统施工相比，装配式建筑可节省40%的施工时间。

工程安全——装配式建筑抗震等级可达九级。

绿色低碳——装配式建筑可循环利用率一般达 70%。

五 案例意义

（一）人文为脉，培育核心价值观

根据构造课程知识面广的特点，结合育人目标，从建筑发展、国内国外以及建筑历史等角度，增加课程的知识性、人文性；挖掘提炼构造课程体系中所蕴含的思想价值和精神内涵，拓展课程的广度、深度和温度，提升课程的引领性、时代性和开放性。

（二）匠心为本，培养工匠精神

如果建筑方案设计是拓展性工作，那么建筑构造设计就是细致性工作。因此构造设计需要培养学生持之以恒、精益求精的工匠精神，探索"诗意建造"。

（三）规范为矩，强化工程伦理

构造课程涉及较多规范标准，因此教学过程以建筑标准、规范、图集等技术文件为准绳，结合典型案例准确阐述构造原理及其设计应用，培育规范意识，强化工程伦理，突出社会责任感。

六 考核评价

通过构造课程学习，学生能基本应对高层建筑等复杂公共建筑的构造技术问题，高质量完成后续的建筑设计课程。

考核注重过程与结果，知识与技能、素质并重。2021 年"建筑构造-2"课程考核优良率为 40.8%。考核方式与考核权重为：课堂表现 15%、平时作业（参观调研、构造设计、课堂讨论）35%、期末考试 50%。平时作业考核内容包括：课外调研高层建筑（完成 2 个以上案例调研，提交报告）；参观图书馆防烟楼梯间（现场勾画防烟楼梯间平面图）；幕墙/吊顶装修构造设计（完成幕墙、吊顶装修构造设计，提交 2 张以上 A3 图纸）；课外调研大跨度建筑（完成 2 个以上案例调研，提交报告）；课堂讨论"建造方式"（准备材料、搜集论据、进行思考、积极发言）。

七 案例反思

（一）实施效果

"建筑构造-2"融合课程思政，让学生感受建筑发展变化，领略我国建筑魅力；培养学生精益求精、严谨的工匠精神；引导学生重视规范学习，强化工程伦理，培育社会责任感；帮助学生树立绿色、低碳建筑理念。

（二）教师反思

第一，专题化教学，通过比较（装配化程度）、抓难点（构件连接）、结合典型实例深度讲解工业化构造原理。

第二，关注大事件（如火神山、雷神山医院快速建设），体察国情社情、感受技术发展。

第三，人文为脉，课程教学引用《营造法式》等文献以及其他传统建筑形制、典故等激发学生的学习兴趣，提高学生的专业水平，弘扬传统建筑文化。

第四，讨论建造方式演变（传统木构建筑—砖混建筑—大板建筑—盒子建筑），树立低碳建造、智能建造理念，探索"诗意建造"。

（三）学生反馈（学评教 4.832）

学生甲评价：以往的建筑设计纯粹为了表现自己的构思，现在认识到构造设计是细致性工作，需要精雕细琢的工匠精神。

学生乙评价：构造课注重人文内涵，围绕建筑构造有较多的知识联想与扩展，变枯燥为生动，提高了专业学习的兴趣。

学生丙评价：通过构造课程的学习，有幸与老师面对面交流，弄懂了不少建筑的细节，夯实了自身的建筑专业素养基础。

课程思政教学优秀案例

高职组

课程思政教学优秀案例 一等奖

学思砺新 明德润越

移动电子商务

姚雨婷
浙江工业职业技术学院

课程学时	30	课程学分	2
适用专业	电子商务	案例获奖	一等奖

⚊ 案例主题

"香"约稽东，"榧"同凡响

数字赋能香榧营销，助力乡村振兴、共同富裕——以H5营销实施为例

⚋ 结合章节

《移动电子商务》项目五"移动营销"中的"H5营销"任务三模块

⚌ 教学目标

（一）知识目标

（1）熟悉H5（Hyper Text Markup Language，HTML5，第五代超文本标记语言）营销实施的三个步骤：前期策划、页面制作、页面推广，理解每个步骤的实施要点、难点。

（2）理解品牌用户需求和H5营销内容之间的融合匹配问题，能够使用合适、合理的内容、形式解决用户营销痛点。

（二）能力目标

（1）能根据具体的品牌、产品和客户的营销需求进行前期规划，根据营销痛点选择具体的H5营销内容、形式和推广途径，为用户进行个性化定制。

（2）针对H5页面中的内容，结合PS、Flash、视频剪辑、小游戏制作等软件进行部分素材内容的原创。

（三）素质目标

（1）通过H5营销实施项目知识点的学习，激发学生积极探索、不断创新

的科学责任感，培养团结协作、用户至上、爱岗敬业的职业道德感，树立实事求是、具体问题具体分析的求真精神等。

（2）通过稽东香榧数字化营销项目案例的渗透，深刻体会到移动电子商务、数字赋能对于我国乡村振兴、实现共同富裕的重要意义，能更好激发学生的历史使命感。同时，"绿水青山就是金山银山"，在进行生态开发的同时，我们也要爱护大自然，培养绿色生态意识。

（3）通过H5营销实施过程的全程参与，让学生认识到自己所学的专业和知识在实际生活中的伟大意义，大大增强学生的专业认同感，也让学生认识到科技改变世界，只有与时俱进、开拓创新，才能勇立时代潮头。

四 案例实施

（一）教学实施前

1. 学情分析

（1）知识经验分析。本案例课程授课对象为电子商务专业二年级学生，此前他们已经学习了电子商务专业的大多数基础课程，包括"电子商务实务""电商运营"等，以及"移动电子商务"等衔接性较强的课程，基本掌握了电子商务的发展现状、基础技术手段、常见营销方法，以及常见的移动电子商务商业模式、电商平台的日常运营和管理方法。

（2）学习能力分析。移动电子商务是电子商务的发展前沿，特别是"移动营销"更是有其独特特点，对于学生的创新能力、动手操作能力、统筹规划能力、团队沟通配合能力要求较高。学生已具备了电子商务的常见基础技能，包括图片、视频、音频的处理，电商平台的装修、美工和运营，但是都比较"傻瓜式"，大多有现成的模板和套路，对于移动电子商务的真实场景营销方法，为客户定制解决方案、实施项目案例的能力还是较为欠缺，按照OBE理念要求，需要结合实际案例进行训练和提高。

（3）思想状况分析。学生在课堂上学到的大部分是课本理论知识，对于品牌实际营销策划的实战经验不足，创新能力、操作能力、统筹规划能力较弱，刚开始做真实的案例实施时容易存在畏难抗拒心理。学生没有经历过职场，对于如何进行团队协作、有效沟通尚无经验，容易产生矛盾冲突。大学生作为一个在"象牙塔"里的群体，平时关注的面较窄，对于我国乃至整个世界在经济、社会等层面发生的变化知之甚少，对移动电子商务的历史性作用也认识不足，普遍缺乏大局观。

2. 教学方法

"乡村运营师"沉浸式案例实施教学法、团队协作法、同屏演示法、项目汇报法。

3. 教学媒介

希沃白板同屏软件，"易企秀""稿定设计"等设计软件，蓝墨云班课平台，智能手机，台式电脑等。

4. 教学资源

本案例思政素材和元素——绍兴"稽东香榧""稽东生态旅游"大案例：

（1）数字赋能、乡村振兴、实现共同富裕。

（2）"绿水青山就是金山银山"，绿色生态意识。

（3）移动互联网科技改变世界，不断创新、与时俱进。

（4）专业认同感，团结协作、用户至上、爱岗敬业的职业道德感，实事求是、具体问题具体分析的求真精神。

思政相关拓展素材：

（1）"学习强国"系列慕课《"互联网＋"创新应用》：勇立时代潮头，科技创新，奋发求索。

（2）林军、胡喆著：《沸腾新十年：移动互联网丛林里的勇敢穿越者》（上下册），电子工业出版社，2021年9月出版。

（3）B站乡村振兴云讲堂系列视频，如《数字中国》《智慧乡村——移动互联网赋能乡村振兴》。

（4）自媒体账号"所长林超"：移动互联网、变革、科技等相关主题（视频来源：B站、微信视频号、小红书等）。

（二）教学实施中（课堂教学）

任务三　H5营销的实施——绍兴稽东香榧的H5营销实施案例全分析。

1. 案例背景回顾（教师引入）

绍兴是中国的"香榧之乡"，会稽山区独特的气候养育出了珍贵的香榧果实。绍兴稽东镇是全球重要农业文化遗产——绍兴会稽山古香榧群的核心产区，拥有树龄100年以上的古香榧树2.89万棵，500年以上的1022棵，1000年以上的21棵，每年产出香榧干果约450吨，涌现出了"山娃子""越州"等一批著名品牌，为稽东镇全年的营收和当地村民的收入做出了很大贡献。

2021年中秋前后是香榧收获的季节，老师为了响应乡村振兴和共同富裕使命，对稽东镇香榧生产销售情况进行了实地调研，发现其营销存在三个痛点：

（1）香榧本身的知名度还不够高，许多外地消费者从来没吃过香榧，也不知道香榧是什么，目前购买的绝大多数是绍兴本地消费者。

（2）绍兴"稽东香榧"的品牌特色不强，需强化品牌特色。

（3）拓宽"稽东香榧"的宣传渠道和宣传力度。

就以上案例背景和品牌的营销痛点，请为绍兴"稽东香榧"2021年秋天的营销做一次H5营销推广。H5营销就围绕这个案例展开。

2. 课前预学问题并回答（教师提问，学生回答）

问：H5营销的实施步骤分为哪三步？

答：前期策划、页面制作、页面推广。

问：前期策划主要有哪些要点？

答：确定标题、确定内容、确定形式。

问：H5页面制作可以选择哪些工具？

答：主要在用的有MAKA在线设计平台、易企秀、初页等。

问：主要的页面推广方法有哪些？

答：微信公众号图文群发推广、微信群推广、线下二维码推广，微博、抖音、小红书平台用户推广，主播推广等。

3. 如何对"稽东香榧"案例进行H5营销的具体实施

（1）前期策划。确定标题：吸引用户关注、突出产品特点、增加创意。根据学生在课前预习案例讨论（互学）过程中所提出来的一些主题，教师上课挑选部分有特色、有创意的进行分享。例如，"2021年秋天的第一颗香榧""秋榧飘香，文旅稽东"等。确定内容：图文并茂、用户互动、符合产品本身定位，解决痛点。学生团队根据自己定下的营销主题，结合老师给定的三大营销痛点，进行文字、图片和视频等材料的提前准备。这些材料可以来自实地考察获取，也可以来自网络资料查找搜集。重点突出三个痛点分别通过哪些内容来解决。确定形式：幻灯片、小游戏、海报等。具体形式以趣味性和互动性为主，做的图片不仅仅是网络上找的素材，还要结合之前学习的PS、Flash、视频剪辑软件等基础技术课程，自己设计图片、视频等。互动和游戏可以借鉴网络上一些好的构思，结合进去。

针对第一个痛点，蓝墨云班课学生部分精彩回复摘要：

全球重要农业文化遗产——绍兴会稽山古香榧群；

跟其他坚果在外形、吃法、口味、营养价值等方面的比较；

推出试吃小份的 9.9 元包邮的"试吃装"，供消费者体验。

针对第二个痛点，蓝墨云班课学生部分精彩回复摘要：

对稽东镇独特的香榧生长环境进行详细描绘，不仅宣传了"稽东香榧"，也让消费者了解了稽东镇的地理和文旅特色，带动其他农特产和民俗文旅的发展；

为"稽东香榧"设计一个可爱的小 logo，例如"稽小榧"，增加人们对于品牌的兴趣和记忆。

针对第三个痛点，蓝墨云班课学生部分精彩回复摘要：

创建自身的公众号、抖音号，并结合政府官方的宣传平台；

请品牌形象代言人，或者跟一些有影响力的平台（如抖音、小红书、微博等）、主播（以食品吃播类的主播为主）合作。

（2）页面制作。每个小组选一个同学上来演示 H5 营销页面的制作（半成品），使用希沃同屏软件，主要讲解调研、创作过程中的想法，如何解决营销痛点，对于乡村振兴、共同富裕、美丽中国的相关感悟。

（3）页面推广。每个团队通过微信公众号图文群发推广（如"榧想稽东"微信公众号，柯桥区、绍兴市、浙江省部分文旅相关的微信公众号），微信群推广（主要是微商营销这部分，探索发现日常食品、日用百货相关的微商大群），微博达人、抖音主播带货（除了香榧专门的抖音账号直播带货之外，还要跟流量主播进行合作带货），小红书用户推广（主要与一些美食用户进行合作）。

4. 课堂小结及课后任务布置（教师布置）

（1）课堂小结。

（2）课后任务布置。除了香榧这个特色以外，稽东镇的生态旅游也如火如荼。稽东镇以"农业＋旅游＋网络"的模式引导特色农业基地向休闲旅游观光园区发展。红豆仙霞景区，月华山养心谷，裕民蔬菜体验式"家庭农场"，冢斜、裘村的历史文化村落建设等。金秋十月，正是旅游的好时节，请大家以团队为单位，以"乡村运营师"的身份，积极进行实地考察，并结合网络上搜集到的素材，为稽东镇的生态旅游做一次 H5 营销宣传。可以自选角度、形式。

5. 专业知识与思政的融合说明

在教学实施前，对稽东镇进行了线上线下的全面调研。在课前任务布置时，积极鼓励学生进行实地考察。部分小组进行了前期的线上线下调研，调研之后不仅对稽东香榧有了深入了解，也对稽东镇的乡村建设、生态旅游发展现状有了很好的了解。许多学生表示毕业后做一名"乡村运营师"也很不错，充分体现了OBE理念——基于学习产出的教育所产生的良好效果。

通过解决绍兴"稽东香榧"营销中存在的三个痛点，也让学生树立了实事求是、具体问题具体分析的求真精神；通过团队分工协作、搜集资料、讨论实施方案，培养了学生团结协作、爱岗敬业的职业道德感。此处也体现了OBE理念。

通过"稽东香榧"H5营销案例的全程分析和制作，学生走近了绍兴稽东镇和稽东香榧，体会到了移动电子商务、数字赋能对于我国乡村振兴、建立共同富裕示范区的重要意义，加深了对"绿水青山就是金山银山"的认识，更好地激发了学生的历史使命感，同时让学生认识到自己所学的专业和知识在实际生活中的意义，认识到科技改变世界，只有不断创新、与时俱进、不断求索，才能勇立潮头。

（三）教学实施后

1. 全体学生进行课程思政问卷调查

为了了解学生经过课程学习，对于课堂教学、课程思政融合的认知、接受、吸收等情况，特设计思政问卷调查表，覆盖范围为所有授课学生。问卷从课程思政对于提升学生课堂学习兴趣和效果、融入的思政元素与所学知识的关联性、思政元素讲解的接受程度、课程思政融合教学对自身帮助较大的部分等角度出发，共设计11个问题。

2. 抽样部分学生进行课程思政访谈

课程思政访谈采用抽样调查法，选取3—5组团队进行访谈，每组访谈时间半小时左右，设置5个问题，点对点深入了解课程思政的教学效果。例如，本次移动营销、H5营销的访谈问题如下。

（1）我们最近学习了项目五"移动营销"，特别是昨天刚学的"H5营销的实施"这个模块，通过"稽东香榧"的案例实施融入课程思政元素，整体上你觉得有什么样的收获？

（2）我们在课程实施过程的前、中、后都设置了课程思政相关的内容和素材，你觉得哪一部分的融合最令你印象深刻？

（3）"乡村振兴、共同富裕""绿水青山就是金山银山""科技创新""移动互联网"等热议话题，你们平时在关注吗？通过这次学习，有没有更多的收获？

（4）你们在团队协作、沟通协调的过程中有没有遇到问题，是怎么解决的呢？

（5）通过这次案例的实施，你们对于自己所学的专业有没有一些新的认识？对今后的职业发展规划有何新的想法？

五　案例意义

本案例紧紧围绕"如何利用H5营销的实施来解决稽东香榧移动营销过程中存在的痛点，从而助力稽东镇的乡村振兴、共同富裕"这一命题，抓住数字赋能农产品营销和新时代我国基本国情国策这两个维度，紧扣H5营销三步实施方案设计这一核心能力，引入真实案例背景，以学生团队为主体，充分体现OBE理念，完成教学实施。

本案例从课程实施的前、中、后三个时间维度上都设置了课程思政融合的内容，使得整个案例教学的实施一气呵成，前后融合。课程实施前，授课教师对案例教学的思政融合进行了充分的教学设计，并通过蓝墨云班课发布了相关的稽东镇香榧营销和生态文旅建设实地调研、案例分析、相关技能要求和准备工作；课中通过稽东香榧案例的引入、学生预学效果评价、H5营销知识点讲解、学生团队操作实施、学生汇报等过程，把数字赋能、乡村振兴、共同富裕、科技创新、团队协作等元素融合进去，取得了不错的教学效果。

六　考核评价

根据"移动电子商务"课程多元化评价方式，针对授课目标和内容，结合课程思政的素材和元素，设计了如下基于教学全过程和学生参与的教学实施考核评价量表，从工作能力、工作态度、H5页面制作和小组汇报4个一级指标、12个二级指标制定相应评分标准，从自评、团队互评、教师评三个方面对本案例的实施过程进行全方位的考核评价。

经评价考核，得出如下教学目标达成情况的结论。

第一，平台数据显示，93%以上学生掌握了H5营销实施的三步骤过程的要点，领会了移动营销与稽东香榧营销相融合的内涵，并能解决其营销过程中存在的痛点，达到知识目标。

第二，学生能够在稽东香榧H5营销实施过程中体会到稽东特色文旅和乡村振兴的独特魅力，融入H5营销设计的全过程，将理论知识、专业技能、团队协作有机整合，达到能力目标。

第三，通过沉浸式真实案例教学环境的打造，激发了学生对乡村振兴、共同富裕、生态中国发展建设的责任感与使命担当；让学生树立了"移动互联网科技创新、不断探索、勇立潮头"的职业理想和专业认同感；通过团队合作，制作方案，强化了学生的团结协作、实事求是、少数服从多数的团队集体主义思想，达到素质目标。

七 案例反思

（一）整体效果和评价

本案例课程思政教学受益学生为2019级电子商务专业1、2、3、4班的学生，合计200余人。综合考量学生课前、课中、课后学习情况，采用学生、同行、督导评价相结合的多元化课程思政考评机制，本案例课程思政教学取得了良好的教学效果。

第一，根据学生在每个项目课前、课中、课后的考查评价成绩，2019级电子商务专业学生较往届学生在课程学习的积极主动性、团队工作效率、工作质量、团队沟通合作、责任心、问题的解决等方面的成绩提升了12%以上，说明课程思政的融入在提升学生的团队精神、学习态度、积极性等方面有明显效果。

第二，根据学生课后的问卷调查结果，93%的学生表示H5营销项目实施课程思政对于提升课堂学习兴趣和效果非常有帮助，并且融入的思政元素与所学知识关联性非常密切；98%以上的学生通过课程项目的思政融合教学，在思想认识、家国情怀、职业理想、社会责任感、历史使命等方面有了很大提升；96%的学生认为教师在进行课程思政授课时注重言传身教，向学生传递正能量，令人敬佩；97.5%的学生对课程思政教学效果的整体评价非常满意。

（二）存在的问题及优化路径

第一，H5营销实施过程中，个别学生参与团队讨论、实施任务的热情不高。由于不同学生在学习基础、学习习惯、学习态度以及个人性格等方面存在差别，团队学习时学生的参与积极性也存在差异。针对这一问题，在后面的教学中要更加重视小组团队学习的情况，增强学习仪式感和纪律性，重点加强对积极性不高的学生的人文关怀和心理抚慰，通过小组"网格化"管理，形成小组学习"日历"，详细记录学生小组学习情况，及时跟进与调整教学策略。

第二，学生将理想信念要素与移动营销相结合的能力还有待提高。学生因缺乏实际工作经验，而且不是所有团队都进行了稽东镇的实地调研，所以对稽东香榧以及稽东镇的生态文旅情况了解不够深入，在 H5 营销实施过程中对于素材的营销效果方面还存在欠缺；同时学生由于身处高校"象牙塔"，对党史、国史、时事政治的关注度和理解度都还有所欠缺，缺乏将"理念"与移动营销相结合的能力。针对该问题，后续将继续收集移动营销优秀案例，形成案例库供学生研究学习，并鼓励学生通过课后的实地调研等拓展活动进一步强化综合设计、运用能力。

食品标准与认证

过尘杰
浙江农业商贸职业学院

课程学时	30	课程学分	2
适用专业	绿色食品生产技术	案例获奖	一等奖

一 案例主题

地理标志变"土"为"宝"

二 结合章节

项目三"三品一标"认证《食品标准与法规》第七章"管理地理标志产品认证"（任务驱动）

三 教学目标

（一）知识目标

（1）了解地理标志产品的基本含义。

（2）了解地理标志产品认证的基本程序。

（3）了解地理标志产品认证的标准。

（4）理解认证地理标志产品的意义。

（二）能力目标

（1）能够准备并开展地理标志产品认证申报工作。

（2）能够将地理标志产品认证应用于现代农业生产，提高产品品质，促进农产品高质量发展。

（三）素质目标

（1）树立正确的职业观，了解行业信息，建立专业自信。

（2）培养农业热情，激发服务"三农"意识。

（四）育人目标（价值引领）

（1）了解知识产权的内涵，形成保护知识产权的意识。

（2）热爱家乡，热爱传统文化，激发民族自豪感。

（3）热爱农业，理解乡村振兴战略，立志于服务"三农"，服务脱贫攻坚。

四 案例实施

本案例课程实施思政建设的主要方式是以学生为主体，以课程知识点解析为基础，结合案例分析，以问题讨论和启发式教学的方式将思政元素融入专业知识点中，寓德于教，润物无声。

以此教学设计思路为基础，结合课程内容，课堂教学实施过程如下。

（一）新课学习，原理讲解（理论学习）

所谓的农产品地理标志，是指标示农产品来源于特定地域，产品品质和相关特征主要取决于自然生态环境和历史人文因素，并以地域名称冠名的特有农产品标志。《中华人民共和国民法典》明确规定，农产品地理标志属于重要的知识产权之一。

授课教师在讲授农产品地理标志概念这一知识点时，明确地理标志的知识产权属性，并由此进行延伸拓展，对知识产权的基本概念和典型特征进行讲解。学生学习基本概念的同时，对知识产权有所认识，逐渐形成保护知识产权的意识，增强法治意识。

（二）案例分析，全面引导（情境观摩）

做好农产品地理标志工作具有重要意义，是发展特色农业和品牌农业的有力抓手，是满足人民群众日益增长的美好生活需要的重要保障，是实现扶贫富农的有效手段。通过视频《加强地理标志农产品保护，推动构建产业新发展格局》引入，从产业发展、品牌打造、助农增收三个角度，帮助学生直观感受地理标志农产品保护工程实施以来的成效，学习地理标志如何变"土"为"宝"。结合地理标志农产品"十三五"期间的整体成就，用实实在在的数字（新增登记、就业增长率、人均增收等），见证变"土"为"宝"的成果，让学生对"一个地理标志农产品，带动一个产业，富一方百姓"有更深刻的感受。

以"绍兴黄酒"为例，教师通过讲解绍兴黄酒的品质特点与文化典故，让学生进一步加深对地理标志概念的理解，并对绍兴的传统文化与特色食品有所了解。同时，引入"因冒用'绍兴黄酒'地理标志证明商标而获刑"这一新闻事件，通过小组讨论的形式引导学生了解并掌握地理标志对于保护地方特色产品的重要意义，并在此过程中树立法律意识与职业道德。

教师在讲授实施农产品地理标志保护的意义这一知识点时，利用视频、案例、讨论等方式，激发学生的学习兴趣，提高学习效果，同时点燃学生的服务"三农"的热情，志愿服务"三农"。学生在学习过程中，既有老师的讲解，又有视频的感染、数字的冲击，从多维度、多感官接受价值引导，从而产生价值共鸣与认同。

（三）分享探讨，自主感知（范例迁移）

学生分享一种自己家乡已经登记地理标志保护的农产品。根据学生家乡所在地进行分组，来自相同或相邻地市的2—5人组成一组，选择一种当地的地理标志农产品，讲述该农产品成功申报地理标志保护的人文历史因素、自然环境因素、品质特征，以及如何变"土"为"宝"，甚至对地方经济产生影响等内容。

在学习课程相关的理论知识后，以分享汇报的形式考查学生对主要知识点的掌握情况，同时发挥学生的主观能动性，将理论知识应用于实践。小组形式的团队合作，是对学生综合素质能力的进一步锻炼与提升。学生在收集素材与分享演讲的过程中不断加深对家乡特色农产品、家乡历史文化以及家乡发展现状的了解，提高对地理标志保护成效的认同，并油然而生对家乡、对"三农"、对中华民族传统文化的自豪感。

（四）教学总结（效果回馈）

通过学生座谈、教学评价等途径得到回馈。了解学生学习情况，包括对于专业知识的掌握程度，对于教学方式的接受程度，对于思政元素的感悟程度，以及对课程教学的意见建议等。及时将反馈意见进行梳理、整合，并有针对性地调整教学设计。

本案例通过理论知识讲解、具体案例分析、应用拓展练习三个基本教学环节，结合视频、案例、讨论、分享等多元化的教学手段，有效提高学生的学习兴趣与学习效果。在恰当的知识点融入对应的思政元素，与课程原有教学设计基础相辅相成，寓德于教，润物无声。本案例"农产品地理标志"的教学，不仅让学生学会了利用食品（农产品）标准体系规范生产过程，保障食品安全，提高食品（农产品）附加值，更让学生感受到地方特色产品、环境、文化的魅力，感受到中国传统文化与现代农业技术的交相辉映，同时还对弘扬乡村振兴战略与未来投入"三农"建设有了自觉的认识，对本专业也有了更强烈的认同感。

五 案例意义

（一）精化课程设计，实现价值认同

深入挖掘的思政元素与专业知识点的契合度较高，学生容易接受。精心设计课堂教学，融合信息化教学手段，真正实现课程思政"如花在春、如盐化水"的育人效果。

（二）激发学习兴趣，提高专业自信

课程思政元素的融入，结合案例、视频等多种元素，以多样化的教学方法为载体，让原本抽象的知识点变得生动具体，有利于激发学生的学习兴趣，提高学生的课堂参与度，同时也加深了学生对行业和职业的认同感与自信心。

（三）坚持以身作则，提升教学能力

正所谓"教学相长"，为了达到较好的课程思政教学效果，教师需要树立思政教育理念，提高自身思政素养，并且需要在课前进行更充分的准备和学习，专业知识的深度和广度也由此不断拓展，教学水平整体提高。

六 考核评价

建立全程化、多元化的课程评价体系，围绕学生的"学习态度、价值取向、职业道德认知、团队协作、实践活动、创新思维"等评价指标进行综合评价，并在评价过程中增加思政教育考核要素的比例，坚持做到以下几点。

（一）考核内容多样化

考核坚持过程性评价与终结性评价相结合的形式。终结性评价要体现课程思政知识点。过程性评价则引入思政指标作为原则性评价指标，在此基础上充分考虑学生的课堂表现、课后作业、小组讨论与任务的完成情况等几方面因素，权衡各项考核指标的比重。

（二）评价主体多维化

本案例课程小组任务评价为自评（30%）、互评（30%）和教师综合评价（40%）相结合的评价体系，且由师生共同制定与运用评价标准，做到教中有

学，学中有评，既有利于保证评价的全面性、公平性，也有助于实现教、学、做、评一体化。

（三）评价方法信息化

利用信息化手段，如课程平台的评分与记录等功能，提高过程性考核的时效性与准确性。

（四）考核分值动态化

营造比、学、赶、超的学习氛围，在完成每一章的学习后，及时记录、统计学生得分。

七 案例反思

（一）课程思政实施策略

课程思政教学主要存在两大难点，即专业知识与思政元素"两张皮"的现象，学生学习兴趣低、教学效果差的问题。为此，确立如下课程思政建设的基本策略。

1. 秉持寓德于教，润物无声

课程设计采用"双线并进"。其中，"政策解读"为明线，包括具体法律法规的解读、乡村振兴战略的介绍、习近平总书记经典语录的引用等；"人文主题"为暗线，包括传统农耕文明、中华优秀传统文化、"三农"情怀等。

2. 坚持学生主体，改革创新

课程模式重突破，以学生为中心，充分体现学生的主体地位。积极探索多元化课程思政教学方式，引入"互联网＋"混合式教学、案例教学、情景教学等多种教学方法，丰富课程设计，提高教学效果。

（二）教学反思与整改

1. 提升课程教学团队的思政融合能力

通过参加各类课程思政教学改革培训、组织研讨等方式，进一步提高教学团队成员的思政素养，有利于课程思政元素的深入挖掘，以及融入路径的不断完善。

2. 建立教学案例库、思政资源库

不断积累各类教学素材，尤其是教学案例与思政资源，包括社会热点、时代精神、科学家经历、科学故事等，为课程思政与教学改革的不断深化奠定基础。

3.关注"三新",促进教师知识结构升级

面对新的时代趋势,教师应及时关注食品企业的新技术、新岗位、新需求,保持自身职业素养的前沿性与专业性。

管理基础

李泽玲
浙江建设职业技术学院

课程学时	2	课程学分	3
适用专业	人力资源管理	案例获奖	一等奖

● 案例主题

从管理学普适性出发：培养学生与不同类型人员进行有效沟通的正确态度和情感，树立正确的职业观和竞争观。

从专业对象出发：人力资源管理专业的核心精神——"以人为本"是管理者不忘初心、牢记使命的行动指南；同时培养学生在沟通中关注员工成长发展的服务意识，树立职场沟通意识。

● 结合章节

《管理学基础》第九章"沟通"第二节"职场沟通"

● 教学目标

（一）知识目标

（1）了解职场沟通的目的和内容。

（2）掌握职场沟通的方式。

（3）掌握职场沟通的流程。

（二）能力目标

（1）充分做好职场沟通前的准备工作。

（2）掌握职场沟通的策略。

（3）灵活运用职场沟通技巧。

（三）素质目标

（1）培养"以人为本"的精神。

（2）关注员工成长发展的服务意识，树立职场沟通意识。

（3）培养学生与不同类型人员进行有效沟通的正确态度和情感。

四 案例实施

（一）案例课程基本情况介绍

本案例课程的基本情况，包括授课专业、教学课时、授课地点、课程类型、课程说明、学情分析、课时安排等，详细见表1。

表1　案例课程基本情况介绍

授课专业	人力资源管理 2020 级	教学课时	2 课时
授课地点	管理与信息学院 103	课程类型	理实一体课
课程说明	为响应国家"十三五"规划，推进教育现代化和人才强国、人力资源强国建设研究，本案例课程选自人力资源管理专业基础课程管理基础，根据专业建设标准，选用"21 世纪高职高专"规划教材《管理基础》第九章第二节"职场沟通"，教师以学生专业中的问题为切入点，展开对职场沟通的教学		
学情分析	教学对象	人力资源管理专业一年级（下）学生	
	知识基础	1.具有一定的学习能力，能够对管理案例进行初步的分析 2.能从生活经验出发对管理有一定的认知，但并不知其所以然 3.对人力资源职场有片面的了解，但不了解职场绩效沟通的术语	
	喜好分析	爱观看、爱操作、爱合作，喜欢通过信息化手段接受新事物	
	提升空间	学生缺乏岗位实践经验，员工意识薄弱，运用理论解决实际问题的能力不足	
课时安排	游戏导入（5分钟）—创设情境，内容讲解（15分钟）—布置任务一，案例项目导读（15分钟）—任务二，角色扮演、翻转课堂（35分钟）—任务评价（10分钟），共计2课时		

（二）教学策略

总体思路是以学生为主体，以教师为主导，使用教师引导、学生自主的"教""学"方法，通过任务驱动，学生自主探究、小组合作，完成学习任务，并从学生中心、系统组织、多维课堂、素养培养四点展开。

课前导学，学生通过职教云 App 完成课前预习和测试。

课中乐学，采用沟通小游戏、情景模拟、角色扮演、微课视频、踏瑞案例平台等方式和途径，进行案例分析，通过师生互动，落实到学生行动，引导学生逐步了解职场沟通的流程及技巧。

课后链学，通过情景模拟、项目案例、远程视频连线等，帮助学生更好地掌握实操技巧，从理论到实践全方面锻炼学生的能力。

课程运用案例教学和任务驱动法，将自主学习与合作探究相结合，思维训练与实验操作相结合，借助信息化手段，层层突破重点、化解难点。

（三）教学实施过程（课前课中课后六步走）

1.课前导学

步骤一："探"——课前引导，自主探究。

教师：提前在职教云平台上传本次学习资料。查看课前学习反馈，调整教学策略。

学生：完成课前预习任务。观看视频——《亮剑》片段1、片段2，激发爱国情怀，培养"红船精神"，懂得珍惜当下来之不易的幸福生活。学习在革命职场中"成功的职场沟通"，提交学习反馈。完成学前测验。完成教学平台课前调研。

2.课中乐学

步骤二："引"——导入新课，明确目标（5分钟）。

教师：为了让学生更好地体验职场沟通的要点，先带领学生进行一个名为"人肉碎纸机"的双向沟通小游戏。通过游戏引导学生在沟通时多为对方考虑，体现浙江精神中蕴含的"以人为本"。请同学们观看"中美双方百年前后谈判对比图"并进行讨论。

学生：通过游戏互动体验，切身体会职场沟通是双向沟通而非单向沟通。通过中美谈判对比，产生民族自豪感，激发爱国之心，了解谈判就是职场沟通的一种形式。

学生A：国家强大了，我们在谈判桌上有了话语权。

学生B：有种偶像天团叫作"中国外交天团"，为浙江美女外交官张京"打call"（网络用语，有加油打气的含义）。

学生C：落后就要挨打。

学生D：论谈判桌上的战场，技巧时机很重要……

步骤三："析"——解析知识，把握要点（15分钟）。

教师：围绕教学重点，在教学内容讲解上分三步走。

第一步：通过教师端发送学习资料包到学生端，引导学生揭开职场沟通神秘的面纱（定义、形式等）。

第二步：通过微课视频的形式，讲解实际职场面谈中的典型案例，让学生自主学习总结职场沟通的流程和每个流程的关键处理点。

第三步：给学生案例，让学生以角色扮演的形式模拟工作情景，体验实际职场沟通中可能出现的问题。通过翻转课堂形式，让学生分小组讨论，发现职场沟通中的不合适之处并找到解决之法。

学生：在学习上也同样围绕三步学。

第一步：在教师的引导下，揭开职场沟通神秘的面纱，更直观地理解职场沟通的定义和形式。

第二步：通过微课视频可以掌握职场沟通策略："2345 法"，以及职场面谈的步骤，即开场、简述面谈程序、自评、上级评价、讨论表现（分析诊断问题）、讨论所需支持、重申工作内容和目标、反馈、结束面谈。

第三步：以角色扮演的形式模拟工作情景，可以体验实际职场沟通中可能出现的问题。

步骤四："驱"——任务驱动强化技能（任务一 15 分钟，任务二 35 分钟）。

教师：布置任务。

任务一：运用纪录片《周恩来外交风云》中成功和失败的外交案例，让学生总结成功和失败的原因。周恩来总理（绍兴籍）的外交案例，让学生有了榜样的力量，强化了社会责任感，能帮助其树立正确的职业观。

任务二：以真实的校企合作项目为任务驱动，以小组为单位布置为该企业完成月度职场面谈的实施方案，并组队进行模拟职场沟通的视频拍摄。通过情景模拟，学生可在不同职场情景下学会"敢于创新，讲求实效"，树立正确的职业观和竞争观。

学生：根据要求完成任务。

任务一：阅读成功和失败的案例，认真分析，总结成功和失败的原因，为之后实际操作打下基础。

任务二：登入实训平台下载实训任务书及企业员工、企业信息相关资料包，分析任务要求，并可实时视频连线与企业 HR 交流。

步骤五："评"——多维评价，成己达人（10 分钟）。

教师：布置任务。

任务一：查看踏瑞案例平台生成的实训报告和成绩。

任务二：采用小组互评、教师评分、企业人员评分相结合的方式，做到多维度评价总结，并且可以把评价及分数上传到职教云 App。

学生：小组互评、教师评分和企业导师评分之后可以通过职教云 App 查看成绩，根据评价内容进行总结反思，并调整面谈方案，交流学习心得。

3. 课后链学

步骤六："链"——链接延展，恋上学习。

拓展阅读：请同学们课后观看纪录片《周恩来外交风云》。

五 案例意义

课前导学，通过观看《亮剑》片段，启发学生讨论，培养学生的爱国情怀，让学生懂得珍惜当下来之不易的幸福生活，进而完成课前预习和测试。

课中乐学，采用沟通小游戏，培养学生双向沟通的意识与"以人为本"的理念；通过演示"中美双方百年前后谈判对比图"，引起学生的民族自豪感，激发学生的爱国之心，引出谈判就是职场沟通的一种形式。在课程讲解过程中，通过对周恩来总理的外交案例进行分析，学生有了榜样的力量，强化了社会责任感，树立了正确的职业观。通过情景模拟，学生可在不同职场情景下学会"敢于创新，讲求实效"。

课后链学，学生观看纪录片《周恩来外交风云》，提升职场沟通能力。

六 考核评价

（一）有效："线上线下"搭建信息平台，提升知识掌握度

通过线上任务式的课前导学，引发学生对职场沟通的思考，让学生产生观点碰撞和思维火花；采用微视频、图片、思维导图、云连线等手段，剖析重点、难点问题，实现知识建构和内化。相比传统课堂，课程作业考试成绩显著提高，及格率达 100%，良好及以上比例提高到 81.57%，整体成绩相对上一届平均分提升 11 分。知识掌握成效显著。

（二）有用："课内课外"联动实践教学，提升技能应用能力

通过让学生课后拍摄管理视频，去校外调研企业管理现状等实践教学，让所有学生参与到学习中来，真正做到以学生为中心，充分调动学生的主动性、参与性。92.8% 已修课程的学生反馈"对了解很有帮助"。此外，课程对接人力资源共享服务"1＋X"初、中级的技能项目，课程学习是考证的基础，86.8% 的学生反映学好管理基础对考取人力资源管理专业"1＋X"证书很有帮助。将专业学习和证书要求有机融合，以赛促教，课证融通，帮助学

生在各项技能比赛、职业生涯规划比赛中屡获佳绩。

（三）有德："课上课下"育人润物无声，提高职业认同度

把握课堂教学这个育人的"主渠道"，在课堂教学的内容和各个环节中有机地融入价值塑造的要素，通过核心素养的建构来优化人才培养质量，促进学生的全面发展。课前通过观看《亮剑》《周恩来外交风云》、设置职场小剧场、进行角色扮演等多种方式，引导学生进行案例分析，润物无声，引发学生一致好评；课下通过作业批改、答疑解惑、指导实践等潜移默化地培养学生"正三观、立五识、强三信"。

七 案例反思

管理基础课程需要老师时刻抓住机会树立正确的育人理念，要常讲常新，常新常讲，因此不能只凭借重点的案例分析，还要注重日常的案例进行育人。本案例经过一系列设计和实践，焕发了新的生命力，不仅课堂更活跃，作业质量更高，学生对课程的喜爱也不吝言表。

（一）重视"督、评、馈"，构建五位一体课程新样态

重视学生的管理知识和管理沟通技巧的掌握，课程教学上采用了小游戏、情景模拟、角色扮演、微课视频、案例分析等多元手段从理论到实践全方面锻炼学生的能力，努力构建了以"用"为核心的"学、做、督、馈、评"五位一体"管理基础"课程新样态。

（二）紧绕"4A"教学方式，多维应用线上线下并行教学

基于学情分析和课程目标的要求，综合运用"4A"教学方式，即"引"（alluring）、"析"（analyzing）、"驱"（acting）、"评"（assessing）紧扣"岗课赛证"，将课程思政、"双创"润物无声多维融通，有效突破重点、难点。

线上线下并行，扩宽了传统课堂的教学空间，以优质的数字化资源和高效的信息化平台为数据支撑，大大提高了教学的精准性。综合运用了课堂空间、职教云平台、钉钉群、微信群等多种交互手段，实现教学过程师生、生生双向互动，多方发力优化课堂教学。

英语 Ⅱ

赵佳娜
浙江建设职业技术学院

课程学时	32	课程学分	2
适用专业	大一所有专业	案例获奖	一等奖

一 案例主题

文脉传千年，礼仪筑和谐

二 结合章节

《新编实用英语综合教程（第五版）第一册》Unit1（第一单元）"听说课"

三 教学目标

（一）知识目标

（1）能识别常见国家见面问候用语。

（2）能表述自我介绍和互相介绍的常用句型。

（3）能翻译中国传统礼仪的中文经典言论。

（4）能运用初次见面、互换名片、介绍朋友以及道别等场景的常用语。

（二）能力目标

（1）能运用自我介绍和相互介绍的常用英语句型进行日常交际。

（2）能在特定的英语情境中，通过听、读和观察获取信息、传递信息和表达见解。

（3）能运用英语进行思维、组织、筛选、提炼信息。

（三）素质目标

（1）培养学生独立思考和判断的能力，培养学生自主学习以及终身学习的能力。

（2）通过对比中西方文化差异，增强学生的跨文化意识，培养学生多元文化交流能力。

（3）通过小组协作式学习，培养学生的沟通能力、思辨能力，提升学生的团队合作精神和竞争意识。

（4）培养学生传承、传播中国传统礼仪，践行社会主义核心价值观，在交往中做到有礼、有节、有度。

四 案例实施

（一）切入课程思政的课程知识点

（1）学习常用问候用语及其回应语，掌握如何用恰当的礼仪做好自我介绍和互相介绍。

（2）分析中国传统礼仪的中英文表达，掌握英语语句中的核心成分。

（3）熟悉初次见面、互换名片、介绍朋友以及道别等场景的常用语，能进行模拟对话。

（二）知识点与思政元素相结合的教学设计

1. 思政元素设计思路

（1）感知并体验礼仪在国际交往中的重要性，使学生身体力行，熟知不同文化中恰当的待人接物礼节。

（2）发掘中华传统文化中的礼仪、礼节，使学生能用恰当的英文表达传统礼仪，继承和传播交际礼仪。

（3）设计与外国友人的情境对话，使学生能使用与问候相关的词汇和句型，谈论绍兴城市的风貌；设计思辨环节，学生分组讨论绍兴入选"东亚文化之都"的关键因素。

2. 思政教学具体实施过程安排

任务一：对比问候礼仪，导入礼仪文化。

活动一：抛出问题、直切主题。以中国人见面常以握手礼仪为起点，提出"How do people greet each other in other different countries?"（其他国家的人们见面是如何问候的？）导入文章的主题。

活动二：表演模拟、对比分析。在介绍内容、语音语调、体态、眼神交流等方面对小组展示的同学进行对比，使学生了解不同国家的问候礼仪，认识到社交礼仪在国际交往中的重要作用。接下来教师带着学生训练问候及个人介绍的常用句型，以小组为单位，针对不同的情景设置，练习不同文化间的见面交际礼仪，提升交际能力。

活动三：学习礼仪、传承文化。在语言和礼仪铺垫的基础上，教师播放 "*Shaoxing Etiquette*"（《绍兴文化礼仪》）视频片段。古人云：不学礼，无以立。中华民族乃礼仪之邦，自古以来注重礼仪与制度，早在春秋战国时期就十分强调礼仪教育，提倡"修身、齐家、治国、平天下"。我国的大教育家孔子是礼仪教育的重要开拓者，他关于"礼"的学说，成为我国古代社会教育的经典礼仪范本。绍兴历来是一座文化之城、孝德之城、礼仪之城。绍兴文化底蕴深厚，不仅是传承中华文脉的名城，还积极推动东亚文化交流融通，2021年绍兴荣获"东亚文化之都"美誉。在绍大学生要发掘中华文化中的交际礼仪，学会运用恰当的英文翻译礼仪经典言论，继承和传播中华礼仪文化，凝聚民族精神，厚植家国情怀，培育理想人格。

活动四：角色扮演、情境实战。学生通过阅读教材中第四页的Sample Dialogues（对话示例），熟悉常用场景如初次见面、互换名片、介绍朋友以及道别的交际用语。以小组为单位，随机抽取一个场景，小组成员分角色，将所抽取的场景，合情合理用英文展示。

任务二：分析思政案例，拓展思辨能力。

活动一：思政融入。绍兴文脉绵延数千年，水文化、桥文化、酒文化、孝文化、书法文化、阳明文化等仍旧熠熠生辉。舜禹遗迹、越国古址、书圣故里、鲁迅故里以及9.09平方千米的绍兴古城等历史遗存，无不彰显着这座城市深厚的文化底蕴。文化因人而兴，如今的古城旧貌换新颜，处处焕发出新的魅力。教师展示图片，引导学生思考：哪些因素使绍兴荣获"东亚文化之都"的美誉？

活动二：分组呈现。通过小组协作与深入探究式学习，思考语言知识背后的价值意蕴和人文精神，引导学生用自身行动去感化他人，提高学生的思辨能力和团队协作能力。

活动三：代表发言。小组派代表陈述总结"绍兴魅力"的组成要素，进行组间评测（师评与互评相结合）。教师提前将评测标准给大家，在小组活动后，在线上学习平台（职教云）发布小组PK的任务，由学生选出自己认为展示效果最好的小组。

任务三：点评思政案例，升华单元主题。

活动一：立足案例，深度剖析。教师点评这一环节，总结出"innovation

（创新）、harmony（和谐）、vitality（活力）、green（绿色）、civilization（文明）、openness（开放）"是绍兴成功入选"东亚文化之都"的六大要素。

活动二：跳脱文本，升华课堂。播放公益歌曲 *Chinese Etiquette*（《中国有礼》），引导学生践行社会主义核心价值观，争做"文明礼貌、诚信友善、尊老爱幼、感恩孝顺和助人为乐"的新一代公民；培养学生的人文修养，树立"服务亚运，争做文明绍兴人"的情感目标。

任务四：布置课后作业，拓展课堂内容。

学生自学文章 "People's Love to Communicate Never Changes"（《人们对沟通的热爱从未改变》），理解人们社交方式的变化及不同交际方式产生的影响，引导学生辩证地分析现代交际方式的优劣，分享电子化交际中的社交礼仪，并鼓励他们在日常生活做到有理、有节、有度，做朋友圈里的"文明使者"。

五　案例意义

（一）重组教学内容，构建多元教学实践体系

从"价值塑造"这一课程思政根本目的出发，运用分组辩论、团队游戏、小组协作、头脑风暴、案例讨论、角色模拟等多元教学方式创设情境，重组教学内容，激发学生的学习兴趣。

（二）挖掘思政内容，夯实课程思政基础

立足"价值引领＋知识传授＋能力培养"，多维度挖掘课程思政内容。通过中西对比、古今对比、思辨创新等方式融入思政元素，培养学生的创造性思维、批判性思维，践行社会主义核心价值观，在交往中做到有礼、有节、有度。

（三）拓宽国际视野，建立民族文化自信

结合不同国家打招呼的方式，让学生们思考：中西方国家的人在见面时有哪些礼仪和禁忌等。在课中开展"用英语讲好中国故事"的竞赛，旨在推动学生学习中华文化，树立文化自信，提高"用英语表达中国文化"的能力。

六　考核评价

创新课程评价体系，采用过程性评价和终结性评价相结合的方式，考核学生线上线下学习成果（见表1、表2）。平时成绩占总评成绩的50%。无故

缺勤总课时 1/3 者，不允许参加期末考试；线上学习任务点未完成总任务点数 1/3 者，不允许参加期末考试。期末考试采用机考、闭卷考试方式，在期末考试周进行，由学校教务处统一安排考试时间、地点。

表 1　终结性考核成绩权重

考核项目	评价标准	评价方法	权重/%	学分分配
平时考核	1.是否掌握基本知识 2.学习态度是否端正 3.课内外作业完成的及时性、正确性 4.情感态度与价值观正确性	见表 2	50	2
期末考试	各种类型	试卷	50	

表 2　平时成绩权重

平时成绩分项	权重/%
平时作业	10
课堂互动	10
口语测试	20
在线学习课程时长	10
章节测试	10
小组 PBL（project based learning，项目式学习）	20（发言人单次满分）
访问在线课程次数	10（50 次以上为满分）
在线讨论发帖	10（发表或回帖一次得 10 分，最高 100 分）

七 案例反思

（一）课内教学效果评价良好

本案例课程在职教云建设的在线开放课程"英语Ⅱ"中，连续三年累计选课次数达 1970 次，线上线下发布活动总计 634 个，学生参与线上线下发布活动累计为 17463 次，课程评价成绩五星达到 95% 以上。本案例课程面向大一所有专业学生，使用职教云在线开放课程平台，以线上线下混合式教学形式，目前已经实施了 2 轮课程思政教育教学改革，累计受益学生数量达到 2000 人。本案例课程以问卷形式对学生进行了教学效果反馈，从结果看，93.53% 同学认为采用线上线下混合式教学模式后，自己的课堂参与度提高很大；96.56% 同学认为智慧教学平台职教云的使用让课堂变得更加有趣；73.32% 同学认为课程思政元素的融入丰富了他们的思想，提高了人文素养。因此，基于立德树人根本任务和以学生发展为中心的教育理念，开展线上线下混合式教学模式对于"英语Ⅱ"这门课的课程思政教育教学改革具有重要意义，在一定程度上，提升了教学效果，取得了改革成效和人才培养效益，有一定的推广价值。

（二）课程思政项目层出不穷

近年来课程团队负责人主持各级各类教学改革项目 9 项，其中含浙江省高等学校课程思政教学研究项目 1 项（省级）、绍兴市高等教育教学课程思政改革研究项目 1 项、浙江省高等教育学会（课程思政）项目 1 项、校级课程思政项目 1 项。团队负责人撰写课程思政类教改论文 10 余篇，其中 1 篇发表在北大核心/CSSCI（中文社会科学引文索引）杂志上，并作为编写组核心成员参与校级新型活页式工作手册式教材——《建筑英语》的编写。

（三）学科竞赛荣誉众多

授课教师多次带队参加浙江省高职院校实用英语口语大赛（省级）和绍兴市大学生英语口语竞赛、翻译大赛等高级别比赛，指导学生多次荣获口语竞赛省级、厅级奖项。

建筑力学与结构平法识图

路彩娟、孔爱散
绍兴职业技术学院

课程学时	96	课程学分	6
适用专业	建筑工程技术、装配式建筑工程技术、工程造价、建设工程管理	案例获奖	一等奖

一 案例主题

用心筑牢生命梁——解密梁钢筋骨架

二 结合章节

《平法识图与钢筋算量》项目四"结构梁平法制图规则和构造详图"（见图1）

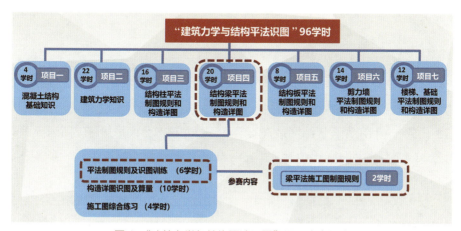

图1 "建筑力学与结构平法识图"课程内容结构

三 教学目标

（一）知识目标

（1）理解梁类型及在建筑物中的位置。

（2）熟悉集中标注和原位标注的异同。

（3）掌握梁平法施工图平面注写规则。

（二）能力目标

（1）能准确识读梁平法施工图的平面标注和原位标注。

（2）学会查阅16G101《混凝土结构施工图平面整体表示方法制图规则和构造详图》系列图集。

（3）培养学生自主探究的能力，在看懂梁平法施工图的基础上，能进行实物钢筋梁的绑扎。

（三）素质目标

（1）培养学生树立爱国敬业的价值观、民族自豪感和文化自信。

（2）培养学生具有严谨细致的科学态度，求真务实的质量意识，合作达成目标的团队协作能力，追求卓越、精益求精的工匠精神。

（3）促使学生立足个人岗位，规范自我，内化提升，成为有责任有担当的工程人。

四 案例实施

本案例按照课前导学、课中实施、课后拓展三大环节开展教学实施，具体做法如下。

（一）课前导学

1. 教学活动

教师活动。在超星平台上发布学习任务单。（1）任务一：复习梁钢筋骨架的构成及每一种钢筋在梁内的作用。（2）任务二：对教学楼主体梁尝试认识。（3）任务三：利用课程资源网站查阅学习资料并预习"梁平法施工图识读"的内容。（4）任务四：利用CCTV官方网站观看纪录片《超级工程·上海中心大厦》。

学生活动、生生活动。根据四个任务内容，利用各种线上资源，对相关知识点进行预习。

师生互动。（1）教师通过微信、QQ、超星平台等与学生互动交流课程相关内容；（2）学生以"学号＋感想留言"的方式，互动讨论。

2. 教学方法与技术手段

教学方法为自主探究法、信息化导学法。

技术手段包括：（1）超星平台上进行资料的上传、分享和讨论。（2）微信、QQ、超星平台互动。

3. 思政元素融入

（1）观看纪录片，感受中国当代优秀的建筑和取得的辉煌成就，激发学生的爱国热情和民族自豪感。（2）了解关于632米世界最高的绿色超级摩天大楼的梦想，体会工程师们在实现的过程中追求卓越、精益求精的工匠精神。

（二）课中实施——情景导入（5分钟）

1. 教学内容

（1）问题1：同学们，说到"梁"你们能想到什么？（2）由人物联想到人物著作，由著作中的桥梁引出，列举中国的"世界桥梁之最"及绍兴市的桥梁工程。（3）问题2：这些工程结构中的重要骨架"梁"是如何实现从图纸到现场的？对于工业与民用建筑中的梁施工图纸如何识读呢？

2. 教学活动

教师活动。（1）教师抛出问题1，引发学生思考。（2）结合视频及图片，教师详细列举如杭州湾大桥、港珠澳大桥等大国工程和绍兴市的几座桥梁的工程建设。（3）继续抛出问题2，引发学生深入思考。

学生活动。（1）关注教师的问题1，积极回答。（2）观看教学视频和图片，根据教师的讲授内容，了解中国的桥梁。（3）思考教师留下的问题2。

3. 教学方法与技术手段

教学方法为情景教学法。

技术手段包括PPT展示，视频、图片演示。

4. 思政元素融入

（1）从"梁"字笔画11笔开始说起，象征一个人双腿支撑于大地之上，伟岸又挺拔。（2）从"梁"姓氏想到中国近代建筑之父——梁思成，中国清代建筑匠师——梁九，延伸到土木工匠鲁班等优秀历史人物，展现优秀历史人物追求卓越、求真务实以及精益求精的工匠精神，深化学生对工匠精神的认识和理解，激励学生做一个优秀的工程师，达到课程思政的目的。（3）由梁思成引入其著作《中国建筑史》中关于桥梁的介绍，如北京宛平卢沟桥，再将目光转移到当下中国的"世界桥梁之最"（总体跨度最长、钢结构桥体最长、海底沉管隧道最长的跨海大桥）——港珠澳大桥，再到绍兴市的桥梁——绍兴旧时的十大古桥和现代的嘉绍大桥。用无声的图片给学生带来直观的感受，让学生对祖国的强大和工程师的智慧感到无比自豪和敬佩，促使学生树立爱国、敬业的价值观；通过介绍绍兴市的桥梁，让学生感受本地的独特魅力，树立文化自信。（4）"梁"在建筑中扮演重要的角色，从"栋梁之材"——能做房屋大梁的木材，比喻能担当国家重任的人才。"国家栋梁""中华脊梁"等词点出"梁"的重要性以及这个字赋予学生的使命和担当。

（三）课中实施——知识衔接（5分钟）

1. 教学内容

（1）问题1：构成梁的钢筋骨架中具体有哪几种钢筋？答：纵向受力钢筋、箍筋、架立钢筋、弯起钢筋、梁侧构造钢筋（腰筋）、拉筋。

（2）问题2：每一种钢筋在梁内起到的作用是什么？答：纵向受力钢筋的作用是承受拉应力。箍筋的作用是抵抗斜截面破坏；固定纵向钢筋，与纵向钢筋形成整体骨架。架立钢筋的作用是固定箍筋位置以形成梁的钢筋骨架；承受因温度应力和混凝土收缩产生的拉应力，防止产生裂缝；受压区配置的纵向受压钢筋可兼作架立钢筋。弯起钢筋的作用是承受拉力和抵抗斜截面破坏。梁侧构造钢筋的作用是承受梁侧面温度变化及混凝土收缩所引起的应力，抑制混凝土裂缝的开展。拉筋的作用是固定梁测构造钢筋。

2. 教学活动

教师活动。（1）教师抛出问题1，并请同学到讲台上进行画图板书。（2）教师抛出问题2，并将学生分为六个小组。

学生活动。（1）关注教师的问题1，并积极举手上台演示。（2）关注教师的问题2，分小组进行讨论总结，每小组派出一名代表回答问题。

3. 教学方法与技术手段

教学方法为设问法、小组讨论法。

技术手段包括PPT动画演示、板书展示。

4. 思政元素融入

（1）梁内的钢筋骨架就像人体的骨骼。没有骨骼支撑，人类无法直立行走；没有梁内的钢筋骨架，梁就无法承受荷载。每一根钢筋对于梁来说都至关重要，而每一根梁对于建筑物来说也至关重要。升华钢筋的重要性，隐喻每一个人都是民族复兴的基石、梁柱，只有立足个人岗位，规范自我，内化提升，才能使中国永远站在世界舞台上。（2）温故而知新。

（四）课中实施——课堂解析（20分钟）教学重难点

1. 教学内容——梁的类型

（1）阐述梁的类型。包括楼层框架梁（KL）、屋面框架梁（WKL）、非框架梁（L）、井字梁（JZL）、框支梁（KZL）、托柱转换梁（TZL）、悬挑梁（XL）；（2）交流互动。教室中的各种梁。

2. 教学活动

教师活动。（1）以一栋框架结构的办公楼为例，利用三维模型辅助教学，对三维动画中梁的类型进行认识，同时弥补学生空间想象力的不足，更形象、更直观。（2）教师提出问题，激光笔指向任意一根梁，并请学生回答问题。

学生活动。（1）认真听讲，认真观看三维模型动画，并思考各种梁在一栋建筑物中的对应位置。（2）关注教师的问题，认真思考，积极回答问题。

3. 教学方法与技术手段

教学方法为讲授法、设问法、信息化导学法。

技术手段为Revit软件运用。

4. 思政元素融入

端正学习态度，随时记笔记，养成良好的学习习惯；培养独立思考、善于总结的学习精神。

5. 教学内容——梁平法施工图制图规则

（1）工程事故案例展示：视频播放。赣州市安远县一公司在建钢结构厂房坍塌致4死4伤，该公司无证开工、未按图施工。（2）梁平法施工图是在梁平面布置图上采用平面注写方式或截面注写方式表达截面尺寸、配筋的一种方法。（3）梁平面注写方式是在梁平面布置图上，分别在不同编号的梁中各选一根梁，在其上注写截面尺寸和配筋具体数值的方式表达梁平法施工图。（4）案例教学法。

梁编号：必注项（见表1）。

表1　梁编号

梁的类型	代号	序号	跨数及是否带有悬挑
楼面框架梁	KL	XX	（XXA）或（XXB）
屋面框架梁	WKL	XX	（XXA）或（XXB）
非框架梁	L	XX	（XXA）或（XXB）

注：（XXA）为一端有悬挑，（XXB）为两端有悬挑，悬挑不计入跨数。例：KL2（2A）表示第2号框架梁，2跨，一端有悬挑。

梁截面尺寸：必注项。当梁为等截面时，用b×h（b代表梁的宽度，h代表梁的高度）表示。例：300mm×650mm。

梁箍筋：包括钢筋级别、直径、加密区与非加密区间距及肢数，必注项。例：Φ8@100/200(2)，表示箍筋为HPB300钢筋，直径为8，加密区间距为100，非加密区间距为200，均为2肢箍。

上部通长筋或架立筋：必注项。2Φ25；2Φ25+2Φ22；6Φ25 4/2；2Φ25+(4Φ14)；3Φ22；4Φ20。

梁侧面构造钢筋或受扭钢筋：必注项。当梁的腹板高度≥450mm时配置。例：G4Φ10，表示梁的两个侧面共配置4Φ10的纵向构造钢筋，每侧各配置2Φ10。

梁顶面标高高差：选注项。梁顶相对于结构层楼面标高的高差值。例：（−0.100）表示梁顶低于结构层0.100m。

梁原位标注：梁支座上部纵筋和下部纵筋对集中标注的原位修正。

6. 教学活动

教师活动。（1）教师根据工程事故案例，分析按图施工对于工程安全和质量的重要性，渗透课程思政育人。（2）由概念引出课程的重难点，通过一根梁的平法表示带领学生对梁平法施工图的两大类六小类的内容进行一一识读。

学生活动。（1）观看工程事故案例的视频，通过教师的引导，形成严谨的科学态度，遵纪守法的职业道德。（2）认真听讲，掌握梁平法识图的重难点，认真记录笔记并消化和吸收。

7. 教学方法与技术手段

教学方法为项目化教学法、实体教具教学法。

技术手段包括视频动画演示、PPT演示。

8. 思政元素融入

（1）从工程事故引申讲解按图施工、遵守规范的重要性和引发的社会代价及法律后果，让学生认识到结构平法识图的重要性，从而培养学生科学严谨、遵纪守法、有责任有担当的职业道德与求真务实的质量意识。（2）在讲解梁平法施工图的时候，重点用到行业规范国家建筑标准设计图集16G101《混凝土结构施工图平面整体表示方法制图规则和构造详图》中的梁平法识图，培养学生严谨的科学态度。立足建设行业对从业人员知识和能力的要求，细化到行业规范、标准对质量的要求，细化到本知识点所培养的能力与注册建造工程师的能力要求的对应，使学生认识到本知识点的具体作用，激发学生的社会责任感。

（五）课中实施——课内评价（13分钟）

1. 教学内容

选取一根梁进行平法识读练习。

2. 教学活动

教师活动。（1）引导学生学会独立识读梁平法图。（2）组织各小组讨论、小组成员间检查完善。（3）发现学生识图中的问题并进行细化、补充。

学生活动。（1）独立识读梁平法施工图。（2）小组内相互对量，查找问题原因，修改完善识读结果。

3. 教学方法与技术手段

教学方法为任务驱动法、自主探究法、小组讨论法。

技术手段为国家建筑标准设计图集16G101《混凝土结构施工图平面整体表示方法制图规则和构造详图》。

4. 思政元素融入

（1）以学生为中心，引导学生认真细致识读梁平法施工图，逐步培养严谨细致、认真负责的工作态度。（2）通过小组之间的识读比对和检查，培养学生团队合作的精神。（3）建筑物的每一根梁的每一根钢筋都关乎建筑安全、生命安全，工程人在识读过程中一定要依照规范，精益求精。

（六）课中实施——课程总结（2分钟）

1. 教学内容

课程总结。（1）在梁平法施工图的识读中，首先要结合国家建筑标准设计图集，严格按照规范进行一一对照，培养规则意识。（2）在实际施工过程中，将梁的钢筋准确地进行现场放样。（3）老子曰："天下难事，必作于易；天下大事，必作于细。"作为工程人员，只有从细处严谨精确识读，才能确保建筑的安全性和高质量，提高社会责任感。

布置课后作业。（1）针对课堂检验发现的知识薄弱项，课后有针对性地进行深化理解。（2）利用超星平台，完成梁平法识读的相关习题。（3）利用中望建筑工程识图能力实训评价软件完成梁平法施工图识读报告。

2. 教学活动

教师活动。(1)总结分析梁平法施工图的规则和要点。(2)培养学生从细处做起，严谨完成识读任务。

学生活动。(1)梳理识读任务，深化理解梁平法施工图的识读规则。(2)强化严谨细致的工作态度。

3. 教学方法与技术手段

教学方法为智能化考核。

技术手段包括：(1)超星平台发布任务。(2)利用中望建筑工程识图能力实训评价软件发布任务。

4. 思政元素融入

(1)通过总结识读任务，要求学生在识读过程中严格依照规范，深化规则意识，识读过程要求非常准确，培养学生精益求精的职业精神。(2)借用名言"天下难事，必作于易；天下大事，必作于细"，帮助同学牢固树立严谨细致的职业态度，为将来从事工程施工工作做好准备。

（七）课后拓展

1. 教学活动

教师活动。(1)为学生的表现打分，对最佳表现小组和最佳表现个人进行加分奖励。(2)落实一体化教学。带领学生到模型馆对框架梁及屋面梁的上下部纵筋、箍筋、梁侧构造钢筋、拉筋、架立筋、抗扭筋等钢筋进行现场位置确认。同时，让学生熟悉钢筋的连接方式、悬挑梁的钢筋构造等，将课堂理论知识再消化。(3)引导学生利用信息化手段自我探索、自我学习、自我提高。

学生活动。(1)戴好安全帽，有秩序地认识各种类型梁的各种钢筋。(2)每个钢筋构造都有二维码教学，通过手机进行扫码观看，自我探索(见图2)。(3)利用模型馆进行个性化实训，分小组对框架梁的钢筋进行绑扎实操。(4)参观在建项目的梁，对梁从设计、施工到物流及运营维护等全过程进行实地了解。(5)利用信息化网络资源进行课外延伸，结合课后作业，进行知识内化。

图2　利用信息化手段学习

师生互动。教师通过超星平台、QQ、微信、电话等方式与学生保持联系，进行交流讨论。

2. 教学方法与技术手段

教学方法为模型化展示法、自主探究法、个性化实训法、信息化导学法。

技术手段包括二维码教学，超星平台、QQ、微信、电话等交流。

3. 思政元素融入

（1）让学生身临其境感受钢筋对梁的作用，梁对于建筑物的作用，一根小小的梁保障建筑物的安全，同时为生命安全保驾护航。（2）总结梁内部钢筋放置和连接的规范，将梁内部的规范性和外部的整洁性隐喻到学生身上，让学生了解到作为当代大学生，内在要具备扎实的文化和专业的知识，外在要有落落大方的形象，引导学生做一个内外兼修的优秀大学生。（3）通过实训培养学生的动手能力和劳动精神，促进其提高自身实践能力的自觉性。同时讲解本行业中不同层次、不同分工的工作能力要求，使学生了解社会发展现状，跟上建设行业的发展步伐，增强对国家和社会发展的理解，强化对国家与家庭的担当和社会责任感。

五　案例意义

首先，用"新世界酒店"的灾难案例，让学生明白梁在建筑物中所起到的重要作用，初步建立学生的社会责任感；其次，通过爱国情怀的渗透，强化学生的使命担当，引导学生在梁平法识读过程中建立遵守规范、按图施工的规则意识，细化到知识点所培养的能力与注册建造工程师的能力要求的对应，使学生认识到本知识点的具体作用，明确自己的社会责任感；最后，结合课后拓展，让学生明白每根梁都关乎建筑安全、生命安全，从而使学生立足个人岗位，提升社会责任感。

（一）爱国敬业、文化自信

课前观看纪录片《超级工程·上海中心大厦》，课中感受中国的"世界桥梁之最"（总体跨度最长钢结构桥体最长、海底沉管隧道最长的跨海大桥）——港珠澳大桥，绍兴旧时的十大古桥和现代的嘉绍大桥，感受中国力量，文化软实力，建立工程人的使命和担当。爱国情怀的课程思政融入方法与实施过程见图 3。

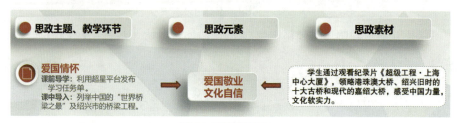

图 3　爱国情怀导入

（二）严谨细致、精益求精

通过课前观看的纪录片中的中国超级工程——上海中心大厦，课中优秀的历史人物——梁思成等感受工程人追求卓越、精益求精的工匠精神。通过课中工程事故案例的引入，梁平法识读的解析和评价等，让学生体会遵守规范、按图施工的重要性，建立学生的规则意识，激发学生的社会责任感。规则意识的课程思政融入方法与实施过程见图 4。

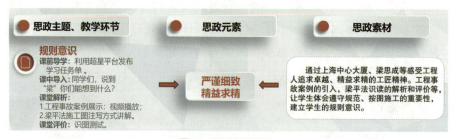

图 4　规则意识导入

（三）内化提升、责任担当

情景导入中，通过"国家栋梁""中华脊梁"等词点出"梁"的重要性，以及这个字赋予学生的使命和担当；知识衔接中，通过梁内钢筋骨架的隐喻提升，对工程事故的痛点分析，实际现场的真实感受，理解梁对于建筑物的作用，一根小小的梁保障建筑物的安全，同时为生命安全保驾护航，强化学生对国家与家庭的担当和社会责任感。社会责任的课程思政融入方法与实施过程见图 5。

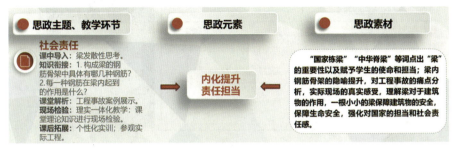

图 5　社会责任导入

⑥ 考核评价

　　教学评价采用"过程性评价与结果性评价相结合""第一课堂和第二课堂相结合"的考核方式。在第一课堂中，过程性评价包括三个部分，结果性评价包括两个部分（见图 6）。在第二课堂中，通过建筑工程识图"1＋X"考证、浙江省建筑工程识图技能竞赛、建筑八大员[1]考证等第二课堂的思政教育渗透，使不同能力的学生全方位提升自我（见图 7）。在思政空间上，实现从"点"到"线"再到"体"的转变，推进知识体系教育与思想政治教育有机结合，让思政教育和各类建筑专业课程知识传递同频共振。

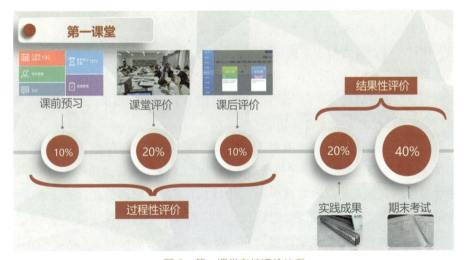

图 6　第一课堂考核评价体系

---

　　[1]　建筑八大员：施工员（测量员）、质量员、安全员、标准员、材料员、机械员、劳务员（预算员）、资料员。

图 7　第二课堂的思政教育渗透

七 案例反思

（一）学习效果显著提升

根据高职院校学生的学情特点，围绕课程标准的三维目标，通过"课前导学、课中实施、课后拓展"三阶段，采用我校国家教学成果奖"五化教学法"，课中教学实施"五步骤"教学模式，以学生为主体，通过"理实一体"，实现教学目标。同时以课程为载体，积极开展课程思政内容建设，将思政元素有机融入专业课堂教学，实现"知识探索、能力建设、素质养成、价值引领"四位一体，全方位提高教学效果。

目前课程受益面是四个专业，每届学生总数 250—350 人；未来将扩大网络教学平台的开放程度，为全国同类课程的思政研究提供借鉴。

（二）课程进一步优化提升

进一步加强课程思政教师团队的能力建设。通过第二课堂丰富课程思政路径，落实课程思政教育。通过建筑工程识图"1+X"考证、建筑工程识图技能竞赛等第二课堂的思政教育渗透，进一步丰富课程思政路径。优化丰富课程思政资源库，继续加强课程思政教育。依托线上开放课程建设，不断优化扩充线上思政资源库，继续加强爱党、爱国、爱社会主义、爱人民、爱集体教育。让学生通过线上学习，坚定理想信念。

电子线路 CAD 设计

周旭丹
绍兴职业技术学院

课程学时	64	课程学分	4
适用专业	应用电子技术	案例获奖	一等奖

一 案例主题

专注求精、爱国担当——家用9瓦LED灯电路板布局设计

二 结合章节

自编教材《PCB设计与制作项目教程》项目2"家用9瓦LED灯电路板设计"任务2"绘制LED灯电路PCB(印制电路板)图"第3次课"布局设计"

三 教学目标

(一)知识目标

(1)掌握Altium Designer 19软件的PCB设计布局的概念。

(2)掌握PCB设计布局的基本原则。

(3)掌握PCB设计布局的评价和评价标准。

(二)能力目标

(1)能够熟练掌握Altium Designer 19软件的PCB板框定义的操作。

(2)能够熟练掌握PCB设计中元件封装的移动与编辑操作。

(3)能够熟练掌握PCB设计元件封装对齐操作。

(三)素质目标

(1)培养学生勤于实践、勇于探索的劳动精神。

(2)培养学生团结、协作、创新的职业素养。

(3)培养学生精益求精的工匠精神。

（4）培养学生爱国担当的家国情怀。

四 案例实施

本案例基于OBE理念，根据企业生产项目的流程和规范，校企共同设计与实施课堂"七环递进"教学法。"七环递进"教学法即课前"先行组织提兴趣"，课中"案例导入领任务""小组讨论思创意""示范演示学方法""分步实操练技能""复盘行动评结果"，课后"延伸促提升"七个具体教学环节。在实施"七环递进"教学方法的同时，遵循职业性与"润物无声"原则，将勤于实践、勇于探索的劳动精神，团结、协作、创新的职业素养，专注求精的工匠精神、爱国担当的家国情怀融入教学全过程（见图1）。

本案例"七环递进"教学法实施情况如下。

（一）课前——环节1：先行组织提兴趣

教师活动：课前在课程平台发布被称为"野生钢铁侠"、华为天才少年稚晖君的产品制作视频与PCB设计规范，并布置作业，要求学生对照视频写出稚晖君身上具备的精神品质。

学生活动：观看视频后，思考并写出稚晖君身上具备的精神品质。

思政设计之一：通过对稚晖君产品制作视频的学习，让学生感受精益求精的钻研精神，增强学习热情。

（二）课中——环节2：案例导入领任务（5分钟）

教师活动：布置LED灯电路板的布局任务，明晰布局目标。承前次课内容，先复习电路板框设计，检查并督促学生完成板框设计，以便做好布局的准备。企业实际产品的标准与规范，学习《华为印制电路板（PCB）设计规范》（1.0版）标准。分析布局重点：输入输出端元件、高频元件、电磁器件、热敏器件和电源等。要求学生通过小组讨论，确定布局方案。

学生活动：明确任务，掌握布局设计要求。

思政设计之二：学生在专业学习中容易与企业实际脱离，强调企业标准与规范，培养学生的质量意识与标准意识、规范意识。

（三）课中——环节3：小组讨论思创意（15分钟）

学生活动：每个小组4位成员，各自发表项目LED灯PCB整体布局的想法，组长记录布局想法。组长安排自己或者组员，进行汇报交流。

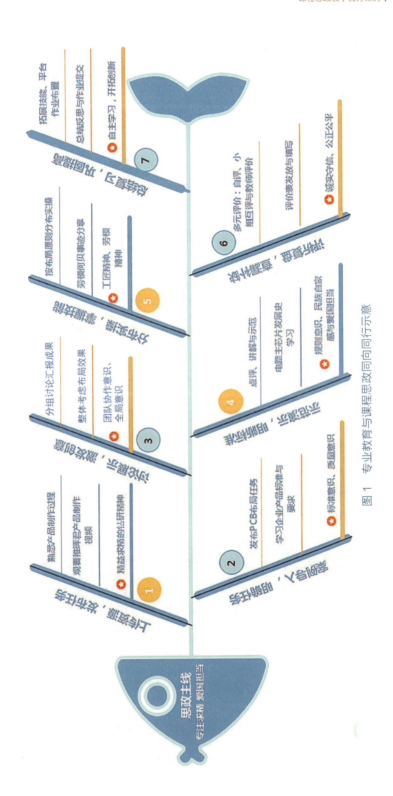

图 1 专业教育与课程思政同向同行示意

教师活动: 监控整个课堂,发现异常及时介入与处理,协助小组长确保每一位学生都投入课堂活动。根据对各小组的观察情况,有代表性地选择 2 个小组进行汇报交流。

思政设计之三: 培养学生整体意识,帮助做事急躁的学生按流程办事,按部就班,"磨刀不误砍柴工"。

思政设计之四: 小组活动培养学生的团队意识和团队协作精神,同时也提高学生的语言表达能力。

(四)课中——环节 4: 示范演示学方法(20 分钟)

教师活动: 根据 2 个小组汇报的情况,做点评。介绍 LED 灯驱动控制芯片的发展史及功能。LED 灯驱动控制芯片完全国产,居于世界领先位置。总结学生汇报交流,讲解布局原则——先外后内,先大后小,先难后易,一远一近四分开(此过程以提问方式启发学生思维,逐步总结出布局原则)。

学生活动: 聆听教师点评与分析,增长技能。回答教师问题,巩固知识点。

思政设计之五: 通过介绍 LED 灯驱动控制芯片发展史,激发学生的学习热情,增强学生科技强国的自信心,激发学生的爱国情怀和民族自豪感。

思政设计之六: 学生经过教学环节 3 的小组讨论,总结分析得出 PCB 布局原则,培养探索、创新思维。

(五)课中——环节 5: 分步实操练技能(25 分钟)

学生活动: 打开 Altium Designer 19 软件,打开项目文件、PCB 文件,进入软件操作界面。按布局原则,规范流程,逐个完成 LED 灯电路元器件的布局,做到程序准确,操作熟练快速。

教师活动: 巡回检查指导学生的实操情况,要求学生兼顾质量与效益,既要做得好,又要做得快。提醒学生注重方法,使用快捷键。在实操中引入绍兴劳模何贝的事迹,确保精神食粮补给到位。

思政设计之七: 培养学生时时处处用质量与效益标准衡量实操练习,树立企业家思维。

思政设计之八: 通过身边人、身边事及劳模事迹激发学生的工匠精神、劳模精神。

(六)课中——环节 6: 复盘行动评结果(15 分钟)

教师活动: 说明评价的目的、意义。发放评价表,明确评价表的填写要求。开展学生自我评价、小组互评、教师评价。

学生活动：根据实际情况，客观公正填写评价表。

思政设计之九：培养学生诚实守信、公平公正的职业素养。

（七）课后——环节7：延伸促提升

教师活动：根据课堂学习情况，在课程平台布置巩固性练习的同时，增加拓展性学习内容，同时发布预习任务。

学生活动：课外完成学习任务并提交。参与课程平台讨论、互动问答。

思政设计之十：培养学生自主学习探索新知的能力和开拓、创新的意识。

五 案例意义

根据专业实践课程的实践性、应用性特征，从引青年榜样、导企业标准与规范、讲芯片发展史、设多元评价体系等方面，设计课程思政元素与内容，将勤于实践、勇于探索的劳动精神，团结、协作、创新的职业素养，专注求精的工匠精神，爱国担当的家国情怀融入教学全过程，既有较强的针对性与合理性，又具备专业实践课程思政教育的典型性，具备同类课程思政教育实践的推广性。

本案例的课程思政在教学设计与实施中充分体现了适合、适时、适量、适宜、适度的"五适"原则，关注学生的实际情况，找准思政元素切入点和时机，很自然地把思政元素渗透到课程的教学中，实现价值塑造、知识传授和能力培养的有机融合与和谐统一。

六 考核评价

围绕课程的知识、能力、素质目标，本案例教学采用教师评价、学生自评和小组互评等多元主体评价的方式，其中学生自评占20%，小组互评占30%，教师评价占50%，有效促进学生知、情、意、行的全面发展。

自我评价要求学生根据自己对知识与技能的掌握情况、课堂是否参与交流、是否认真听课、是否遵守课堂纪律、任务的完成情况等进行评价。

小组评价从课堂讨论的参与度、学习态度、作品的完成度，小组集体荣誉感、团队意识、纪律遵守、沟通能力、环保卫生、操作规范性等方面进行评价，由组长负责对组员进行考核。

教师是评价学生课程学习效果的重要主体，既要正确把握学生学习专业理论知识和技能的情况，又要关注在课程学习中学生的思想态度、价值素养的养成效果。本案例通过教师课堂观察和学生作品情况，从专业知识技能、课堂表现情况、职业素养、社会公德以及责任意识五个方面对学生进行评价。

七 案例反思

（一）受益学生数及学生学习效果分析

本案例开展线上线下混合式教学，线上开课 10 期，共 69 所高校，2336 人选课，累计互动近 1.2 万次。2019 年以来，学生通过本案例的学习，经选拔参加各级各类大学生电子设计竞赛等比赛，23 支团队获国家级、省级奖项，其中 13 支队伍获得省二等奖以上奖项。

（二）学生与督导评价

本案例受到学生的好评，学生认为课程教学内容贴近实际，项目真实有趣，做中学，学中做，上课方式生动。老师备课充分，授课认真且生动有趣，课程信息量大。学生认为，他们不仅掌握了学习内容，更为重要的是，养成了良好的职业素养、强烈的团队协作意识，始终不忘专注求精的工匠精神和爱国担当的家园情怀。

教学督导通过听课和查看线上课程数据，认为本案例较好地实现了价值塑造、知识传授和能力培养的有机融合，实现了专业课程与课程思政同向同行。

（三）课程特色与创新

1. 校企深度合作创建"三层递进、双线融合"的教学策略

本案例基于OBE理念，围绕PCB设计人员岗位需求，通过校企深度合作，选择与优化企业真实生产项目，设计与实施"三层递进、双线融合"的教学策略。

2. 循序渐进实施"七环递进"教学法

七个环节环环相扣，根据"五适"原则筛选思政元素，并与课程进行有机融合，实现专业教育与思政教育的同向同行。

3. 挖掘绍兴名士，身边劳模树榜样

立足绍兴，与绍兴发展实践相结合，讲身边人，说身边事，将绍兴劳模何贝的案例融入课程思政，为学生树立接地气的榜样。

课程思政教学优秀案例
二等奖

高职组

学思砺新 明德润越
课程思政教学优秀案例

市政给排水工程

付海娟
浙江工业职业技术学院

课程学时	30	课程学分	2
适用专业	工程造价	案例获奖	二等奖

一 案例主题

"禹"水思"源"——城镇排水管网设计

二 结合章节

《给排水管道工程》2.4"城镇排水管网设计"

三 教学目标

根据人才培养方案、课程标准和岗位需求，制定本案例的育人目标、知识目标和能力目标（见图1）。

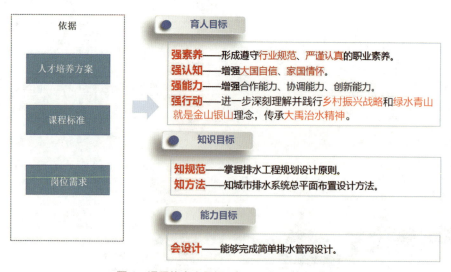

图1 课程的育人目标、知识目标和能力目标

高职组

四 案例实施

（一）教学内容

本案例为"市政给排水工程"课程项目二中第 4 模块城镇排水管网设计，共 2 学时，在课程中的位置见图 2。

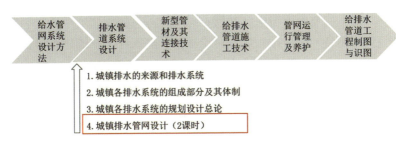

图 2　课程内容

（二）教学方法

1. 任务驱动法

教学过程以任务驱动的模式开展，突出学生的主体地位，教师则起到引导、辅助的作用。让学生进行自主探索和互动协作的学习，在"做中学"，培养学生分析问题、解决问题的能力。在教学过程中自然地培养学生的良好品质。

2. 讨论法

讨论环节可以使学生进行头脑风暴，培养学生的思维能力和创新能力。

3. 案例法

具体案例的分享，使思政内容具象化、生动化，使课程思政"如盐入水"。

（三）教学方式与理念

1. 混合式教学

推动线上线下混合式教学，学生在线上完成自学、互评、讨论、作业提交等内容。这种教学方式符合学生熟悉网络、喜欢网络的特点，能够激发学生的学习兴趣，提高学生的学习能力。线下根据学生自学情况、学生特点制定合理的教学组织，由线上自学情况找到教学难点，课上层层突破。线上线下互为补充，互相促进。

在课程思政方面，注重加强新媒体建设，使课程思政不受时间、地点限制，为全过程开展课程思政提供行之有效的方法。

2. 全过程育人

教师力求在专业课程中做到知识传授、能力培养与价值引领相统一，将大国自豪感、创新意识等元素融入教学过程，达到"如盐入水"的育人效果。

3. OBE 理念

教学过程以任务驱动的模式开展，以成果为目标导向，以学生发展为中心，以学生"学会"为目标，设置讨论环节、实践环节，细化评价标准，在教学过程中自然地培养学生的良好品质，以求课程思政达到"润物细无声"的效果。

（四）教学重难点

通过预习反馈和调查问卷，确定教学重难点（见图 3），并分析思政实施难点及对策（见图 4）。

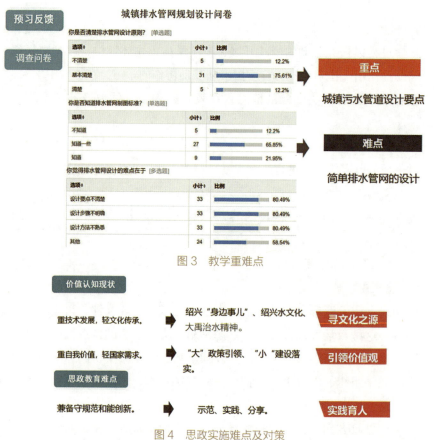

图 3　教学重难点

图 4　思政实施难点及对策

（五）教学设计创新方案

本案例以绍兴市某农村排水管网设计任务为载体，采用任务驱动教学法，灵活运用智慧树平台、CAD制图软件等信息化手段，教学过程主要分为课前预习、课中实施、课后提升三个阶段，其中课中实施包括"说—学—做—评—研"五个环节，环环相扣，学生逐步内化、深化教学要点，突破教学难点，具体教学设计方案见图5。

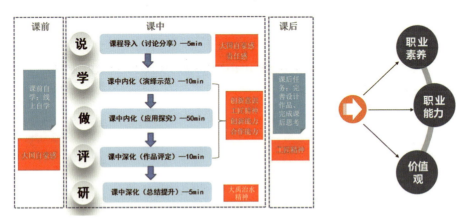

图5 "课前预习、课中实施、课后提升"三个阶段教学过程

课程设计充分体现"以学生发展为中心"的教学理念，课程思政融入教学全过程建设，形成"知（认知）—信（认同）—行（实践）"的课程思政培养体系。

（六）课程教学实施

1. 第一阶段：课前预习

活动目的：（1）将排水设计需要考虑环境保护的意识根植到学生心中。（2）培养学生的大国自信。（3）初步确定本次课教学重难点并制定解决方案。

教师活动：（1）发布教学资料。（2）发布问答讨论。（3）根据平台数据，总结学生预习情况，初步确定本次课教学重难点并制定解决方法。

学生活动：（1）在平台上完成微课学习任务、调查问卷。（2）完成话题讨论。

活动内容：通过智慧树平台，进行课前预学。（1）学习城镇给排水规划设计原则（见图6）。（2）了解火神山、雷神山医院污水处理工程的建造情况，在讨论区讨论（见图7）。（3）根据预习效果，完成问卷调查（见图8）。

3.3 设计方案的确定

图6　城镇给排水规划设计

武汉火神山、雷神山医院的污水处理系统建设和平时的污水处理系统相比有什么特点？

付海娟·浙江工业职业技术学院

9 人围观　　**66** 条回答　　2021年9月23日更新

图7　课程讨论

城镇排水管网规划设计问卷

你是否清楚排水管网设计原则？ [单选题]

选项 ◆	小计 ◆	比例
不清楚	5	12.2%
基本清楚	31	75.61%
清楚	5	12.2%

重点

你是否知道排水管网制图标准？ [单选题]

选项 ◆	小计 ◆	比例
不知道	5	12.2%
知道一些	27	65.85%
知道	9	21.95%

你觉得排水管网设计的难点在于 [多选题]

选项 ◆	小计 ◆	比例
设计要点不清楚	33	80.49%
设计步骤不明确	33	80.49%
设计方法不熟悉	33	80.49%
其他	24	58.54%

难点

图8　课程问卷调查

2. 第二阶段：课中实施

环节1（5分钟）。（1）活动目的：热点案例导入，激发学生的学习热情，培养学生的大国自信，以及作为建筑人使命必达的责任感、使命感与家国情怀。（2）活动内容：学生汇报火神山、雷神山医院污水处理工程的建设背景、建设历时以及自己的感悟等。教师总结，引出教学内容。

环节2（10分钟）。（1）活动目的：通过分析讲解设计案例，帮助学生突破难点。让学生体会到农村排水建设对于建设秀美乡村的重要意义，鼓励学生用实际行动践行乡村振兴战略。（2）活动内容：以宝坻区某农村污水管道设计为例，介绍污水管道设计的步骤、方法、图纸表达要求。介绍上述宝坻区案例背景——乡村振兴战略，包括"大"政策引领和"小"建设落实。

环节3（50分钟）。（1）活动目的：培养学生的创新精神、工匠精神，以及创新能力、小组合作能力、动手能力。突破教学难点，把握教学重点。（2）教师活动：故宫排水设计匠心分享。发布设计案例、评分规则。巡视小组任务实施情况，针对学生存在的问题进行引导，要求学生做到精益求精。（3）学生活动：学生根据设计案例进行问题分析。小组同学互相协作完成设计任务。（4）活动内容：以故宫排水建设为例，引导学生设计要守规范、有创意。介绍设计评分要求（见图9）。学生分小组完成绍兴市某农村排水管网设计（见图10）。

目标层	准则层	编号	权重	指标层	编号	权重
黄潭庵排水管网施工图设计	合理性	B1	0.4	管网设计是否符合自然因素要求	C1	0.2
				管网设计是否符合设计标准规范（思政）	C2	0.1
				是否体现了环境保护等各项方针政策的要求（思政）	C2	0.1
	完成度	B2	0.1	小组协作配合度（思政）	C4	0.1
	图纸表达	B3	0.2	图纸准确表达设计方案	C6	0.1
				图纸信息完整	C7	0.1
	创新性	B4	0.3	管网设计理念是否对接乡村振兴理念	C9	0.1
				管网设计方案是否具有创新性	C10	0.2

图9　设计任务评分表要求

绍兴市某农村城市排水管网设计

小组管理　小组作业

全部　未发布　进行中　已结束　　□ 我发布的　请输入搜索内容　🔍

绍兴市某农村城市排水管网设计

绍兴市某农村规划图中两个化粪池位置已给出，标高点已给出，请分小组按要求完成绍兴市某农村排水管网设计，并将成果上传到

🗓 截止时间：2021.10.18 11:15　0条评论

8
已批

图 10　绍兴市某农村排水管网设计小组任务

　　环节 4（10 分钟）。（1）活动目的：学生展开头脑风暴，提升创新创造能力，营造"比学赶超"的学习氛围。作品再审视，加深对知识技能的领悟。（2）活动内容：学生提交任务完成单，对设计成果进行演示、汇报。师生对各组作品共同评价、进行评分。教师进行补充，总结。

　　环节 5（5 分钟）。（1）活动目的：鼓励学生传承和发扬大禹治水精神。鼓励学生重视技术发展。（2）活动内容：教师总结教学内容，布置课后任务。分享大禹治水故事，包括水在于疏而不在于堵的排水观念和大禹治水精神，即公而忘私、民族至上、民为邦本、科学创新。

3. 第三阶段：课后提升

　　活动目的：（1）鼓励学生传承和发扬大禹治水精神。（2）培养学生的工匠精神。（3）培养学生独立思考能力。

　　活动内容：（1）对设计作品进行完善、改进（见图 11）。（2）思考问题二

作业　绍兴市某农村排水管网设计

请将图纸再次修订，并上传到平台。

截止时间：未设置　0条评论

图 11　设计作品修订

选一：思考装配式建筑的排水设计需要注意什么问题，并在讨论区发布自己的想法（见图 12）。谈谈自己对大禹治水精神的理解以及绍兴有哪些名人受其影响（见图 13）。

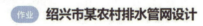

装配式建筑的排水设计需要注意什么问题？

　付海娟·浙江工业职业技术学院

11 人围观　39 条回答　2021年9月23日更新

图 12　思考问题一

谈谈自己对大禹治水精神的理解以及绍兴有哪些名人受其影响。

　付海娟·浙江工业职业技术学院

12 人围观　41 条回答　2021年10月17日更新

图 13　思考问题二

五 案例意义

时事热点与教学任务相结合，引入热点案例——火神山、雷神山医院污水处理工程建设，让学生认识到自己可以学有所用，激发学生的学习兴趣和热情，培养学生的大国自豪感、家国情怀。

通过生态文明建设和乡村振兴战略实施，让学生体会到农村排水建设对于建设秀美乡村的重要意义，鼓励学生用实际行动践行乡村振兴战略和"绿水青山就是金山银山"理念。

以浙江乡村振兴战略实施案例为落脚点，让学生体会到浙江为实现乡村振兴所采取的措施，鼓励学生用实际行动为浙江乡村振兴战略添砖加瓦。

通过分析故宫排水系统的排水效果、匠心设计和装饰，培养学生精益求精的工匠精神。

以大禹治水的经历，鼓励学生用实际行动践行大禹治水精神。

六 考核评价

（一）评价方式

课程考核采用全方位评价方式贯穿整个学习过程（课前、课中、课后），具体考核方案见图 14。

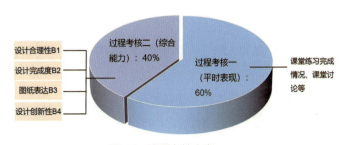

图 14　课程考核方案

1.过程考核一（平时表现）

主要以学生的作业完成情况、课堂练习完成情况等为考核依据，占平时成绩的 60%。

2. 过程考核二（综合能力）

以实际工程项目为载体对学生的综合能力进行考核，占平时成绩的 40%，考核注重能力培养和思政教育，即在任务完成的过程中潜移默化地进行了思政教育，而任务完成效果也体现了思政教育效果。

（二）成绩分析

本案例的学生成绩包括理论知识课后作业分数和设计任务总分数。

1. 理论知识课后作业分数

通过课后作业分数（见图15）显示，可以看到不合格（低于6分）的同学比例为6.1%，优秀（9—10分）的同学比例为49.0%。整体教学效果较好。但有3位同学分数较低，对理论知识把握程度较低，以后应加强因材施教。

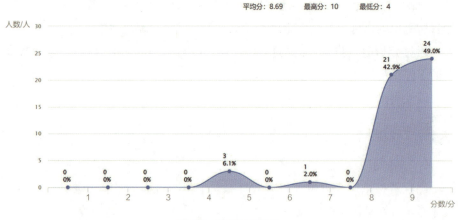

图15　课后作业分数

2.设计任务总分数

设计任务评分（见图16）显示，8组作品中优秀良好（高于8分）率为63.1%，及格（高于6分）率为100%。由此可见，学生对知识技能掌握情况较好。但是优秀良好率有待加强，作品还需进一步修正完善。

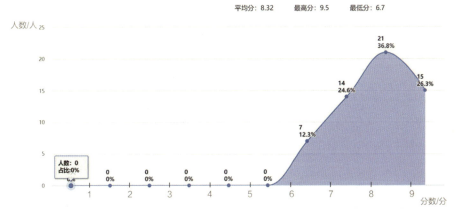

图 16　设计任务总分数情况

七　案例反思

（一）教学效果

1. 知识技能教学效果

本案例教学受益学生数为 98 人，根据学生成绩分析可知，学生对知识技能掌握情况较好。但是也存在个别同学表现不佳，以后应注意因材施教。

2. 思政教学效果

任务完成考核多注重思政指标，即在任务完成的过程中潜移默化地进行了思政教育，而任务考核评分也体现了思政教育效果。由此可以看出，课程思政教育落实到位，取得了较好的育人效果。

通过具体案例的分享，学生进一步明确了个人发展与时代民族命运的内在联系，感受到了专业技术的传承与发展，坚定了投身祖国建设的信念，加强了作为建筑人使命必达的责任感和使命感。思政教育也对学生的行动有了很大的影响，如部分学生积极加入志愿者服务。

（二）教学反思

第一，进一步加强因材施教。课后通过调查问卷统计学生的课程评价（见图 17），结果显示，学生评价较高，普遍认为知识掌握扎实，学习兴趣浓厚。学生对任务驱动法授课方式接受程度较高，技能培养到位，课程思政教育取得了很好的效果，有效地培养了学生的工匠精神、环境保护意识和创新精神。但是也有个别同学对教学效果评价不高，应对这几位同学进行深入了解，因材施教。

第1题：您认为本次课教学过程中是否善于启发学生的思维？　[单选题]

选项♦	小计♦	比例	
经常	27		77.14%
较多	6		17.14%
一般	1		2.86%
较少	0		0%
从不	1		2.86%

第2题：您认为本次课教学过程中是否注重培养学生的动手能力？　[单选题]

选项♦	小计♦	比例	
经常	29		82.86%
较多	5		14.29%
一般	1		2.86%
较少	0		0%
从不	0		0%

第3题：您认为本次课在及时更新教学内容，介绍学科新动态、新发展、理论联系实际方面做得如何？
[单选题]

选项♦	小计♦	比例	
非常好	33		94.29%
较好	2		5.71%
一般	0		0%
较差	0		0%
非常差	0		0%

第4题：经过本次课的学习，您认为您对城镇排水管网设计掌握程度如何？　[单选题]

选项♦	小计♦	比例	
非常好	31		88.57%
好	3		8.57%
一般	1		2.86%
较差	0		0%

第5题：您认为城镇排水管网设计需要做好哪些方面？　[多选题]

选项$\Leftrightarrow$	小计$\Leftrightarrow$	比例	
节省造价	35		100%
保护环境	34		97.14%
图纸信息表达准确	34		97.14%
按照规范要求进行	33		94.29%
具有一定的创新性	30		85.71%

第6题：您是否喜欢小组合作实践的教学模式？　[单选题]

选项$\Leftrightarrow$	小计$\Leftrightarrow$	比例	
非常喜欢	29		82.86%
喜欢	5		14.29%
一般	1		2.86%
不喜欢	0		0%
非常不喜欢	0		0%

图 17　调查问卷结果

第二，课程教学应加强校企联动，推动产学研深度合作，培养高素质、高技能人才。

第三，进一步加强大禹治水精神在课程思政建设中的影响力，鼓励学生传承大禹治水精神。

智能制造技术综合实训

陈雪丽、李红莉、毛江峰、应跃
浙江工业职业技术学院

课程学时	78	课程学分	3
适用专业	机械制造与自动化	案例获奖	二等奖

一 案例主题

"智造未来"——机器人减速机关键零件智能制造

二 结合章节

（无指定教材，自编活页教材）模块五"机器人减速机关键零件智能制造"

三 教学目标

依据人才培养方案、课程标准、《智能制造系统集成应用》1＋X职业技能等级标准，结合学情分析，制定课程教学目标。

（一）知识目标

（1）理解智能产线加工的工艺流程。

（2）应用工业机器人点位调校的方法。

（3）总结智能产线零件排产优化的原理。

（二）能力目标

（1）根据零件技术要求进行试制加工及匹配智能产线。

（2）能按照轨迹路径进行产线机器人的编程与调试。

（3）能按照工艺流程实施智能产线运行与管控。

（三）素质目标

（1）具有科技自信、技能报国的家国情怀和责任担当。

（2）具有良好的产品意识、质量意识和效率意识。

（3）具有尊重劳动、崇尚劳动、热爱劳动的理念。

（4）具有敬业、精益、专注、创新的工匠精神。

㉔ 案例实施

（一）教学内容设计

"智能制造技术综合实训"是机械制造与自动化专业的一门专业核心课程，主要培养学生的产线工艺设计、智慧物流应用、机器人编程操作和产品检测能力。课程内容围绕智能制造岗位核心能力，划分为三大基础模块和两大综合模块，本案例选自课程中的模块五——机器人减速机关键零件智能制造，基于智能制造的岗位工作流程，重构了 16 学时教学内容，满足智能制造时代背景下高职教育校企融合、工学结合的职教规律，突出由浅入深、循序渐进的认知规律，将"产品质量观"的职业素养贯穿全过程（见图 1）。

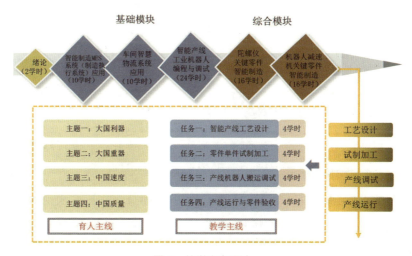

图 1　教学内容设计

（二）教学实施过程

本案例基于以行动为导向的教学法，通过课前自主学、课中合作学、课后引导学三步组织教学过程，全方位运用教学资源，全过程使用信息化教学手段，全员达到"学中做、做中学"的目的。遵循"以学生为中心"的教学理念，采用"自主学习，探究验证""合作学习，重点解析""引导学习，拓展升级"三种途径，结合视频动画、实时投屏技术、虚拟仿真技术，通过职教云平台中的任务引领、学习资源推送和职教云评价的功能，以技能点导航式的学习形式完成四大模块的教学实施过程（见图 2）。

图2　教学实施过程

（三）思政融入技术要点

　　为实现专业课程"知识传授"与"技能培养、价值引领"的有机统一，专业课程教学与思政教育有机融合的目标，本案例确定了"明确育人目标、挖掘思政元素、匹配思政案例、融入技能要点、激发价值认同"的思政教学思路，设计了"大国利器、大国重器、中国速度、中国质量"四大育人主题，精选了丰富的思政案例无痕融入各个技术要点中，构建了"价值引领链、技术融通链"双链并行的教学主线和思政育人主线，助力培养具有家国情怀、工匠精神、职业素养、劳动精神的高技术技能人才。思政案例融入技术要点见图3。

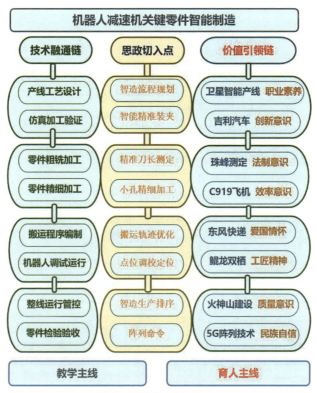

图3　思政融入技术要点

（四）思政融入实施过程

在思政教学实施过程中，通过课前"思与导"—课中"悟与练"—课后"想与用"的实施路径，课前发布导学案例视频，通过视频的学习，提出问题，引导学生思考，对学生进行情感上的诱发；课中通过"做中学，做中练"，采用案例教学、小组合作讨论、实践教学等方法，在不同的教学内容中，融入课程思政，实施全方位全过程的思政育人，对学生进行情感上的激发；课后通过第二课堂、技能大师工作室，在技能大师的言传身教下，让学生潜移默化地形成思想上的转化。整个教学过程中将爱国情怀、工匠精神、职业素养、劳动精神、创新意识、质量意识等思政教学目标与专业知识传授结合起来，让思政育人内化于心、外化于行，具体思政教学实施过程及典型案例展示见表1。

表1　思政教学实施过程及典型案例展示

环节	思政 实施路径	思政教学 实施方法与手段	三坐标测量环节 思政教学实施展示	育人 历程
课前 "思与 导"	案例导学	导学案例视频集： 《美国工厂》 《智能制造》 《海尔智能车间》 《京东智慧物流》 《宝马汽车生产车间》 《日本丰田汽车召回事件》 等	观看导学案例视频《日本丰田汽车召回事件》，引出问题： 1.质量问题何时休 2.如何保证产品检测关	情感 诱发
课中 "悟与 练"	问题辨中悟， 任务练中学	案例教学法： 结合大国重器、大国利器、大国工匠、人文故事等案例，融入教学内容	通过三坐标PC-DIMS软件的阵列操作命令，引出5G阵列天线，通过了解华为5G技术，激发学生的民族自豪感	情感 激发
		分组教学法： 组间同质、组内异质动态分组教学	通过分组实施仿真编程的操作，培养学生团队协作的精神和集体主义意识	
		实践教学法： 仿真软件操作、MES（制造执行系统）操作、物流机器人操作等虚实场景互动操作教学	在三坐标实操练习中，通过引入大国工匠李峰的故事，培养学生精益求精、一丝不苟的工匠精神和质量意识	
课后 "想与 用"	作业引思想， 拓展促应用	第二课堂、技能大师工作室	通过课后提升任务三坐标扫描功能，学生在第二课堂由技能大师指导学习，在技能大师的言传身教下，让学生的思想在潜移默化中达到转化	思想 转化

在思政融入的过程中，找准结合点，利用不同的结合形式，能够有效地达到育人的成效。在理论讲授、仿真操作、实践操作等教学环节中，以鲜活的案例视频、案例故事、讨论分析案例、思政讨论等形式手段融入思政元素，全面开展素质育人。具体思政教学实施过程见表2。

表2　思政融入教学过程

融入 环节	案例元素	融入过程	育人目标
工艺 规划	国内首条小卫星智能产线实现量产	智能产线工艺规划是实现智能生产的重要起点。课前发布任务：查阅智能产线的应用	让学生了解国家智能制造发展现状，激发学生的民族自豪感
		课中以学生展示分享经典案例，引出国内首条小卫星智能产线，具备完全自主权，实现了生产线的量产	告诉同学们自主权的重要性，培养学生具有诚信高尚的职业素养

续表

融入环节	案例元素	融入过程	育人目标
夹具设计	吉利汽车智能升级创新夹具优化设计	国产机器人关键零件的装夹具有特殊性要求，需要进行夹具的创新性设计。分组讨论设计夹具，以吉利汽车夹具设计为例，分析优点与借鉴意义	通过吉利汽车夹具的解剖分析，让学生明白创新的重要意义
铣削仿真	高铁道路系统仿真	外轮廓铣削仿真加工，路径规划对加工效率意义重大。学生通过查阅高铁道路系统的路径，了解仿真实现的重要意义。再结合铣削加工中走刀路径的重要性，以铣削仿真路径设计开展教学	以高铁道路仿真优化举例培养学生的效率意识与创新意识
加工工序优化	张兴华：22道工序手工打制渔船滴水不漏	零件加工工序决定了加工质量与效率，意义非凡。以小组PK的方式，不同小组展示优化工序，选出最优组，以最佳工序获得组引出张兴华的故事	以大国工匠精益求精、一丝不苟的精神，激励学生不断勇攀极致的高峰
精确刀长测定	珠穆朗玛峰高度测量	精确测量刀长能够让智能生产事倍功半，细节决定成败。在使用光学对刀仪进行刀长测定时，以珠峰的高度测量为例，引出不同刀具刀长测定引用同一个基准	由基准的引入，告诫同学们要遵守做人的准则，要守法守规矩
小孔精细加工	大国工匠——胡双钱	小孔加工的精度影响机器人减速机的装配问题。C919飞机上大大小小零件的精细程度可想而知，通过"精细加工"引出大国工匠胡双钱的故事，了解飞机背后的动人故事	以大国工匠的故事，培养学生吃苦耐劳的劳动精神
搬运轨迹优化	嫦娥五号飞行路径	组内讨论、组间交流搬运路径设计，在展示环节观看嫦娥五号从地球到月球并返回的过程，以嫦娥五号的路径来解释说明搬运路径的重要意义，同时引出嫦娥五号背后的人的坚守故事	以"90后"的榜样故事激发学生的价值认同感，培养学生的家国情怀
搬运程序优化	鲲龙双栖飞机试飞员水面角度严格控制	在分组操作的程序编制与优化过程中，结合鲲龙双栖飞机试飞员水面角度严格控制也是通过程序编制来实现的，说明在重要工作中，程序优化的重要性	培养学生严谨细致的工作态度与求真务实的工作作风
点位调校定位	北斗卫星成功组网定位精度高	在分组调试过程中如发现定位调试困难或调试效率低，结合北斗卫星组网成功，实现精准定位对中国人民的意义	激发学生强烈的民族自信心与报国热情
智能产线排产	"火神山"医院——优秀的生产排序	智能产线生产排序过程中的效率质量优先原则在火神山医院建设中体现得淋漓尽致，从火神山医院建设的排序切入机器人的生产排序，实现质量与效率的最优解	培养学生的质量意识、效率意识

五 案例意义

本案例以大国科技为切入点，从四个思政主题挖掘思政元素，融入各个教学环节的技术要点中，设计了教学主线和育人主线，有效地提升了学生的技术水平和专业素养。通过与智能制造车间工作岗位匹配的"技术融通链"，以及激发学生科技自信，满足学生成长发展的需求的"价值引领链"，双链并行，让思政元素融入如盐入水，如沐春风。精选的思政案例，有温度，有深度，有力度，通过课前情感诱发、课中情感激发、课后思想转化的育人历程，生动自然地给予学生思想上的启迪、心灵上的触动、精神上的共鸣。

（六）考核评价

为突出教学评价的多元性、真实性和全面性，本案例设置了平台评价、过程观测和综合测试三种评价方式，考核内容包括线上学习与活动情况、职业素养和技能操作、知识掌握度测试和成果验收评价等方面，以学生、教师、企业工程师为评价主体，通过学生自评、小组互评、指导教师评价和企业工程师评价等方式，利用职教云平台，对教学过程进行多维度的数据采集，全面考核学生的综合能力。多元化评价体系设计见图4。

图4 多元化评价体系

为实现对思政育人的考核，本案例通过建立学生思想动态档案袋，一人一档，记录学生在成长过程中的思想变化。同时，采用问卷调查的形式对思政育人的成效进行体验调查，通过学生的体会，判断思政育人的成效。

㈦ 案例反思

（一）实施成效

本案例受益对象为 2019 级机械制造与自动化专业 153 人。统计 24 位学生在职教云平台中的综合成绩，使用 SPSS 20.0 软件对课程思政实施前后的学习成绩进行独立样本分析，统计分析优秀率、及格率与平均分（见表 3），P 值都小于 0.05，具有显著的差异，说明学生的职业技能水平有显著的提升，教学目标有效达成。

表 3 实施前后对比成绩统计

任务	N	对照	优秀率	及格率	平均分	标准差	P值
工艺设计	24	实施前	15.23%	88.21%	79.35	11.0345	0.034
		实施后	18.51%	98.06%	86.79	10.0296	
试制加工	24	实施前	13.88%	85.42%	78.66	11.1652	0.023
		实施后	17.46%	94.32%	88.46	10.1486	
机器人操作	24	实施前	12.61%	83.97%	73.92	11.8813	0.015
		实施后	16.56%	93.82%	83.91	10.1649	
产品检验	24	实施前	17.11%	89.07%	80.84	10.8858	0.028
		实施后	20.45%	98.69%	90.89	10.0671	

学习体验和学习成果是判断学生作为学习主体是否达到教学效果的主要依据，所以还应对学生的主观体验进行评价，课程组采用李克特量表，从 4 个层面 12 个评价指标进行评分（见表 4），结果显示学生对教学过程的正面性评价分值大幅提高，体验效果较好。

表 4 李克特量表得分统计

层面	评价指标（1—5分）	平均分	
		模块四	模块五
学习动机	我对课程的学习兴趣	3.62	4.45
	我能够制定合理的学习目标并安排好课前学习任务	2.55	4.12
	我认为通过课程学习，能够提高智能制造的能力	343	4.80
师生、生生互动	当我遇到问题时，我会主动向老师请教	3.55	4.45
	当我遇到问题时，我会及时与同学探讨	3.78	4.68
	我能够从老师的指导中得到有用的信息	3.87	4.37

续表

层面	评价指标（1—5分）	平均分	
		模块四	模块五
教学设计	我认为课堂的教学活动安排较合理	3.45	4.76
	教师的授课形式与手段能够让我较快掌握技能	3.72	4.62
	课堂中的信息化教学技术能够让我较快掌握技术	3.54	4.29
认知与自我控制能力	学习过程中注意力不容易分散	3.15	3.46
	我总是及时完成任务	3.67	4.56
	我对线上线下混合式教学整体效果较为满意	3.12	4.72

（二）反思整改

学生的思想政治教育是一件细水长流的大工程，思想转变需要花费较长时间，很难在短期内迅速看到思政育人的成效，隐性教育与显性教育的对比程度不够明显，所以在思政育人的反馈机制中，要建立长期的反馈机制，从学生入学开始，及时建立学生的思想动态档案袋，跟踪学生的思想转变，时刻关注学生的品行变化，不断加大不同需求的学生的思政育人力度。

建筑构造与识图

黄乐平
浙江建设职业技术学院

课程学时	56+32	课程学分	4+2
适用专业	建筑工程技术	案例获奖	二等奖

一 案例主题

建筑构造与识图

二 结合章节

《建筑构造与识图》单元 2 "建筑构造" 子单元 7 "楼梯" 2.7.2 "楼梯的组成和尺度"

三 教学目标

（一）知识目标

（1）了解楼梯的功能要求。

（2）掌握楼梯的组成及其尺寸要求。

（3）熟悉楼梯的图纸（详图）表达方式。

（二）能力目标

（1）能判断楼梯尺度是否满足规范要求。

（2）能读懂楼梯图纸（详图）。

（3）能根据既定条件完成楼梯的平面布置、空间布置。

（三）素质目标

（1）培养学生良好的职业习惯和职业道德。

（2）提高学生的动手操作能力和分析问题能力。

（3）培养学生团队合作精神和理论联系实践的能力。

（4）培养学生对专业的认同感和对学习的自信心。

（5）培养学生精益求精的工匠精神和创新意识。

四 案例实施

（一）备课环节

教学重点：楼梯的尺度。

教学难点：楼梯的图纸（详图）表达。

1. 学情分析与教学策略

（1）学习基础。学生已掌握了三视图识读、建筑材料、建筑测量等知识，为学习楼梯做好了知识储备。

（2）学习特点。学生的动手能力较强，但缺乏学习理论知识的兴趣；主动学习能力较弱，学习自信心不足。

（3）教学策略。在教学过程中，根据学生的喜好和动手能力强的特点，设计了实测实量的课程调研环节，解决理论知识与实际应用脱节的问题；应用信息化手段（BIM模型、动画等），对楼梯的空间问题进行直观形象化处理，便于学生正确理解楼梯尺度的专业术语；课后进行楼梯的模型制作，让学生在做中学，将课堂上的理论知识活学活用；通过模型制作，让学生领悟由物到图、由图到物的识图、施工应用的过程，将理论与实际相结合，更好地掌握构造知识，获得学习上的满足。

2. 教学方式方法

（1）线上线下混合式教学：预习复习以线上教学为主；知识讲授与巩固以线下教学为主。

（2）案例分析法：以生活中的楼梯为例，分析各种楼梯尺度的优缺点，学习如何正确选用楼梯的尺度。

（3）比较分析法：比较不同使用空间、不同用途、不同材质、不同建筑物的楼梯尺度，分析出影响楼梯合适尺度的因素，理解不同楼梯设计规范对其规定的差异。

3. 教学手段

（1）利用智慧职教平台，实现线上线下混合式教学。

（2）课前布置任务，课中分析应用，课后再实践验证，采用翻转课堂使教学效率更高。

（3）采用现场体验、动手操作等方式，结合信息化教学资源、多媒体演示组织课堂教学，调动学生参与教学的积极性，让教与学"活"起来。

4. 板书设计

专业词汇：梯段（stairway section）、楼梯平台（stair landing）、楼梯井（stairwell）、栏杆和扶手（railing and handrails）。

教学思维导图见图1。

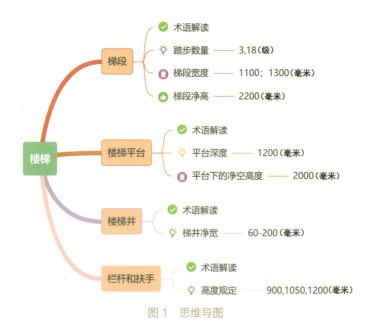

图1　思维导图

（二）授课环节

1. 课前阶段

课前准备。（1）预习：通过智慧职教平台等数字化课程资源预习楼梯的组成与尺度。（2）调研：至少选择两类建筑物（居住建筑、公共建筑）中的楼梯，测量相关数据，完成楼梯的尺度调研。（3）查规范：查找规范中关于住宅、教学楼等建筑物的楼梯尺度相关要求。（4）总结：根据楼梯的尺度调研统计数据，归纳出不同用途楼梯的尺度要求。

课程思政切入点：根据教师设计的调研表，以小组形式，调研两类不同建筑物中楼梯的尺度，完成楼梯的尺度调研表，推行小组合作完成任务，进行全过程考核。通过分组学习这种方式，增强学生团队协作的能力；通过不同建筑物中楼梯的量测，对照规范的相关规定，判断楼梯尺度的合理性，发现问题，勇于批判与质疑，提升学生主动思考的积极性，以及发现问题、分析问题、解决问题的能力；通过问题的解决，增强团队成员间、师生间的互动亲密关系，激发学生独立思考的能力，鼓励学生敢于、善于表达，培养学生科学思辨能力。通过调研成果的分享，建立学生对工程施工的责任心以及从事建筑领域相关岗位的职业道德意识。

候课。教师提前10分钟到教室做好课前准备，利用课前时间加强与学生的沟通，了解学生的学习状况，营造良好的教学氛围，拉近师生距离，为下一步的教学活动做好铺垫。同时教师"候课"能把教师"严肃认真，守时惜时"的工作作风传递给学生，为学生做出好榜样。减少和杜绝学生迟到的现象，有利于增进师生感情，从而保证教学效果，提高学生课堂学习质量。

2. 课中阶段

课程复习与导入。（1）复习：结合智慧职教平台线上活动，复习楼梯的作用、设计要求及楼梯的平面形式。（2）新课导入：展示生活中遇到的不同楼梯，设定生活场景——爬楼梯，请学生谈谈爬楼梯的感受以及不同的踏面宽度和踢面高度对于人的舒适感、爬行速度的影响，引出楼梯的组成及尺度的话题。

新课教学过程。（1）楼梯的组成：通过电子模型展示、图片实物展示，使学生直观地理解楼梯的组成，了解楼梯的三大部分（楼梯段、平台、栏杆扶手）协调工作，各司其职。（2）设计规范如下，第一，踏步的尺寸应根据人体的尺度来决定其数值；第二，梯井的宽度一般为60~200mm，住宅建筑梯井的宽度≥110mm时应有安全措施，公共建筑梯井的宽度≥200mm时应有安全措施；第三，楼梯段的宽度取决于通行人流股数和消防要求。每股人流：人的平均肩宽（550mm）再加行走摆幅（0~150mm）即550+（0~150）mm。消防要求：每个楼梯段必须保证二人同时上下，即最小宽度为1100~1400mm，室外疏散楼梯其最小宽度为900mm，楼梯段的最小步数为3步，最多为18步，楼梯段的允许坡度范围30°~45°，30°是楼梯的适宜坡度。课程思政元素：结合楼梯设计要求，查阅相关规范，培养学生的规范意识，增强消防安全意识；尊重用户的习惯，形成人性化设计的理念；第四，楼梯栏杆和扶手，其中栏杆净距要求是中小学、幼儿园≤110mm，栏杆形式要求是中小学、幼儿园不能攀登，扶手高度要求是室内扶手高度≥900mm；室外楼梯扶手高度≥1100mm，扶手设置要求是人流股数、使用人群；平台净宽的要求是平台净宽≥梯段净宽≥1200mm。课程思政元素：控制净宽的主要目的是发生紧急情况时利于组织人员及时疏散，设计施工中需要严格遵守规范要求，培养学生的规范意识和安全意识。净空高度的要求是平台上部及下部过道处的净高≥2000mm，梯段净高≥2200mm。课程思政元素：结合工程案例告诉学生工程中的实际问题千变万化，专业人员需要运用专业知识，随机应变，分析、解决工程实际问题。（3）楼梯的图纸表达。结合案例图纸讲解。课程思政元素：识图过程认真细致，各尺寸的关联性、正确性需要学会甄别，培养学生一丝不苟的学习与工作的态度。（4）总结。建筑里的生命通道——楼梯，是建筑物垂直交通设施之一，其作用是联系上下交通和人员疏散。楼梯尺度合理，将为人们的生活带来更多的便利，减少安全隐患。

3. 课后阶段

作业：按任务书要求完成楼梯模型。

课程思政元素与切入点：在楼梯模型的设计与制作过程中，培养学生发现问题、分析问题、解决问题的能力，以及精益求精的工匠精神和创新意识。

课后作业评价。（1）智慧职教平台作业，以客观题为主，进行知识性考核。（2）楼梯模型制作，学生动手制作模型，将图转化为物，边做边学。

五 案例意义

楼梯是建筑物中楼层间垂直交通用的部件。哪怕是在以电梯、自动扶梯为主要垂直交通手段的多层、高层建筑中也仍然要保留楼梯，以供发生灾害时逃生之用。因此，首先，从楼梯的使用功能出发，结合"生命无价"这一课程思政元素进行人文精神教育；其次，本案例的内容涉及的规范非常多，如《民用建筑设计统一标准》GB 50352—2019、《建筑设计防火规范》GB 50016—2014（2018版）、《住宅设计规范》GB 50096—2011、《中小学校设计规范》GB 50099—2011等，是学生学习国家规范，建立规范意识最合适的内容之一；最后，在楼梯构造中，结合合理选择楼梯尺度、智能化施工技术等案例，让学生逐步形成以人为本的职业操守，建立绿色选材、绿色施工的理念。

本案例详细的课程思政元素与切入点如下。

（1）以分组完成调研任务为切入点，培养学生的团队合作精神。

（2）以实测实量楼梯的尺寸、体验上下楼梯为切入点，让学生感受楼梯的尺度对人们生活的影响，使其养成尊重用户体验感，形成人性化设计的理念，培养学生良好的职业习惯和职业道德。

（3）以调研楼梯的材料为切入点，引出绿色建材、绿色施工的理念，让学生思考绿色建筑的必要性，培养学生生态文明建设意识，深刻领会"绿水青山就是金山银山"理念。

（4）以楼梯设计的消防要求为切入点，培养学生的安全意识。

（5）以楼梯模型的设计与制作为切入点，培养学生精益求精的工匠精神和创新意识；以发挥学生动手能力特长，设计教学成果为切入点，培养学生的自信心，使学生获得学习成就感。

六 考核评价

本案例的考核以学生、小组、教师为评价主体，根据课前、课中、课后三阶段的教学设计，分别开展学生自评、小组学生互评、小组互评、教师评价等。课前阶段主要考核预习准备情况，课中主要考核学生对知识点的掌握程度，课后主要考查学生对知识的应用能力。具体考核内容及标准等见表1、表2和表3。

表 1　课前考核评价

预习内容	预习情况	
	小组评分（60%）	教师评分（40%）
楼梯的平面形式		
楼梯间的平面形式		
楼梯间的开间		
楼梯间的进深		
梯段宽度		
梯段长度		
梯段踏步数量		
踏步踏面宽		
踏步踢面高		
中间休息平台深度		
楼梯栏杆扶手的高度		
栏杆的间距		
楼梯梯井的宽度		
平台下净空高度		
梯段净空高度		

续表

预习内容	预习情况	
	小组评分（60%）	教师评分（40%）
楼梯的防滑措施		
楼梯面层材料		
楼梯栏杆、扶手的材料		

表2　课堂学习评价

	评价内容	比例/%	评价主体	得分
知识目标	楼梯尺度调研	20	学生互评＋教师评定	
	职教云评分测试	10	教师	
	上课提问	10	教师	
能力目标	规范应用能力	15	教师	
	楼梯图纸（详图）识读能力	15	教师	
素质目标	职业习惯和职业道德	10	学生自评＋互评＋教师评定	
	团队协作能力	10	学生自评＋互评	
	分析问题、解决问题能力	10	学生自评＋教师评定	

表3　模型制作评分标准

评分项目	满分	小组自评(30%)	小组互评(30%)	教师评分(40%)	备注
整体结构完整、连接牢固	30				模型结构是否齐全，是否符合实际建筑构造原理
制作工艺	20				工艺是否合理，技术复杂程度
模型整体布局及外观	10				模型比例是否协调、布局是否合理、外观质量如何
绿色低碳	10				是否优先选用绿色材料，材料是否逼真
尺寸是否符合规定值	10				踏步宽度、踏步高度、梯段宽度、扶手高度等是否符合要求
创新意识	10				模型是否新颖、构思是否合理
工匠精神	10				材料利用率是否高，制作是否精良

七 案例反思

　　"建筑构造与识图"是一门既有理论学习又有实践训练的课程，教学安排由浅入深、循序渐进、理论与实践相结合，符合学生的认知规律。

　　本案例以社会主义核心价值观为师生的价值引领，在春风化雨的教学中，培养学生一丝不苟、实事求是的职业精神、精益求精的工匠精神、尽职尽责的爱岗敬业精神及法治意识，让学生时时不忘道德操守，养成终身学习、兢兢业业的学习和工作态度。

从本案例的课程反馈来看，通过课前准备—课中探究式学习—课后实践应用，将理论学习与知识应用贯穿教学全过程，以模型为成果，引导课程教学目标的落地。课堂教学环节贯穿课前、课中与课后，学生参与度高，动手与动脑并重、知识与技能并重。学生课余投入的时间多，自主学习的要求高。对于学习自觉性较高的学生，课程的学习目标达成度高，对于缺乏自觉性的学生，学习效果不理想。

从整门课程来看，建筑工程技术专业的"建筑构造与识图"的教学需要关注以下几个方面的问题。

（一）以学生为中心，合理确定课堂教学目标

课堂教学设定的目标明确、主线清晰、任务可操作性强。教师要将课堂教学目标细化、量化，制定一个清晰的学生学习成果蓝图，如通过学习，能读懂图纸，完成楼梯模型。学生成果目标明确，易于接受学习挑战。

（二）以学生为中心，合理组织课堂教学

通过课堂教学树立学生的自信心，培养学生自主探究的学习习惯与自我认同感。课堂教学项目要让学生形成"我能行"的自我认知能力。任务的设计要循序渐进，课程思政元素的融入要自然，恰到好处，切忌为了课堂思政而课堂思政。

（三）以学生为中心，构建良好的师生关系

"亲其师，信其道；尊其师，奉其教；敬其师，效其行。"良好的师生关系能使学生以良好的情绪去面对学习。学生会因为喜欢一位教师而喜欢一门课程，甚至是一个专业。

（四）落实"三教"改革，持续推进课程思政建设

第一，以"五育"并举统领课程思政的目标，进一步完善课程标准。课程思政应将德育置于课程目标之首，认真研究并完善课程标准，精准定位课程目标，将学生培养成新时代好青年。

第二，线上＋线下、课内＋课外、校内＋校外，构建课程思政育人平台。借助线上网络阵地、线下日常管理阵地，打通第一、二课堂，整合校内外资源，让学生动起来、学起来，促进学生成长成才。

第三，多元评价知识技能与课程思政效果，形成一套课程评价体系。将学生的知识、技能、情感、价值观等内容纳入教学效果评价体系，探索研究多维度、多途径评价方式，制定科学的评价指标，全面反映课程中知识传授与价值引领的结合度。

金融产品营销

郭振峰
浙江农业商贸职业学院

课程学时	64	课程学分	4
适用专业	财富管理	案例获奖	二等奖

一 案例主题

"恪守初念，普惠在心"——金融营销人员专业与道德的统一

二 结合章节

《金融产品营销与管理（第四版）》项目五"金融产品营销"模块一"证券产品营销"

三 教学目标

（一）知识目标

（1）熟悉证券产品的基本概念，辨析不同证券产品间的差异。

（2）熟悉证券产品的基本特征，正确介绍证券产品的属性。

（3）掌握证券营销的基本要点，能结合情境匹配证券产品。

（二）能力目标

（1）熟练查询证券产品的历史行情走势，向客户展示说明业绩走势。

（2）熟悉运用投资工具查询业绩指标，提升证券产品的营销效果。

（3）掌握金融营销情境的职业岗位要点，进行证券产品的营销流程。

（三）素质目标

（1）具备客户至上的服务理念，将金融普惠服务理念落实到营销环节。

（2）具备诚实守信、真诚待人、稳健合规、创新卓越的职业理念精神。

（3）树立正确的金钱观以及理智的投资理念，在营销过程中传递正确价值观。

（4）在金融营销岗位中做到实事求是、刻苦勤奋。

四 案例实施

基于学情分析，体现职业教育以学生为中心的教学理念，本案例在教学实施过程中采用课前、课中、课后分步开展，即"课前：知识初探""课中：启解做评""课后：拓展实践"三大环节。具体教学实施过程设计如下。

（一）课前：知识初探

该环节教学设计意图在于培养学生自主学习的习惯；针对课前测试结果了解学生的学习情况，发现知识重难点，并及时调整教学策略。

1. 教师活动

（1）将学习内容任务推送给学生，要求学生进行自学。

（2）通过学习平台的后台了解学生的学习程度和效果。

（3）统计学生预习测试反馈的问题，并将其作为课内讲解的重点。

2. 学生活动

（1）完成职教云平台上的视频学习任务并完成课前测试。

（2）登录超星平台对主题讨论发表各自的认识看法。

3. 线上资源及活动

（1）微课及微测试。

（2）主题讨论。

（二）课中：启解做评

该环节教学设计通过任务划分逐步拆解教学重难点知识，并对每一项任务形成"启、解、做、评"四步实践考核机制。教师课前预热，总结学生课前微测试的情况，对小组提交的话题讨论情况进行总结，阐述本堂课知识的重点与难点。学生对照课前自学的反馈明确自身的不足，利用课中环节弥补疏漏，提升学习效果。

1. 任务一：厘清概念明特征

通过课堂测试任务发布引导学生进行自主式探索学习；在掌握学生课前预习程度的情况下，进一步对基本概念问题进行深入提升印象，以视频方式引入非法证券活动危害；以小组完成任务的方式加强学生的团队合作能力，并及时巩固之前环节的基本概念内容；让学生参与评比环节，提升以学生为主体的思路（见图1）。

图1 任务一："理清概念明特征"教学设计

2. 任务二：以史为鉴寻卖点

前后任务相互链接，保障课堂知识点设计的完整性；难点知识内容通过教师教导学生演练的方式提高学生的学习效率，并运用工具提升学生的实践操作能力，通过违规案例解读，让学生意识到在介绍证券产品时不得违规夸大业绩；小组完成任务方式加强学生团队合作能力，工具和报告模板使用起到引导作用，让学生在没有教师实时指导的情况下能独自完成任务；学生上台汇报锻炼学生的语言表达能力和控场能力，为学生未来工作打下坚实的基础（见图2）。

图2 任务二：以史为鉴寻卖点教学设计

3. 任务三：情景模拟解流程

以职业岗位真实工作内容为背景进行设计，让课堂环境更接近真实工作环境；运用本专业群自建的投资者教育基地资源对接行业专家和嘉宾进入课堂，实现真实互动；通过对以基金营销沙龙为例的整体证券产品营销流程的梳理，加深学生对此难点知识的理解，让学生以职业岗位身份完全融入模拟情境中，在提升课堂趣味性的同时，锻炼学生的职业实操能力；通过证券产品营销策划案报告的方式能够让学生在深入学习营销流程的同时，得到更好的实践锻炼（见图3）。

图3　任务三：情景模拟解流程教学设计

4. 课堂总结

教师对课程知识点进行总结；学生梳理课程任务与知识点；课堂内及时解决学生遇到的问题，提高学生技能掌握的效率。

（三）课后：拓展实践

该环节通过课后习题设置对学生课堂学习成果进行考核，并根据课堂基金营销任务引导学生撰写营销策划案，考查学生对知识技能的综合应用能力。

1. 教师活动

（1）在线上发布课后练习，要求学生在规定时间内完成。

（2）要求各组在规定时间内提交基金营销实务策划案的材料。

（3）发布下节预习内容。

2. 学生活动

（1）整理复习课程知识点，并按时完成课后练习提交作业。

（2）以小组为单位完成基金营销实务策划案，并提交至学习平台。

（3）完成预习工作。

五　案例意义

　　本案例采用视频资料、行业新闻案例以及行业政策话题探讨等方式进行思政内容融入。通过对非法证券活动进行视频资料展示，让学生直观认识到在证券营销过程中的非法违规行为，引导学生在未来岗位中分辨什么可以做什么不能做，从而树立正确的职业素养。通过案例"夸大业绩诱导客户证券产品购买"明确作为具备匠人精神的金融从业者应当遵循实事求是、客观公正的职业操作。以开放式探讨话题形式共同讨论金融机构在提供产品服务的同时，不忘金融普惠政策初心，引导社会群体提升金融认知水平，树立金融防骗意识。

　　本案例以培养实践营销技巧为主，融入金融业服务精神，以贯彻金融普惠教育理念为辅，在锻炼学生证券营销技能的同时，深化金融服务的社会意义，实现高等职业教育源于社会、服务社会的育人理念。

六　考核评价

　　课程考核采用全过程评价方式，实时了解学生的学习状态与效果，具体评价过程分为学生自评、生生互评、教师评价三个维度，对线上及线下各任务环节打分，并形成最终考核评价（见图4）。

　　学生自评：占比20%，主要集中于课前，对超星平台上微视频学习情况及微练习成绩进行评价。

　　生生互评：占比40%，主要集中于课中，对课堂任务的练习情况进行评价，以学生为评价打分主体实现课中活动评价全覆盖。

　　教师评价：占比40%，主要集中于课后，包括课后测试、学生课后线上问答情况，以及企业导师对学生提交的证券营销策划案给予的点评和打分。

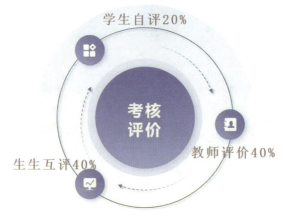

图 4　课程考核评价指标

七　案例反思

　　本案例覆盖财富管理专业以及金融科技应用专业选修"金融产品营销"课程的共计约 150 名学生，为充分了解学生对课程形式的认可情况，对课堂学生进行了课程问卷调查。从统计结果来看，与传统教学相比，95% 以上的学生对课程授课形式认可度较高，并且承认对提升学习效果有较大帮助，帮助他们养成自主学习的习惯；超过 90% 的学生认为思政案例的使用契合社会热点时事，具有良好的启示意义。

　　当然在案例总结过程中也有一些不足之处。

　　第一，教学效果的迁移功能有待提升。由于金融营销岗位实务课程缺乏相应技能比赛或证书支撑，知识和技能无法通过有效的方式验证，下一步可探索如演讲比赛类的营销训练、金融企业真实场景式的客户服务，引导学生从实践中得出真实效果。

　　第二，教学效果的评价机制有待完善。由于课堂教学与课外实践相结合的教学分层结构仍处于探索试验期，在实际操作过程中比较难把控，下一步教研室将联合校企合作单位开发金融营销岗位案例库线上资源平台，实现及时有效、多维度、多层面的评价机制。

　　第三，情景模拟方式仍较为传统。传统教学手段大都以教师或者学生为模拟客户，难以接触到真实的客户，下一步将融入新媒体教学手段，结合本专业群投教基地运作，使学生可以通过互联网提升专业知识技能的实践应用。

心理健康教育

课程学时	32	课程学分	2
适用专业	全院大一学生	案例获奖	二等奖

● 案例主题

有效沟通 和谐人际

● 结合章节

《大学生心理健康》第四章"人际关系与心理健康"

● 教学目标

（一）知识目标

（1）理解人际交往的基本原则。

（2）了解萨提亚人际沟通模式。

（3）认识掌握人际沟通的基本要素。

（二）能力目标

（1）能利用人际交往的基本原则建立关系，避免冲突。

（2）能评估自身人际沟通模式，合理分析利弊关系。

（3）能通过有效沟通化解人际冲突，优化人际关系。

（三）素质目标

（1）培养平等、尊重、真诚等社会主义核心素养。

（2）懂得真诚表达自己，倾听他人，与他人和谐共处。

（3）树立自尊自信，理性平和，积极向上的心态。

四 案例实施

（一）课前准备

设计思路如下。

步骤 1：教师在学习平台上发布微课以及知识测验，学生完成自学和测验。

步骤 2：教师通过学习平台了解学生的学习进度，并查看学生的测验成绩。

步骤 3：教师发布讨论主题——哪些因素会引发人际冲突以及在日常生活的冲突案例，根据学生的反馈确定课程教学的重难点。

步骤 4：教师指导学生拍摄寝室人际的微视频。

（二）导入与教学目标

设计思路如下。

步骤 1：回顾前一课时的重要知识点，根据课前主题讨论结果梳理引起人际矛盾的因素——生活习惯、个性差异、沟通方式等，其中沟通方式是非常重要的因素。由此引入案例主题，并介绍本案例欲解决的问题——如何进行有效沟通？

步骤 2：从"是什么导致沟通无效""为什么会无效"，以及"该如何更有效地沟通"三个维度说明教学内容（板书内容），即人际交往的基本原则，人际沟通的常见模式，人际沟通的有效途径。

（三）参与式学习

1. 人际交往的基本原则

设计思路如下。

步骤 1：教师组织开展"你拍我拍"的活动，让全体学生参与相互拍打按摩的任务，并根据活动过程中的现象进行提问，通过"你如何把握拍打的力度""交换位置时为什么你会有不同的反应""这个活动让你体会到了什么"等问题，引导学生内化人际交往中的基本原则。

步骤 2：教师讲解人际交往的基本原则——平等、尊重、真诚、互惠、包容，结合当前时事新闻以及国家外交关系进一步举例说明，如"'一带一路'带给中国的十大成就""中国一直坚持以互尊互信、开放包容的精神与全球各国建立命运共同体"。

过渡：国家在关系中收获了成就，发展了朋友圈，作为新时代的大学生，我们该如何维持和建立自己的关系？为什么我们明明知道该遵循这些人际交往的原则而常常知行不合一？我们的沟通方式合适吗？通过以上问题引出人际沟通的常见模式。

2. 人际沟通的常见模式

设计思路如下。

步骤1：教师分享一个寝室人际矛盾的案例，并请学生思考"遇到这种情况，你会怎么做"。

步骤2：教师在学习平台上发布任务，指导学生针对上述问题做出选择，教师通过学习平台智慧课堂功能现场反馈统计结果，并邀请学生谈谈自己的想法。

步骤3：结合案例，教师讲解萨提亚五种沟通姿态——讨好型、指责型、超理智型、打岔型、一致性沟通，其中，前四种属于非一致性沟通。教师逐一通过身体演示来让学生感受每一种沟通姿态背后的主人公心理以及带给对方的影响，引导学生思考"这一沟通模式破坏了哪种交往原则"。教师以中国外交官在回应各种无理挑衅问题时理性平和、有理有据的状态来强调一致性沟通的重要性，同时也说明一致性沟通在自尊自信、不卑不亢的基本条件下才能实现，也强调了我国自身综合实力的提升对国际话语权的影响。

过渡：通过问题"那么如何让自己保持一致性沟通，在实际生活中我们该如何更有效地沟通"引出人际沟通的有效途径。

3. 人际沟通的有效途径

设计思路如下。

步骤1：教师讲解有效沟通的四要素——观察、感受、需要、请求。重点区分观察与评判，感受与想法，请求与要求，并引导学生采用有效沟通的基本步骤。

步骤2：以2—4人为一组，以寝室人际矛盾的案例为蓝本，采用有效沟通基本步骤模拟对话，教师关注各小组讨论的进展，对存在困扰的小组给予适当指导。

步骤3：邀请1—2个小组进行情景演示，并询问其他学生"是否有更优化的表达方式"。

（四）总结与评价

设计思路如下。

步骤 1：邀请其他小组对演示小组进行点评，根据学生的表现，教师给予综合点评，并进行示范演示。

步骤 2：教师总结课程重难点，学生回答有效沟通需要遵循人际交往的基本原则，并觉察自身沟通模式，掌握有效的沟通方式。此步骤强调社会主义核心价值观，相互尊重，相互包容等。

步骤 3：教师推荐课后阅读书目，进一步强调要以平和的方式高效地沟通，并希望大家能重新审视自己是否掌握有效沟通的四要素。

（五）课后巩固与测试

设计思路如下。

步骤 1：邀请学生课后自我分析，评估自身常见的沟通模式，并思考这一沟通模式带来的利与弊。同时，邀请学生课后尝试使用有效沟通的四要素，反复练习，并提交练习后的感受。

步骤 2：学生课后再次复习微课内容，阅读课外书目《非暴力沟通》和《爱的语言》。

步骤 3：针对学生提出的心理困扰，以及根据学生测验结果，教师进行个别辅导。

五 案例意义

本案例以学生为中心，围绕学生的成长以及困扰，确定教学内容和目标。首先，以身体体验为起点，让学生在活动中感悟日常人际交往中不被关注的细节，并由小见大，联系国家与国家的关系，由此引导学生更深一步意识到关系对生存和发展的重要性。其次，以真实案例为理论探讨的落脚点，引导学生进入情境，进行自我反思，让学生明白不同沟通模式背后的个性特点以及忽略的交往原则。再次，以方法论指导现实，在现实中检验方法的适用性，让学生反复练习，从而优化沟通的方式。最后，首尾呼应，强调平等、尊重、真诚、互惠、包容的人际交往原则体现在生活的方方面面，再次回答产生冲突的原因，同时也引导学生进一步思考社会主义核心价值观的意义。

六 考核评价

课程考核评价具有多元化的特点，具体如下。

考核目标多元化：既强调对人际关系知识的理解，更强调人际沟通能力的提升，同时鼓励学生自主学习和团队合作学习。

考核方式多元化：通过线上测评、小组评价、教师课堂评价、心理测评等方式实行人机结合、线上线下结合的多元考核方式。

考核主体多元化：不仅有教师评价，还有学生自评、组内互评、组间互评，同时也邀请系部心理辅导员及心理中心负责老师审核反馈。

根据学习平台的数据统计、课堂表现以及学生自我反思等多个方面了解到学生对课程知识掌握情况较好，能较清晰地认识到人际关系中沟通的重要性，也掌握了五种沟通模式，以及有效沟通的四要素。

七 案例反思

本案例在实际教学中反复实践两年多，并不断地改进和完善，受到学生、同行以及督导组专家的充分肯定，受益学生数近 3000 人。通过课前自学和测验，学生能初步理解人际关系章节的基本知识，但仍然不知如何优化自身人际关系，尤其是发生人际冲突时常常会采用指责或压抑的方式来解决，不利于身心健康以及学校社会稳定发展。因此，在实际课堂中，教师以一个趣味性的热身活动为导入，引出课程教学的突破口——人际沟通，以学科前沿的理论（萨提亚沟通模式和非暴力沟通理论）为基础，以贴合学生的案例为蓝本（寝室人际矛盾），让学生通过情景模拟的方式反复练习，以小组合作学习的形式让学生学会合作与竞争，再次强化人际沟通的重要性。课程由我与他人的关系联系到我与集体的关系，以及国家与国家的关系，从小到大，由浅入深，让学生明白社会主义核心价值观的指导意义，以及中国实施"一带一路"的意义和影响。课程的创新之处在于教学设计以具身认知理论为基础，充分挖掘了身体在教学中的作用和功能，帮助学生更好地理解和感悟。课程的重点在于如何灵活地使用有效沟通的四要素，并能在日常生活中自然地表达，从而让人与人之间充满爱和包容，减少冲突和矛盾，因此学生课后练习还需要进一步跟踪调研，从而达到教学效果。课程的难点在于让学生明白所谓"和谐"并不代表一味地忍让和委屈，过分讨好导致自尊受损，心理疲惫，我们所追求的和谐，既不是封建统治者诉诸专制强权加以建立和维系的等级制度下的"秩序"，也不是农民起义所诉求的平均主义的"和谐"，而是以马克思主义为指导，以民主法治制度为保障，体现最广大人民根本利益的和谐。因此，在人与人相处的过程中，我们需用理论和知识武装自己，让自己能自信真诚地表达所思所想，并在尊重彼此的条件下提出建设性的意见，从而让大家的利益最大化，实现真正的和谐共赢。

UG 模具设计

傅建钢
绍兴职业技术学院

课程学时	64	课程学分	4
适用专业	机械设计与制造	案例获奖	二等奖

➊ 案例主题

十年树木、百年树人——"思政大树"统领模具设计

➋ 结合章节

《UG注塑模具设计项目教程》项目一"饭盒注塑模具设计"（任务1模具分型、任务2模架加载）

➌ 教学目标

（一）知识目标

（1）掌握模具分型原理及分型方法。

（2）熟悉世界上几款主要模架，掌握国产模架的加载方法。

（3）掌握模架开框方法。

（4）掌握螺钉加载方法。

（二）能力目标

（1）能够选择最为合适的分型面，并能熟练完成模具分型。

（2）能够正确地选择模架类型，并能加载性价比较高的模架。

（3）能够熟练地完成模架开框。

（4）能够在较理想的位置布置螺钉。

（三）素质目标

（1）增强爱国主义情感，树立螺丝钉般的理想信念。

（2）增强爱护环境的工程伦理意识，培养良好的品德修养。

（3）培养精益求精的工匠精神。

四 案例实施

（一）学情分析

本案例从学习能力、学习态度、学习兴趣、学习条件和学习预期等五个方面对学生情况进行了分析，根据分析得出的学生的各种特点，给出了解决相应学生问题的策略。

（二）实施过程

1. 任务引入——初识模具

以月饼和后母戊鼎两种产品的由来，引发学生思考，进而引出课程任务——饭盒的模具设计。

教师活动：抛出问题、引入分型。展出图片资料，抛出"月饼是如何生产的""后母戊鼎是如何生产的"等问题，从而引出主题——塑料制品的饭盒的生产。

学生活动：攻克疑惑、分析任务。观看图片资料，小组讨论问题，由代表根据小组讨论情况，汇报分析结果。

思政元素：爱国情怀。讲述历史，以我国古人的智慧，激发学生的爱国情感。

2. 任务实施

（1）模具分型。讲解饭盒产品的分型过程：初始化、坐标系、工件设置、检查区域、定义区域、设计分型面、定义型腔型芯（见图1）。

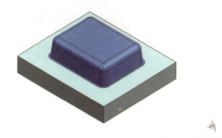

图 1　型腔型芯

教师活动：演示操作、穿插理论。教师演示壳盖分型过程，并穿插讲解使用塑料带来的环境问题。

学生活动：先听再做、理实同行。学生仔细聆听模具分型过程，在难点处做笔记，深刻理解塑料对环境的影响，树立保护环境的意识。

教师活动：个性单讲、共性群讲。教师巡回指导，个性化问题个别指导。对于共性问题，教师集中讲解。

学生活动：动手实践、同向共行。学生进行分型实践，小问题请教同伴，大问题请教老师。

思政元素：工程伦理。突出塑料污染与环境保护的主题，在经济利益的驱动下，牺牲环境的背后，都暴露了使用者在趋利心态下的错误行动。

（2）注塑成型工艺——知识拓展。讲解塑料的注塑成型过程（简要介绍注塑机各部分结构及其工作原理）。

教师活动：带出问题、引入塑机。无论是月饼还是后母戊鼎，其在使用传统方式的生产过程中，效率都是非常低下的，那我们想要批量化生产饭盒又该如何做呢？

学生活动：头脑风暴、探索问题。学生以小组为单位，采用头脑风暴法给出解决办法。选派小组代表，汇报解决方案。

教师活动：动画演示、实物展示。播放使用注塑机进行模具注塑的动画。以图片和短视频的形式介绍国产注塑机——海天注塑机。

学生活动：观看动画、分析原理。观看注塑成型过程的动画视频。选派小组代表，复述注塑机的工作原理，加深学生对注塑成型过程的理解。

思政元素：爱国情怀。以国产注塑机激发学生的爱国情感，增强民族自信心。只有掌握核心技术才能避免在关键时候被西方国家"卡脖子"。

（3）模架设计。讲解模架结构及模架的加载参数的含义（见图2）。

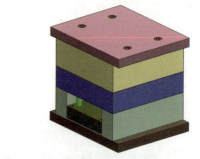

图2　模架

教师活动：推出问题、引入模架。要想使用注塑机进行产品自动化生产，就要设计注塑模具，首先就需要加载模架。什么是模架呢？介绍模架结构。

学生活动：积极思考、掌握结构。学生积极思考模架在注塑机中的主要工作过程，主动回答自己理解中的模架，牢牢掌握模架的结构，模架零件之间的关系。

教师活动：知识拓展、操作演示。教师介绍龙记等世界上几款主要模架，以及模架参数。教师演示龙记模架加载过程。

学生活动：汲取知识、牢记方法。学生从老师处了解世界上主要的几款模架，扩大知识面，牢牢掌握龙记模架的加载方法。

思政元素：爱国情怀。以国产龙记模架，激发学生的爱国情感，增强学生的民族自信心。

（4）模架开框。讲解如何在模架设计中安装型芯型腔的框体（见图3）。

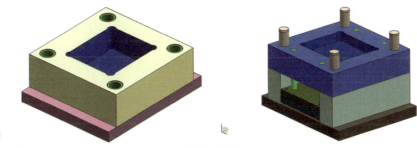

图3　开框

教师活动：抛出问题、引入模框。教师提出"成型零件如何放置入模架里面""开直角的框可以吗"等问题。

学生活动：主动思考、掌握模框。学生积极思考成型零件放入模架的问题，主动回答自己理解中的模架，掌握模架开框的形式。

教师活动：演示操作、穿插理论。教师介绍模框的几种形式，模框参数等，演示模架开框过程，讲解模框和模仁之间的精度关系，以及尺寸精度对模具的影响，让学生树立精益求精的工匠精神。

学生活动：先听再做、理实同行。学生仔细聆听模具开框过程，深刻理解模框尺寸与型芯型腔尺寸之间的精度关系，树立工匠精神。

思政元素：工匠精神。以工匠精神和工匠事迹感染学生，模具框体和型芯型腔之间为间隙配合，两者之间的差值在0.02mm以内，"大国工匠"以"毫厘"铸就"匠心"。

（5）螺钉加载。讲解如何将型芯和型腔固定到模架之中（见图4）。

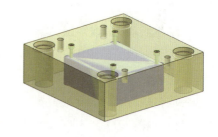

图 4　螺钉

教师活动：推出问题、引入螺钉。 教师提出"成型零件放入模架里面后就能直接开始工作了吗""如何才能让成型零件牢牢安置于模框之中呢"等问题。

学生活动：主动思考、掌握螺钉。 学生积极思考成型零件如何才能固定于模框之中，掌握螺钉的种类。

教师活动：演示操作、穿插理论。 教师介绍螺钉的几种形式，螺钉的参数等，演示螺钉加载过程，讲解小小螺丝钉的作用，引出雷锋的螺丝钉精神。

学生活动：先听再做、理实同行。 学生仔细聆听模具螺钉加载过程，深刻理解螺丝钉在模具中的重要作用，树立坚定的理想信念。

思政元素：理想信念——螺丝钉精神。 一个人的作用，对于革命事业来说，就如一架机器上的一颗螺丝钉。机器由于有许许多多的螺丝钉的连接和固定，才成了一个坚实的整体，才能够运转自如，发挥它巨大的作用。

3. 任务评价

引导学生根据评价标准开展任务评价。

教师活动：质量评定、任务小结。 教师对任务实施过程进行小结，对模具设计任务的实施质量进行整体评价；对优秀学生提出公开表扬，引导学生向先进看齐，朝先进努力。

学生活动：任务评价、共同提高。 学生开展基于"模具设计评价标准"的模具设计任务自评，明确自己在设计过程中存在的不足，从而不断提高模具设计质量。开展小组内的互评工作，以外部力量客观公正地给予一定的评价，同时也是给予学生之间相互学习的机会。

思政元素：品德修养。 通过任务自评和小组互评，培养团结协作、客观公正、虚心向他人学习、勇争先进的精神。

4. 课后巩固提高

布置课外任务，巩固课内学习情况，实现进一步提高。

教师活动：发布作业，促进学习。教师通过超星平台发布拓展任务，利用超星平台的作业未交提醒功能，督促学生按时完成设计任务作业；及时在超星平台开展任务评价，督促质量不过关学生进一步优化设计质量。

学生活动：完成作业，课后巩固。学生查收作业任务，结合课堂内容，完成模具设计任务；及时查看教师在超星平台上给出的任务评价，根据教师评价做出及时响应。

五　案例意义

本案例挖掘了模具设计过程中蕴含的思政元素，根据各部分内容的特点将思政元素依次分为爱国情怀、理想信念、品德修养、工程伦理和工匠精神等五个方面，构建了思政元素地理图（见图5）。

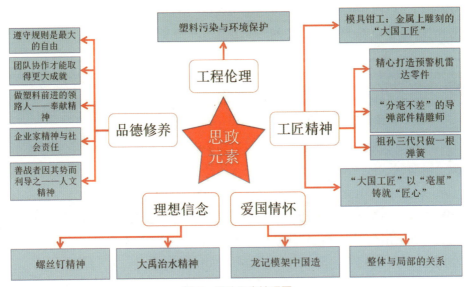

图5　思政元素地理图

以爱国为根，有国才有家。以信念为茎，信念不坚定就无法茁壮成长。以伦理为枝，只有坚持正确的工程伦理，才能避免因趋利而走上歧途。以修养为叶，它能吸收阳光，促进树木更加健康成长。以工匠精神为最终的果实，每一个工程人都应该追求卓越的工匠精神。

本案例序化了思政元素之间的关系，构建了一棵以树木成长过程为逻辑主线的思政大树。

爱国情怀。本案例以我国古人的智慧激发学生对模具的兴趣，进而以使用国产注塑机和国产模架激发学生的爱国情怀。我们只有掌握核心技术，才能避免在关键时候被西方国家"卡脖子"。

理想信念。本案例以螺丝钉在模具中的作用，引出雷锋的螺丝钉精神，机器有许许多多的螺丝钉的连接和固定，才成了一个坚实的整体，才能够运转自如，发挥它巨大的作用，为学生树立了良好的螺丝钉般的理想信念。

工程伦理。本案例从塑料使用中存在的环境问题出发，教育学生避免在今后的工作中因为趋利心态而采取错误行动，增强学生的工程伦理意识。

品德修养。本案例以学生自评和小组评价的方式，培养学生的品德修养，培养学生团结协作、客观公正地评价他人、向他人学习的品质和勇于争先的精神。

工匠精神。模具框体和型芯型腔之间为间隙配合，两者之间的间隙要求在 0.02mm 以内，既要保证型芯和型腔能够装入模框，又要保证型芯和型腔的对正性。因此，模框和模仁之间的配合具有非常高的精度要求。以大国工匠的典型事迹感染学生，培养学生精益求精的工匠精神。

六　考核评价

（一）考核评价基本原则

课程思政是隐性思想政治教育，对高职学生的影响是潜移默化的，不可能一蹴而就、立竿见影，因此考核应采用动态的方式，实时记录学生在课程思政教育方面的具体表现，并建立学生成长档案保存下来，在一定时间内对学生的行为表现进行总结分析，检测课程隐性思想教育对学生产生的效果。课程考核采用过程性评价和终结性评价相结合的方式，不仅关注结果，还关注过程，其中过程性评价占期末总成绩的 70%。

过程性评价，包含日常学习情况，如视频学习、章节测验、课堂互动、线上讨论、思政测评；课堂任务完成情况，如自评与小组评价、教师点评、思政测评等线上线下内容。对思政元素认识程度进行赋分，该部分成绩均可由超星平台实现全过程记录，达到全面掌握学生学习特点和学习行为的目的，从而可在教学进行过程中不断改进教学质量。

思政测评是在开展既定项目任务的同时，借助超星平台，通过问卷、随堂练习等方式对学生在所学项目任务中蕴含的思政元素的认识程度、在学习过程中思政点的表现情况等方面进行测评，由系统动态记录并存档学生思政教育效果，动态记录学生在学习专业知识的过程中的思想政治教育方面的具体表现（该部分的测评类似职业资格理论考试中包含的非专业能力的测评）。

（二）考核评价基本组成

采用"线上和线下联合评价"，即"线上过程性"和"线下终结性"相结合的评价。过程性评价引导学生注重日常学习，由在线教学平台客观记录学生的日常学习情况，允许学生以团队互助的方式完成项目任务。终结性评价则旨在考查学生学习情况，该阶段要求学生独立自主完成项目任务。两部分均合格，方可通过考核。

1. 过程性评价

过程性评价总计70分，包含视频学习（20分）、章节测验（10分）、课堂互动（7分）、线上讨论（5分）、线上作业（20分）、思政测评（8分）等线上线下参与情况，由超星平台全过程记录学习过程，全面掌握学生的学习特点和学习行为，进而改进教学质量，最终由系统给出学习成绩。系统根据学习过程、不同内容赋以不同的权值，督促学生完成各部分内容的学习。为了让学生全面参与教学的各个环节，要求学生过程性评价中的每部分成绩都达到该部分成绩的60%以上，否则过程性评价成绩即认定为不合格。

2. 终结性评价

总计30分，考核学生线下实施模具设计情况，由学生自评、小组评价、校内教师、企业导师和客户共同参与评价。终结性评价是在期末对课程专业知识进行全面、综合考核（含思政），考核学生对专业知识和技能的掌握程度。

七 案例反思

（一）实施效果

本案例构建了一棵"思政大树"，根据项目内容的关联度无缝融入思政内容，推动学生成长为一棵苗壮的大树。学生以模具项目评价标准为依据，以"精益求精"的工匠精神不断地完善模具设计方案。

1. 构建了大项目牵引下融合课程思政的跨课程项目课程新模式

以实施模具设计项目过程为主线，对接工作岗位，让学生在设计模具的工作过程中学习模具设计知识。在教学过程中，有问题抛出，有小组讨论，也有组员汇报；有集中讲授，有个别指导，也有自主实践，充分调动了学生的学习积极性，提升了学生的学习效果。

根据设计任务的需要，在模具设计过程中潜移默化地融入课程思政内容，构建了"思政大树"。"厚植爱国情怀"为"树根"，"坚定理想信念"为"树茎"，"坚守工程伦理"为"树枝"，"加强品德修养"为"树叶"，"培养工匠精神"结出最终"果实"，思政内容融入项目任务，提升了项目实施质量，有效助力学生"专业成才、精神成人"。

学生认为，在任务实践过程中融入思政内容，不仅能帮助自身树立正确的三观（人生观、世界观和价值观），而且在正确的三观指导下能更好地提升设计质量。

2. 构建了多元主体协同共创下的课程思政立体教学新关系

多元主体融入教学，以及多元深层次互动，碰撞出思想政治的火花，显著提升课程思政育人效果。在实践过程中对价值观进行塑造和强化，在实践过程中实现价值观引领和行为养成，实现了价值引领、能力培养、知识传授三位一体的教学目标。

相比于纯粹地学习模具设计，融入思政内容后，模具设计的学习效果得到了显著的提升，模具设计任务的合格率超过了95%。

3. 构建了多维要素协同共促下的课程思政立体评价新关系

开展面向工程能力和课程思政的多维度评价，巩固和提升课程思政育人效果，建立课程评价新机制。在过程考核中实现思政评价，体现评价主体多元化、评价考核多维度和评价考核全过程。

由超星平台全过程记录学生成绩，达到全面掌握学生学习特点和学习行为的目的，全过程评价体系（成绩动态更新）促使学生注重学习过程的每一个环节，提高了学生的学习自觉性。

教学督导认为，全过程评价能有效提高学生的学习自觉性，多元主体融入教学能有效提高教学效果，课程教学融入思政测评，思政目标达成度更高，值得推广。

（二）存在的问题

虽然课程思政内容已融入课程教学中，但无法对课程思政内容达成度进行定量评价。因此，为了提高课程思政的达成效果，课程思政评价机制有进一步优化的空间。

（三）课程优化提升计划

1. 剖析课程内容，提炼思政元素

进一步深入分析总结课程每个项目的内容，从中提炼出更加精准的思政元素，提高课程教学效果。

2. 理顺思政指标，提升评价质量

进一步深入理顺各项目的思政评价指标，实现精准评价，提高课程思政的评价质量。

园林建筑设计

陈玉洁
浙江建设职业技术学院

课程学时	64	课程学分	4
适用专业	园林工程技术	案例获奖	二等奖

━ 案例主题

曲水流觞、古建筑艺术之"亭"

━ 结合章节

《园林建筑施工图设计》5.1 "园林单体建筑设计：亭子设计"

━ 教学目标

（一）知识目标

了解中国园林单体建筑亭子的发展历史和演变过程，熟悉古建筑亭子常见类型和其功能，掌握各类亭子的建筑特色和造型特点。

（二）能力目标

能够识别中国名亭与绍兴古亭典型案例，并说出其平立面特点和亭顶类型；能够完成小型古建筑亭子的平立面抄绘并符合建筑制图规范。

（三）素质目标

通过图文案例展示绍兴古亭的建筑特征与历史背景，使学生领略亭间蕴含的古绍兴艺术文化与建筑之美，感受能工巧匠的匠心智慧，发掘地域文化内涵，激发学生对中国传统建筑文化的热爱，传承鲁班精神，提升文化自信；通过开展古建筑亭子的平立面图纸抄绘和三维空间建模，培养学生细心专注的工匠品质和职业素养，同时培养其分析构思、发现问题、解决问题、自主学习、团队合作的能力。

四 案例实施

本案例按照课前预习、课中教学、课后拓展三大环节开展教学,具体做法如下。

(一)学情分析

学生已熟悉建筑设计理论与园林建筑概念,掌握立面构成与作用;学生已掌握手绘抄绘图纸、计算机辅助软件建模的技能。

(二)教学内容

亭子单体建筑概念、发展演变历史、分类和其特征。

(三)教学重难点

古建筑亭的类型与其特征;古建筑亭屋顶形式的辨别。

(四)教学策略

启发式、归纳总结、自主学习、合作学习、训练与练习。

(五)教学环节

1. 课前预习

(1)内容。通过宣传片等视频资料引入本地别具特色的古典园林与古建筑亭子案例。

(2)教学活动,主要包含以下内容。

推送资料:通过云课堂推送绍兴兰亭、东湖相关宣传片。(教师)

观看体验:通过视频资料了解绍兴兰亭、东湖历史文化背景与建筑内涵。(学生)

发布任务:通过云课堂发布测验,了解学生知识的先期储备。(教师)

课前讨论:参与线上小测验,检验预习效果。(学生)

(3)课程思政。课前视频浏览,让学生先行对园林历史背景、文化内涵与建筑艺术有初步了解,引发学生的学习兴趣,积累课堂教学素材。通过挖掘地方的优秀古建筑案例,对标教学内容,有机融入课堂,引发学生共鸣,树立文化自信。

2. 课中教学

环节一:亭概念与发展历史(10分钟)

(1)内容。以小组为单位,对照教材和课前预习探讨"亭的概念与其发展演变历史",教师进行总结凝练。

（2）教学活动，包含以下内容。

组织讨论：组织学生结合教材，对"亭概念""时期特点"进行讨论总结。（教师）

分组讨论：以小组为单位研讨并分享结论。（学生）

释疑解惑：教师凝练关键点，强调"有顶无墙"，并讲解其演变原因（见图1）。（教师）

图1　组织学生对"亭概念""时期特点"进行讨论

思考体会：掌握亭子特征，思考中国传统古建筑中融入的时代文化内涵。（学生）

（3）课程思政。明确亭与其他园林建筑的异同点，感悟亭在各个历史时期实用价值和观赏价值的转变与经济社会发展之间的紧密联系。不同历史时期的亭，传递建筑与时代精神之间的关系，反映中国传统建筑文化的价值，牢固建立文化自信。

环节二：亭类型与特点（20分钟）

（1）内容。亭在不同角度下多种类型的解析（5分钟）；选取绍兴当地经典园林古建亭子案例，结合图文资料与历史建造背景进行赏析与分类（15分钟）。

（2）教学活动，主要包含以下内容。

新知讲解：从不同平面形态和屋顶类型，对典型古建筑亭种类进行介绍。（教师）

思考体会：结合图文案例资料和教师讲解，掌握亭的分类。（学生）

案例思考：举例绍兴当地古建筑亭，如兰亭的鹅池碑亭、流觞亭、御碑亭，东湖的四季亭，府山的风雨亭，梅山的适南亭，柯桥的柯亭等。（教师）

分组讨论：结合历史地理背景，分组讨论各亭的功能、平面形态和屋顶形式，并说出结论和理由。（学生）

释疑解惑：利用SketchUp软件中的三维模型，对亭顶类型及构造进行示意（见图2）。（教师）

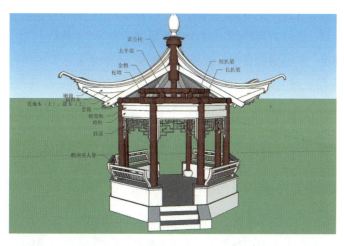

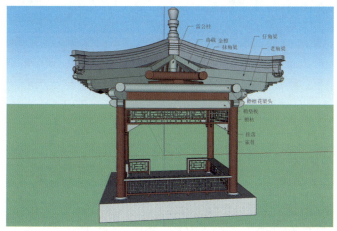

图2　亭顶类型及构造示意

领悟突破：通过SketchUp软件多方位立体感受亭顶架构与细部构造。（学生）

（3）课程思政。通过地域案例的图文展示，贴近学生与实际，启发学生理论联系实践。从案例中领略地域文化精神内涵，弘扬地域文化，厚植乡土情怀，感悟能工巧匠的匠心智慧，传承鲁班精神。

环节三：亭平立面图纸抄绘（15分钟）

（1）内容。组织学生对经典古建筑亭平面、立面效果图进行手绘抄绘并点评。

（2）教学活动，主要包含以下内容。

组织实践：组织学生抄绘古建筑亭案例图纸（见图3）。（教师）

动手实践：自选一组案例图纸进行手绘抄绘。（学生）

成果点评：通过对照样图，对抄绘作品进行点评。（教师）

思考体会：根据老师讲解，改进抄绘细节。（学生）

（3）课程思政。通过实践提升设计能力、绘图能力。在规范的抄绘练习中培育良好的职业素养和精益求精的精神。

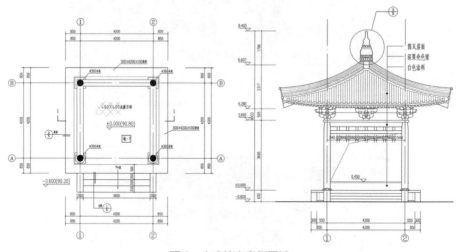

图3　古建筑亭案例图纸

3. 课后拓展

（1）内容。对照抄绘平立面图纸完成简易亭子三维模型创建。

（2）教学活动，主要包含以下内容。

布置作业：请学生依据平立面图纸，运用电脑建模软件进行建模。（教师）

完成作业：依据图纸创建简易版三维模型，将完成后的作业上传到云课堂。（学生）

（3）课程思政。从二维抄绘拓展到三维建模，锻炼计算机辅助设计能力，为后续课程设计打下基础。在建模中锻炼专注执着、一丝不苟的职业品格。

五 案例意义

亭者停也，亭者景也，亭者情也，亭者蔽也。亭子作为一种中国传统园林建筑，是我国古典建筑艺术中的瑰宝，是一种独特的华夏文明的缩影，其具有物质与艺术双重功能，能够记载历史，传递情感。本案例从不同角度对亭子的发展历史、类型和特点进行剖析，并充分挖掘地方优秀园林古建筑，结合学院所在"古城绍兴之亭"进行举例展示和分析，将绍兴当地兰亭的鹅池碑亭、流觞亭、御碑亭，东湖的四季亭等素材对标教学内容，有机融入课堂，引发学生共鸣，激发其学习兴趣，感悟地域文化魅力，树立文化自信与民族自豪感。此外积极融入实践教学，通过手绘或计算机辅助设计软件完成古建筑亭的图纸抄绘及模型创建，锻炼职业技能，为课程项目设计打下坚实基础。

六 考核评价

（一）课前预习（20%）

课前观看案例视频，云课堂自动计分（10%）；课前测验，云课堂根据正误自动出分（10%）。

（二）课中教学（50%）

环节一：学生认真听讲并参与讨论，教师根据参与积极度、讨论结果多角度评分（10%）。

环节二：学生认真听讲并参与讨论，教师根据课堂表现、汇报结果正确度评分（10%）。

环节三：学生独立完成亭案例图纸抄绘，教师根据抄绘成果的深度、美观度、是否符合制图标准等情况评分（20%）。

补充加分：学生作为小组代表，具有学习主动性、表现欲望、较好实践成效，教师根据具体情况酌情加分，鼓励学生积极主动参与课堂（10%）。

（三）课后拓展（30%）

学生独立完成建模，教师对照图纸，根据完成度、相似度、美观度进行评分。鼓励学生创建动画场景展示模型。

七 案例反思

（一）设计思路科学、合理

教学涵盖课前、课中、课后，学生在学习观看中感受与体验，在教师的引导下思考实践。地域建筑文化与理论内容紧密结合，更加贴近生活、贴近实际，激发学生的学习兴趣与热情。动手实践操作锻炼培养学生的职业技能与职业素养。小组讨论协作使得学生团队协作意识提高。受益学生数年平均180余人，学生课后评教五星，督导认可，有效达成德育智育双重目标。

（二）教学方法得当、合适

突出学生的主体性，基于学生的理论感悟和实践演练开展教学，通过绍兴当地典型古建案例的引入，小组合作研讨，独立手绘及计算机建模，化虚为实，化静为动，以练促学，层层提升，立足学生实际基础提高学生实践能力，基本达成教学目标。

（三）资源应用丰富、适宜

调用资源库资源，用图文、视频等形式多样的资源辅助学生理解和加工知识；编制案例融入教学，引导学生实现从技能学习的"不可见"到"可见"的转变。教学过程使用云课堂等大数据技术，整个环节可评可测。

（四）不足与改进

由于学生实地考察项目案例受到一定的时间、空间限制，计划后续通过信息化软件之间的实时联动、360度全景展示平台、全息技术展示体验等多种信息化教学手段，攻克教学重难点，提升教学效果。

用药护理

周斌
绍兴职业技术学院

课程学时	64	课程学分	4
适用专业	护理、助产	案例获奖	二等奖

一 案例主题

吗啡：一半天使，一半魔鬼！

二 结合章节

《护用药理学》第十五章"镇痛药"

三 教学目标

（一）知识目标

掌握吗啡的作用、临床应用、不良反应及注意事项。

（二）能力目标

（1）能够正确观察吗啡的疗效和监测不良反应。

（2）能够正确指导病人合理用药，对一些危重的不良反应能做出应急处理。

（三）素质目标

（1）培养严谨细致的职业素质，形成热爱本岗位的职业责任感和使命感。

（2）从个人、家庭、社会三方面了解毒品的危害，培养积极的人生观、价值观，增强法治意识。

（3）了解国家禁毒举措，培养爱国情怀，增强"四个自信"，树立远离毒品，珍爱生命的观念。

四 案例实施

（一）课前预习

1. 发布课前任务

（1）温故：药物两重性，麻醉药与麻醉药品。

（2）知新：吗啡适应证、临床应用、不良反应。

2. 发布主题讨论

（1）毒品有哪些种类以及危害？

（2）吗啡用于何种疼痛？慢性疼痛可以用吗啡吗？

3. 课前测试，为新课做准备

（二）课中探新知

1. 视频导入

播放《拯救大兵瑞恩》电影片段，以声音和创伤的震撼感增强学生对疼痛的理解，直观体会患者痛苦，为合理用药做好铺垫。

思政元素：护理中的人文关怀精神，增强职业使命感。

2. 新知讲解

（1）吗啡发现史。以时间线的形式讲述吗啡的发现史。几千年前，人类就发现罂粟花与罂粟果实具有镇痛、止咳及致幻的作用。1804 年，德国科学家泽尔蒂纳从罂粟果实中首次分离出吗啡。为探寻该物质的作用，泽尔蒂纳以身试药，很快昏昏睡去，于是他将该物质以希腊梦神命名。

思政元素：弘扬科学献身精神；追求真理、永不言弃的精神。

（2）吗啡作用机制。播放 3D 医学动画演示吗啡的作用机理。引入我国科学家邹冈首先揭开吗啡作用机制的研究。

思政元素：增强民族自豪感，学习科学家的奋斗、勇于担当精神。

（3）吗啡临床应用。

化繁为简，突破重难：将吗啡作用概括为 3 镇 1 抑制 1 兴奋 1 缩瞳（镇痛、镇静、镇咳，抑制呼吸，兴奋平滑肌，缩瞳针尖样）；巧妙帮助学生轻松掌握吗啡作用的重点知识。

小组讨论，活跃氛围：选取吗啡治疗心源性哮喘的案例，引出"为什么吗啡适用于心源性哮喘而禁用于支气管哮喘"的话题，通过讲解与讨论、学生阐述，掌握吗啡适用于心源性哮喘而禁用于支气管哮喘的原因，在互动中突破重点和难点。

学科融通，强化认知：结合"基础护理"疼痛护理，引出癌症三阶梯用药，强化吗啡是癌症疼痛第三阶梯用药的重点知识。吗啡是世界卫生组织（WHO）推荐癌症晚期患者缓解病痛的止痛药之一。强调吗啡天使的一面！

结合国情，引发思考：在我国，对于吗啡的使用非常谨慎，一是社会大众对吗啡有很深的误解，认为会上瘾，宁愿忍受疼痛也不愿意使用。二是一些病人觉得一旦需要使用，就是病入膏肓，将不久于人世，内心抗拒。三是医生有顾虑，怕惹麻烦，不敢多用。当前，我国人口占全球人口的18%左右，但是在我国需要姑息和镇痛治疗的患者中仅有16%的人使用了吗啡，使用量远远低于世界平均水平。作为未来的白衣天使，这对你有什么启示？让学生课后在超星平台讨论区作答。

思政元素：刻苦钻研、团结协作的学习精神，关怀患者的人文精神。

（4）吗啡不良反应与用药护理。

禁毒案例，强国有我：结合吸食吗啡成瘾者的图片，指出吗啡成瘾的危害，选取林则徐虎门销烟作为禁毒案例，深化现代中国禁毒的举措，传承虎门销烟的精神，树立"全民禁毒、人人有责"的理念。

知法守法，良好公民：吗啡是我国法律上明确定义的毒品。《中华人民共和国刑法》第三百五十七条规定：毒品是指鸦片、海洛因、甲基苯丙胺（冰毒）、吗啡、大麻、可卡因以及国家规定管制的其他能够使人形成瘾癖的麻醉药品和精神药品。突出吗啡魔鬼的一面！

模拟抢救，强化技能：学生模拟吗啡急性中毒表现（昏迷、呼吸抑制等），并开展急救措施：人工呼吸、吸氧、使用中枢兴奋药尼可刹米、吗啡拮抗药纳洛酮。

思政元素：学习林则徐维护中华民族利益和尊严的爱国主义精神；汲取鸦片战争"落后就要挨打"的历史教训，培养忧患意识和振兴中华的历史责任感。我国吸毒人群日趋年轻化，危害严重，青年一代需要加强思想道德的约束、珍爱生命、远离毒品。应意识到药物是把"双刃剑"，随意滥用会导致成瘾，出现不择手段的觅药行为。护理过程中应加强自身责任心，同时加强对患者的用药教育，医患双方共同努力，合理使用中枢性镇痛药。作为医护人员，要牢固掌握专业知识和技能，锻炼观察力，辨别药物不良反应，并及时正确开展救护。

3. 课堂小结，布置作业

吗啡口诀，增强记忆：吗啡镇痛药，很强成瘾性；呼吸抑制重，慎重选择用；镇痛作用灵，心性哮喘停；过量要中毒，拮抗纳洛酮。

作业1：制作吗啡思维导图；作业2：完成课后测验。

（三）课后拓延伸

任务1：制作禁毒宣传海报；任务2：社区健康宣教，医院见习。

思政元素：服务社会的责任感和奉献精神，积极践行健康中国战略，提升沟通能力和协作能力。

课程设计详见图1。

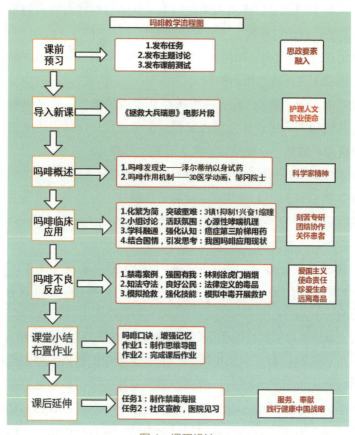

图1 课程设计

五 案例意义

本案例结合健康中国战略，选取主打药吗啡作为思政教育切入点。通过

3D动画、小组讨论、情景模拟等方法引导学生掌握吗啡用药护理，提高用药辩证思维和综合素质，并将多个思政元素融入教学中，如林则徐虎门销烟体现的"爱国情怀"，吗啡发现史（德国科学家泽尔蒂纳以身试药）体现的"追求真理、敢于献身的科学家精神"，我国药理学家首次揭示吗啡作用部位体现的"学习榜样的力量，增强民族自豪感和文化自信"，吗啡成瘾性造成的危害体现的"医学生担负社会责任，宣传远离毒品的职业担当"等，充分结合专业课内容展开思政教育，促使学生将个人、职业、国家高度关联，积极投身健康中国战略之中。

六 考核评价

在吗啡教学设计上依托网络教学平台，遵循以"趣"激发、以"思"深入、以"动"体验的教学实施思路，使学生在"动"（动脑、动手、动嘴和实践）中悟透道理，内化于心而后行动，达到知行合一的育人效果。课程思政形成性评价与第二课堂及第三课堂评定相结合，适当运用信息化手段，采取课前、课中、课后三个环节，线上线下混合的评价模式。课前（20%）发布前测内容，课中（40%）小组讨论、模拟抢救，课后（40%）思维导图、测验以及延伸拓展（禁毒海报制作、社会实践）。经考核，100%的学生均完成教学任务，课后测验平均分为92.13，顺利完成教学目标。通过调查问卷，学生对思政融入满意度得分为3.79（总分4），学生对课堂思政的设计和融入等方面给予了肯定。

七 案例反思

（一）找准知识与思政元素，形成课程思政体系

寻找知识与思政融合点是课程思政的核心问题。本案例在镇痛药吗啡历史、机制、应用、不良反应与注意事项等内容中均有机融入了思政元素，并结合了情景模拟、小组研讨、线上线下结合的多种教学方法，全过程全方位提升了学生的思政素养。通过问卷及测验可知，学生的满意度极高，对知识点的掌握程度也较高。"线上—线下—线上"教学模式协同药理学课程思政教育有利于教学效果的提升。

（二）积极探索课程思政评价方式

通过单独一节课很难评价学生总体思政提升程度，但是协同育人的效果是肯定的。针对本案例课程思政的效果评价采用课前、课中、课后三个环节，线上线下混合的评价模式虽然相对全面地评价了学生的学习效果，但对学生知识内化和价值认同的评价没有形成具体的量化指标，后期需要在课程理论考试题中出具一定比例的用药护理课程思政试题。

（三）加强对课程思政教育的引导

在思政案例教学中，专业教师一定要加强思政教育引导。开展课程思政除在教材中深挖重要的思政元素外，还要辅以其他资源，建立案例教学资源库。无论是课堂教学还是实践，思政主线的融入都可以使教学目标更明确，增强育人效果。

精准作业管理

孙文明
浙江农业商贸职业学院

课程学时	36	课程学分	2
适用专业	汽车检测与维修技术、汽车技术服务与营销	案例获奖	二等奖

一 案例主题

知行合一，践行"三现主义"

二 结合章节

《精益生产》第二篇章"精益现场管理"任务点"现场改善——'三现主义'"

三 教学目标

本案例以OBE理念为指引，以企业现场管理岗位能力需求为导向，以线上线下混合式教学为手段，以社会主义核心价值观为引领，以"践行知行合一的实践敬业精神"为课程思政教育主线，继续细化，逐层渗透，实现多个思政结合点的全面覆盖，实现课程思政教学"三位一体"，即"知识为基、能力为重、素质为魂"的教学目标。

（一）知识目标

了解现场及现场改善的概念及构成要素；掌握"三现主义"的内涵。

（二）能力目标

能够运用"三现主义"分析问题、解决问题；提升现场改善能力。

（三）素质目标

培养学生逻辑思维能力、自主学习能力和团队协作能力；培养学生知行合一的实践敬业精神；培养学生遵纪守法的良好习惯。

四 案例实施

（一）教学模式

传统教师主导型教学不能满足学生差异化需求，无法提升学生分析问题、解决问题的能力。本案例按照"二线三段五环"的线上线下混合式教学模式将思政教育巧妙融入课程总体教学设计中，形成"学生线上自主学习—学生明确任务—学生线下完成任务—教师线下辅导—学生汇报成果—教师总结—学生线上测验"的完整教学模式（见图1）。

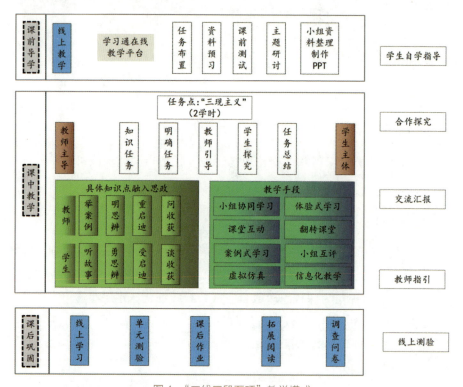

图1 "二线三段五环"教学模式

（二）学情分析

优势：课程知识点不多，内容比较简单，生活中案例也较多，学生理解比较容易。

劣势：学生自主学习能力较差，即使知识点较有乐趣，在上课过程中也不愿意认真听讲。

（三）课程思政融入路径

本案例以"生活案例＋社会热点新闻＋'三现主义'案例"融入课程思政的方式对知识点进行讲解和分析，引导学生通过"问题—实质—根源"的内在逻辑关系，更好地立足于基本知识，提升分析问题和解决问题的能力。

（四）教学设计流程

本案例教学过程分七个步骤（见图2）。

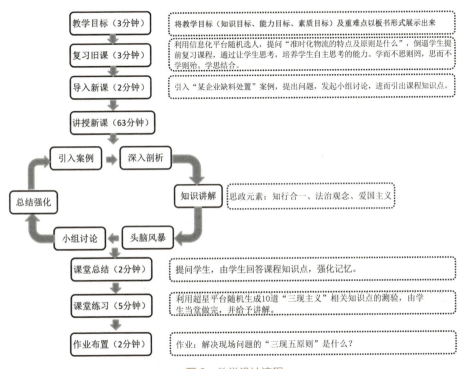

图2 教学设计流程

1. 导入新课

案例：某企业缺料处置。

某跨国企业收到通知：产品AX0001234零件短缺，停线7天。厂长看到通知，心有不甘，电话通知生产管理和采购一起到生产现场，查看造成停线的零件。

不看不知道，原来短缺零件是包装箱用瓦楞纸加强筋，不是复杂零件，在本地应该买得到。厂长当场指示，采购部设法以最快速度找本地供应商做出来，同时要求生产管理部协调技术部安排零件本地化采购。结果令人满意，第二天便恢复生产。

小组思考并讨论：案例说明了什么？

思政：通过小组讨论的方式，培养学生发散思维能力。

2. 讲授新课

任务一："三现主义"。

（1）翻转课堂。小组上台展示PPT，一名同学讲解"三现主义"，根据展示PPT及讲解效果，其余小组讨论，给予打分，与上次冠军决战出冠军小组。

思政：培养学生查找资料能力、上台展示能力及团队协作能力，形成比赶超的学习氛围。

（2）教师补充。注：以学习通投屏方式打开提前上传至系统的学习课件。（在线教学）

案例分析1：温水煮青蛙。

思政：温水煮青蛙道出了从量变到质变的原理，说明由于对渐变的适应性和习惯性，失去戒备而招灾的道理。突如其来的大敌当前往往让人做出意想不到的防御效果，面对安逸满意的环境往往会产生不拘小节的松懈，也是最致命的松懈，到死都不知何故。（朝代的更迭）

注：很多人想当然认为温水煮青蛙真实存在，但事实真的如此吗？

思政：播放温水煮青蛙的视频，验证其真假。告诫学生：实践是检验真理的唯一标准，做到知行合一。

案例分析2：厂长召集各部门进行了一次生动的教育，要求管理者教育员工，不要期望坐在办公室里，面对电脑解决生产现场发生的问题，一定要到现场去，了解现物和现实，真正有效帮助现场解决问题。

思政：通过案例引出"三现主义"，引用陆游《冬夜读书示子聿》中的"纸上得来终觉浅，绝知此事要躬行"告诫学生不管做什么事情，一定要知行合一。

备注：通过以上两个案例，引出课程知识点——"三现主义"。

"三现主义"（重点讲解）。

现场（现地）：发生问题的地点。把现场看作问题发生的根源，为现场服务，确立现场的主导地位。以现场为中心是管理人员必须树立的现场观念，管理人员必须将先去现场当作例行事务，站在现场观察事情的进展，养成到现场的习惯。

现物：确认发生问题的对象，即现场管理的对象——人机料法环测。一且出现问题或发生异常状况，管理人员应第一时间赶到现场，仔细观察现物，多问几个为什么（追根求源，打破砂锅问到底）。

现实：摒弃经验判断，注重数据和事实，分析问题，找出原因。

"三现主义"的本质不仅在于"知"，更在于"行"，通过脚踏实地的现场管理，创造一流现场。

思考：世界上最好的"三现主义"实践者？鼓励学生头脑风暴，激发学生的兴趣，通过猜人物的方式引出。

日本动漫里的柯南，在案发时（问题发生时），总是第一时间到达案发现场，针对现物调查现实，分析、验证找出真凶。

小测验：了解学生对"三现主义"的掌握程度。

生活中案例分析：以2020年发生的两个案例让学生深入分析。

"三现主义"反面案例：杭州女子取快递被造谣遭遇"社会性死亡"事件。扩展思政元素：上网评论应明辨是非，不要在未证实的情况下胡乱猜测，网络不是法外之地，请谨言慎行（社会主义核心价值观社会层面：法治）。

"三现主义"正面案例：杭州杀妻分尸案。很多人认为该案得以侦破，完全是网友的功劳，殊不知人民警察在该案侦破中付出的艰辛努力（社会主义核心价值观个人层面：敬业）。

3. 课后辅导

以"线上复习＋线上测试＋线上沟通"的方式弥补学生学习中的不足。应用在线课程与直播教学等信息技术，采用基于实例探索、开放式实践、第二课堂等教学手段，充分调动学生的学习积极性和参与性。

五 案例意义

"知行合一"是由明朝思想家王阳明提出来的哲学理论，即认识事物的道理与实行其事是密不可分的。践行"知行合一"，需要我们不断提升"知"水平，坚持"行"是关键，以知促行，以行促知，在"知"与"行"的循环反复中实现"知"与"行"的有机统一。

以现场为中心是企业基层管理人员必须树立的观念，现场具有真实性、变化性，有实际物品的状态。"三现主义"是贯彻以现场为中心最好的方式，常去现场，找到问题，绘制出未来的状态，保持对现场最密切的接触和了解。其内涵与"知行合一"蕴含的道理有异曲同工之妙，将"知行合一"作为思政元素融入课程教学，引导学生立足于事实，而非想象和推理，着力培养学生"知行合一"的实践敬业精神。

六　考核评价

实行线上线下相结合、"知识＋技能＋素质"的考核评价模式，主要考核学生理论知识、操作技能和职业素质，包括过程性考核（45%）、总结性考核（50%）和增值性评价（5%）（见图3）。过程性考核包括在线教学资源学习时长、单元测验、学习态度及团队合作等；总结性考核重点考查学生对整体理论知识及技能的掌握程度，依据"技能加过程，强调素质培养"设计。及时公布各种考核结果，既突出"一分耕耘、一分收获"的理念，又能通过评价结果的及时反馈有效指导和促进教学。当学生在线资源学习达到合格分数后，系统自动发放证书，激发学生的学习兴趣（见图4）。

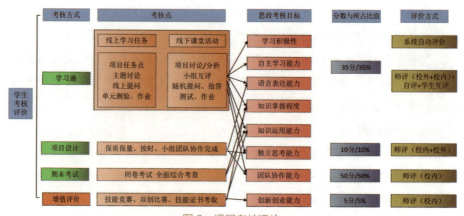

图3　课程考核评价

图4　课程证书

以 2021 级 157 名学生为例，从他们的最终成绩来看，除少数学生自主学习能力实在太差，多数同学平均成绩在 85 分以上（见表 1）。

表 1　学生成绩分析

班级名称	学生数/人	0—60分/人	60—70分/人	70—80分/人	80—90分/人	90—100分/人	平均分	标准差	方差	优良率
汽检202121	41	0	3	8	14	16	85.17	8.75	76.58	73.17%
汽检202122	37	0	0	0	0	37	96.99	2.32	5.38	100.00%
汽检202123	39	0	0	1	14	24	92.25	6.41	41.08	97.44%
汽营202111	40	0	0	0	19	21	91.88	5.24	27.42	100.00%

七　案例反思

（一）学习效果分析

教学方式的转变使学生对专业知识有了深刻的理解，相较单一教学方式有明显改进；不同教学环节嵌入相关思政教学，专业与思政相辅相成的教学方式取得良好效果。根据 260 余名学生的课程评价，70% 以上的学生认为自己法治意识、社会责任感、"知行合一"意识、现场管理能力等有所提高。超过 50% 的学生在逻辑思维能力、创新意识与动手能力方面有所提高（见图 5）。

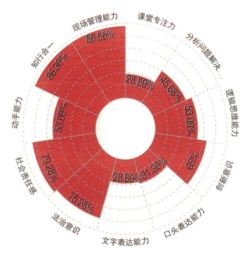

图 5　学生评价

（二）教学评价

通过教学，加深学生对专业知识的深刻理解，同时让学生懂得做人做事的基本道理，树立正确的人生观和价值观，培养学生知行合一、科学精神、团队协作精神，使他们更加喜欢自己的专业。这对学生的未来职业规划具有重要意义。

（三）存在的问题

学生生源性质、学习能力等不同。课前预习方面，学生在学习进度与能力、信息收集与分析技巧、时事新闻关注度等方面的情况各有不同；课中教学探讨环节，部分学生较为被动；课后教学评价与意见收集环节，部分学生应付了事。

（四）改进思路

第一，通过问卷或交流，从各方面综合评价学生对教学案例的满意度及存在不足。

第二，设置分层课前启发思考题，考虑学生不同性格特质，有针对性地分类。

第三，注重课程实时更新，教学案例跟得上最新时事新闻。

第四，总结相关经验，不断完善与改进课程。

短视频策划制作与运营

茅舒青
浙江工业职业技术学院

课程学时	48	课程学分	3
适用专业	数字媒体技术	案例获奖	二等奖

一 案例主题

《卧薪尝胆》城市主题短视频片头文字设计

二 结合章节

第 15 章 "短视频文字设计"（无指定教材）

三 教学目标

（一）课程知识目标

（1）能熟悉城市主题短视频的定位、内容及用户需求，并进行有针对性的文字设计。

（2）能掌握文字字体的选择、文字的设计原则、版式与效果及动效设计。

（3）能够了解和领悟在文字设计中，中国汉字书法的文化和艺术美感。

（二）课程思政目标

（1）养成审美能力。

（2）养成终生学习、分析问题和解决问题的能力。

（3）养成良好的团队协作能力。

（4）养成爱国创业精神；弘扬中华优秀传统文化。

（5）具备良好的人文素养、智能创新、法律意识、艺术审美。

四 案例实施

（一）设计思路

本案例在课堂实施中采取"课前平台引知—课中贯通践行—课后企业实拓—平台对接融转"的四步教学实施路径，将短视频《卧薪尝胆》的主题定位、字体选择、书法字体的设计原则、设计步骤、版式与效果及动效设计、版权等典型教学内容六阶式引出，层层递进，环环相扣。教学过程分为课前引知、课中践行、课后实拓、平台融转四个阶段（见图1）。课堂以工作室分小组协作学习。（如图2）

课前学生通过智慧树课程自主学习平台资源，获取课前学习任务书，观看课前预习视频，熟悉城市主题短视频中常用的文字字体，掌握Premiere软件和剪映软件中的字幕创建和处理等基础操作，了解和领悟中国汉字书法的文化和艺术美感，并给城市系列短视频《卧薪尝胆》添加片头文字设计。

课中以企业项目和网络短视频主流的文字字体选择、版式设计和动态效果运用等内容和技法为基础，通过析知识、详演示、学技能、动手做、解难点、做优化、秀成果、评最佳等环节，使学生掌握城市主题短视频中的文字装饰和组合设计，使学生领悟中国汉字书法的文化和艺术美感，增强学生的文字设计和应用能力。各小组按各自的理解寻找相关文字素材，优化设计方案，最终制作出有设计美感的短视频文字设计。

课后各小组结合当下短视频文字设计流行趋势，进一步拓展完善各小组作品效果，并发布在学习平台进行讨论交流。

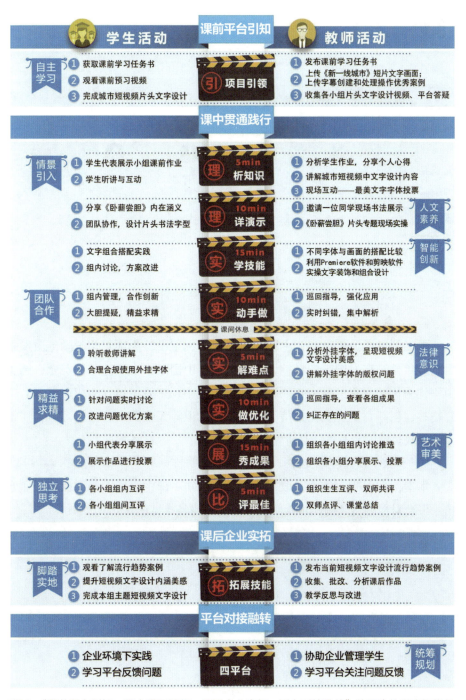

图1 "课前平台引知—课中贯通践行—课后企业实拓—平台对接融转"的四步教学实施路径

图2　工作室小组化协同学习

（二）育人主题

本案例以《卧薪尝胆》主题短视频片头文字设计为项目化教学，激发学生忍辱负重、奋发图强的精神，让学生体会中国汉字书法艺术的美感，感受中华优秀传统文化的魅力，同时在项目实践中，把爱国情怀、职业素养、工匠精神、创新意识、文化自信、版权法律意识等无痕融入各教学环节，注重课程思政教育的新颖性、高阶性和适用性。

（三）教学设计理论支撑

本案例在课堂实施中采取"课前平台引知—课中贯通践行—课后企业实拓—平台对接融转"的四步六阶式教学实施路径（见图3）。

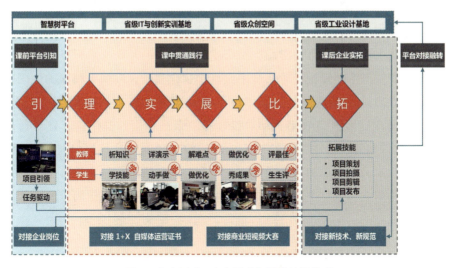

图3　本案例"四步六阶式"课堂教学模式

采用"定性—寻迹—贯通—评思"的课程思政四步融入法（见图4）。

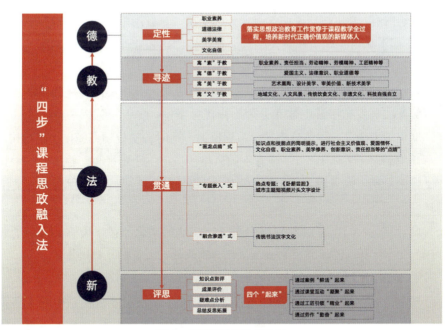

图4　课程思政四步融入法

（四）教材教法设计

1. 教学内容

本案例主要完成《卧薪尝胆》城市主题短视频的片头文字设计任务，通过2课时的城市主题短视频片头文字设计项目化教学，以博大精深的中国书法为例，重点让学生理解并掌握城市主题短视频中的文字字体的选择，文字的设计原则、版式与效果及动效设计等，合法利用外挂字体，熟练运用Premiere软件和剪映软件进行文字装饰和组合设计，使学生领悟中国汉字书法的文化和艺术美感，增加学生对文字设计和应用的方式方法，提升学生对文字设计的协调美和视觉美，从而进一步满足主题短视频的创作需求和宣传推广需求。

2. 教学方法

项目教学法、任务驱动法等。

（五）教学过程

1. 项目引领

教学内容：学生按照课前学习任务书要求，观看网络平台、短视频平台中《卧薪尝胆》城市主题短视频文字画面及字幕创建和处理操作优秀案例，并根据老师要求完成城市短视频片头文字设计。

教师活动（主导）：（1）发布课前学习任务书、几组不同风格的城市主题短视频。（2）发布字幕创建和处理操作优秀案例。（3）智慧树平台讨论区答疑，聚焦学生疑点。（4）分析平台数据反馈，适时调整教学，优化小组结构。

学生活动（主体）：（1）观看不同风格的城市主题短视频，并摘录其中具有文字的画面。（2）根据自己对文字案例的学习，完成城市短视频片头文字设计。

设计目的：（1）了解和领悟中国汉字书法的文化和艺术美感。（2）了解常用的文字字体。（3）掌握Premiere和剪映软件对文字的基础操作。

2. 析知识（约8分钟）

教学内容：（1）五种常见的书法字体。（2）城市主题短视频中的文字设计原则。（3）短视频中文字的版式与效果设计。（4）短视频中文字的动效设计。

教师活动（主导）：（1）分析学生课前作业，并分享个人心得。（2）针对知识点内容，集中剖析讲解。（3）设置现场互动——最美文字字体的投票。

（4）提出不同的字体与同一画面进行搭配的对比，引导学生进行讨论并给出协调美意见。

学生活动（主体）：（1）小组代表分享课前成果。（2）同学现场进行描述点评。（3）投票选出《卧薪尝胆》城市主题短视频中最合适的字体。

设计目的：（1）指出课前作业中存在的问题（文字设计中的不协调和不美观）（2）引出文字设计的美感问题。（3）体会中国汉字书法艺术的美感，感受中华优秀传统文化的魅力（见图5）。（4）引出短视频中的五种常见文字字体、设计原则、版式效果和动态设计。

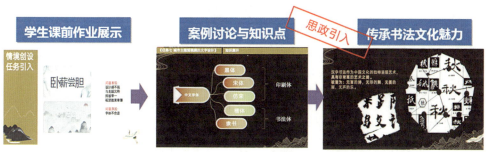

图5　思政引入：体会中国汉字书法艺术的美感，感受中华优秀传统文化的魅力

3. 详演示（约12分钟）

教学内容：以投票最高的书法字体为例，为城市主题短视频《卧薪尝胆》设计一个合适的片头文字。（1）字形。（2）拼字。（3）修饰。

教师活动（主导）：（1）邀请一位具有书法特长的学生，现场书写"卧薪尝胆"四个字。（2）引《卧薪尝胆》典故，号召学生坚定信念，自强不息，不忘初衷，铭记责任。

学生活动（主体）：（1）学生代表现场展示书法。（2）学生代表和老师一起现场演示"三步法"片头文字设计。

设计目的：通过现场书法展示，增加课堂趣味性，激发学生忍辱负重、奋发图强的精神，号召学生坚定信念、自强不息、不忘初心、铭记责任，体会中国汉字书法艺术的美感，感受中华优秀传统文化的魅力（见图6）。

图 6　思政引入：引《卧薪尝胆》典故及现场书法展示，
体会中国汉字书法艺术的美感，感受传统中国文化的魅力

4. 学技能（约15分钟）

教学内容：（1）不同的字体与同一画面进行搭配的比较。（2）利用Premiere软件和剪映软件对文字进行装饰和组合设计。

教师活动（主导）：（1）实操软件，演示并讲解软件文字装饰设计的方法和效果。（2）针对每位同学的实践进行指导，指出其中的问题。（3）针对学生练习过程中暴露出来的集中问题，统一讲解并演示操作。（4）回答并讲解学生的提问。

学生活动（主体）：（1）观看老师的操作演示。（2）对老师的操作过程中的疑难点进行提问。（3）不断提升新技法的文字设计技能，做到精益求精。

设计目的：（1）通过课堂操练演示，让学生直观认识剪映软件文字设计新技法的要点。（2）进一步提升学生对字幕设计和应用的方式方法。（3）提升学生文字设计的协调美和视觉美。

5. 动手做（约10分钟）

教学内容：（1）围绕《卧薪尝胆》大主题和每个小组所做的子内容，寻找适合的文字字体。（2）根据所选音乐和前期所剪辑好的镜头节奏，给相应的镜头加上片头文字和字幕设计。

教师活动（主导）：（1）全程指导，及时纠错和规范操作，并集中解决修改完善过程中生成的共性问题。（2）收集学生文字设计成果。

学生活动（主体）：（1）按照本组讨论确立的主题风格，每人进行各自的理解和设计文字。（2）组内对最优文字设计成果进行讨论并优化。（3）各小组将成果上传至智慧树平台作业栏——文字设计。

设计目的：（1）分组协作，按照文字设计的原则，完成本组短视频文字设计，检验学生对文字设计美感的掌握情况（见图7）。（2）完成项目成果内容。

图7　思政引入：提升学生版面设计的协调美和视觉美，
培养学生精益求精的工匠精神及对新技术的创新能力

6. 解难点（约5分钟）

教学内容：（1）在Premiere软件和剪映软件中使用外挂字体，更好呈现短视频的文字美感。（2）外挂字体的版权问题。

教师活动（主导）：实操演示使用外挂字体提升文字美感。

学生活动（主体）：（1）跟随老师实践操作文字的处理。（2）合理合规下载外挂字体，安装并使用外挂字体。

设计目的：设计所用的素材和字体，都可能涉及版权问题，作为设计师要遵守法律，尊重版权（见图8）。

图8　思政引入：遵守法律，尊重版权，培养学生的法律保护意识

7. 做优化（约10分钟）

教学内容：结合难点解析，利用软件新技术对所有短视频再次进行文字设计剪辑，提升短视频设计美感。

教师活动（主导）：（1）巡回指导，解决学生存在的问题，纠正学生在实操中不合理的做法。（2）对操作有困难的学生进行一对一的指导。

学生活动（主体）：（1）对文字素材进行软件的剪辑操作。（2）各小组组内讨论，再次优化方案。（3）对优化处理前后的效果进行比较。

设计目的：通过难点的改进和实践，进一步拓宽学生的文字设计技巧，提升学生对人文镜头的视觉美感。

8. 秀成果（约15分钟）

教学内容：文字设计成果的展示分享；各组投票，取长补短，优化完善。

教师活动（主导）：（1）组织学生以小组为单位，进行优秀作品成果的展示与分享。（2）组织投票，选择最佳成果作品（见图9）。

图9　文字设计成果的展示分享与优化完善

学生活动（主体）：（1）以小组为单位，进行组内投票选出最佳作品。（2）各小组派代表展示分享本组最佳作品。（3）对各小组作品进行投票表决，选取最佳作品。

设计目的：（1）小组合作完成优化完善任务，在提高团队协作能力的同时，达成具备影视剪辑师职业素养的能力目标，传递"设计无止境"的设计精神。（2）平台实时互动。师生互动、生生互动，解决生成性问题，将技能内化于心。

9. 评最佳（约10分钟）

教学内容：（1）现场点评分析各小组成果作品。（2）为优胜小组颁奖。

教师活动（主导）：（1）现场点评各小组作品。（2）组织"校企生"三方评价考核投票。（3）企业导师为优胜小组颁奖。

学生活动（主体）：（1）参与组内互评。（2）组间互评。

设计目的：通过分析各组作品成果，培养学生质量意识和工匠精神（见图10）。

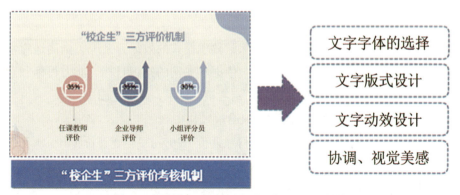

图10 思政引入：培养学生质量意识和工匠精神

10. 拓展技能（约10分钟）

教学内容：结合当前短视频文字设计流行趋势，提升文字设计美感，完善各工作组"新一线"城市主题短视频文字设计方案。

教师活动（主导）：（1）登录职教云平台查看学生课后讨论，及时与学生交流，答疑解惑。（2）发布课后拓展任务——当前短视频文字设计流行趋势案例。（3）批改学生课后作业，并给予课后拓展评价。

学生活动（主体）：（1）通过电脑、手机及时登录平台，开展课后讨论，并查阅课后拓展任务，完成最优方案设计。（2）观看了解当前短视频文字设计流行趋势案例，提升短视频文字设计美感。

设计目的：（1）通过课后拓展学习，巩固课堂所学。（2）了解新理念、新技术，展示新技能，与双导师交流，拓宽视野，提升综合问题解决能力。

五 案例意义

本案例以项目化的方式开展教学，通过《卧薪尝胆》城市主题短视频片头文字设计，融入中国传统书法文化、地域文化、人文历史典故、法律版权等思政元素，让学生在学习专业知识技能的同时，了解中国传统文化、地域人文，提升学生的文化自信，培养学生爱国、爱家乡等情怀，从而讲好中国人自己的故事。同时，课程在教学目标上，也将美学教育作为一个重要目标，通过讲解相关美学概念、美学知识，提升学生的审美能力和设计能力。

思政要点：（1）融入文化熏陶、美学教育、法律意识。（2）融入职业精神、专业能力、项目实战。（3）融入家国情怀、民族精神、责任意识。

六 考核评价

为更好地提升"四步六阶式"课堂教学模式的效果，系统、全面地对学生的学习过程和学习效果进行评价，依据本案例的知识目标、能力目标和素质目标，建立"四维一体多元成果评定考核"体系，具体见图11。

（一）"多元成果评定考核"（占60%）

考核由专业教师评价（30%）、行业评价（20%）、企业评价（40%）和学生互评（10%）组成，对基地工作室制项目化教学成果进行评定，注重学生实践成果的展示和转化。

（二）线上线下过程性考核（占40%）

根据课程实施模式，学生分组、分段进入不同的工作室进行教学项目实战，企业负责日常的考核（60%），学生每次课将学习阶段成果上传智慧树平台进行打卡和线上考核（40%）。

（三）鼓励学生拓展学习成果和效果

为提高学生成果的含金量，鼓励成果被企业采纳，激励学生申报知识产权保护和参加设计竞赛。学生获得专利授权或设计奖项，可额外加分或用这些成绩抵换学分。

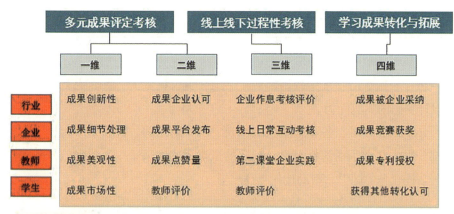

模块三		出勤考核	作业练习	资源学习	团队协作	课堂互动	课堂实践	安全规范	操作过程	成果效果	得分
小组名称	姓名	企业评价	平台评价	平台评价	小组互评	教师评价	企业评价	企业互评	师生互评	四方互评	
优禧影像工作室	张文博										
	冯棋淇										
	张子琪										
	王璐										
翔宇视觉工作室	***										
	***										
	***										
	……										

图 11 "四维一体多元成果评定考核"评价方式

七 案例反思

本案例融合了信息化资源的递进式教学过程，层层深入，符合高职学生的认知规律。学生满意度、课后测试正确率、实训任务完成率均明显提升，圆满完成教学目标。

过程性数据实时反馈，课前、课中、课后教学平台实时采集数据，教学诊断与改进不再单靠教师经验，而是有精准的数据分析支持，教师能够准确锁定问题，及时调整教学。

通过了解与实践，学生对《卧薪尝胆》城市主题短视频的文字设计有了更好的认识和应用能力。但随着视频拍摄与制作技术的发展，需将新理念、新技术融入教学，不断更新、丰富教学资源，促进专业课程建设不断发展。实际项目实践中文字设计的美感，需要有较好的构成基础知识、平面设计知识，并需要长期的积累，学生必须在观看大量优秀案例的基础上，进行更多的模仿性实践练习，从中领悟协调美、组合美、视觉美，进而提升自身对文字设计美感的驾驭能力。

分小组的教学，各小组组内成员间、各小组之间，存在水平差异。特别是部分学生在文字的选择及设计美感的呈现上，效果不一。教师应该多关注这些掌握较差的同学，帮助他们提高水平。